Régine Pernoud · Heloise und Abaelard

Régine Pernoud

Heloise
und
Abaelard

Ein Frauenschicksal
im Mittelalter

Kösel

Übersetzung aus dem Französischen: Claire Barthélemy-Höfer und Frank Höfer, Rémuzat.
Die Originalausgabe erschien unter dem Titel »Héloïse et Abélard« bei Albin Michel, Paris.

ISBN 3-466-34267-8

Copyright © 1970 by Éditions Albin Michel S.A., Paris.
© 1991 für die deutsche Ausgabe
by Kösel-Verlag GmbH & Co., München.
Printed in Germany. Alle Rechte vorbehalten.
Druck und Bindung: Kösel, Kempten.
Umschlag: Elisabeth Petersen, Glonn.
Umschlagmotiv: »Junges Paar am Fenster« von Fra Filippo Lippi, 15. Jh. (National Gallery London) – Ausschnitt.
Illustration S. 6 © Photographie Giraudon, Paris.

2 3 4 5 6 · 96 95 94 93

Inhalt

1

Erste Schritte eines begabten Studenten 9

2

Die Leidenschaft und die Vernunft 51

3

Der herumirrende Philosoph 99

4

Heloise 171

5

»Der Mann, der Euch gehört...« 211

Anhang 264

Anmerkungen 264
Literatur 279

Heloise und Abaelard. Ein »Porträt« aus einer Handschrift des 14. Jahrhunderts. (Jean de Meung: »Le Roman de la Rose, le testament«, Chantilly, Musée Condé.)

Es gibt auf Erden nur zwei wertvolle Dinge:
das erste ist die Liebe;
als zweites folgt – in recht
großem Abstand – die Intelligenz.

Gaston Berger

1 Erste Schritte
eines begabten Studenten

Dum fuisti manifestus semper claris
es triumphis sublimatus.

Solange du lebtest in der Welt,
kanntest du nur Sieg und erhab'nen Ruhm.

Abaelard, *Planctus David super Abner.*

»Endlich Paris!«
Der junge Student, der schon seit einigen Tagen auf jener fast
geraden Straße, die – noch an den Verlauf der alten Römerstraße erinnernd – Orléans mit Paris verbindet, seines Weges
zieht, erblickt in der Talsohle, im Bogen, den der Seinefluß
dort beschreibt, Kirch- und Wehrtürme. Er hat zu seiner
Linken die kleine Kirche Notre-Dame-des-Champs (Kirche
zu Unserer-Lieben-Frau-der-Felder) liegengelassen, die ihren Namen damals dadurch rechtfertigt, daß sie sich ganz auf
dem Land inmitten bestellter Felder befindet; er hat zu seiner
Rechten die Abtei Sainte-Geneviève bemerkt, die die umfrie-
deten, terrassenförmig den Hügel hochsteigenden Weinfel-
der beherrscht; er ist an jenem Gebäude – dem alten Ther-
menpalais – vorbeigezogen, das mit seinem Kelterhaus, seinen Weinbergen und seinen kräftigen Mauern wie ein großer
Bauernhof wirkt; und dann erreicht er die Stelle, wo er den
Petit Pont mit den Kirchen Saint-Séverin zur Linken und
Saint-Julien zur Rechten erblickt, während weit entfernt
Richtung Westen die Häuser des Marktfleckens Saint-Germain-des-Prés erkennbar werden. Und in dem Augenblick,
als er auf die Brücke zwischen die zwei, sich über dem Fluß an

den Brückenseiten anklammernden Häuser- und Geschäfts-
reihen einbiegt, sagt er noch einmal vor sich hin: »Endlich
Paris!«
Warum hat es sich Peter Abaelard so sehr gewünscht, Paris zu
sehen? Warum hat er diese Ankunft als einen entscheidenden
Schritt in seinem Leben begrüßt? Konnte man doch mit
einem zur selben Zeit lebenden Dichter sagen:

Paris war in jenen Tagen winzig klein.[1]

Auf die Seine-Insel, über die es kaum hinausgreift, zusam-
mengedrängt, ist Paris damals weit davon entfernt, eine
Hauptstadt zu sein; wenn der König auch manchmal kommt,
um im Palais zu weilen, so sieht man ihn doch eher in seinen
anderen Residenzen in Orléans, in Étampes oder in Senlis.
Die Anziehungskraft der »Großstadt« kann hier nicht mit-
spielen, und im übrigen gibt es um das Jahr 1100 herum diese
Art Anziehungskraft kaum. Es gibt dagegen für einen zwan-
zigjährigen Burschen viele andere Gründe, sich auf die Reise
zu machen. Das Jahr 1100... Sechs Monate vorher haben
Gottfried von Bouillon und seine Gefährten wieder von der
heiligen Stadt, von Jerusalem, das mehr als vier Jahrhunderte
für die christliche Welt verloren war, Besitz ergriffen; einen
nach dem anderen sieht man die edlen Herren und die
Waffengefährten zurückkommen, sobald sie ihr Gelübde erfüllt haben; und andere setzen sich in Marsch, um der Hand-
voll Ritter Beistand zu leisten, die jenseits des Meeres geblieben ist; der Ruf ins Heilige Land ist von da an genauso üblich
wie der Ruf zur Pilgerschaft. Wie viele von diesen, in Gruppen
eine Wegstrecke nach der anderen marschierenden Pilgern
muß Peter Abaelard auf dem Weg, dem er gefolgt ist und der
auch der nach Santiago de Compostela ist, wohl getroffen und
wie viele Kaufleute muß er auch gesehen haben, die ihre
Lasttiere von Markt zu Jahrmarkt, von den Ufern der Loire zu
den Ufern der Seine trieben!
Aber nichts von all dem berührt Peter Abaelard. Wenn er von
einem Verlangen nach Ruhm erfüllt ist, so hat er nicht vor, es

durch ritterliche Heldentaten zu stillen. Er hätte dann einfach die Waffenehre zusammen mit der väterlichen Erbschaft übernehmen können. Sohn des Lehnsherren von Pallet, das an den Grenzen der Bretagne liegt, hat er im Gegenteil gerade zugunsten des einen oder anderen seiner Brüder – Raoul und Dagobert – auf sein Erstgeburtsrecht verzichtet. Und wenn er auch die religiöse Inbrunst seiner Zeit teilt, so hat er sich doch nicht auf den Weg nach Paris gemacht, um diese oder jene Abtei, Saint-Denis, Saint-Marcel oder Sainte-Geneviève, zu erreichen.

Wie er selbst in dem *Brief an einen Freund*[2] – seiner Autobiographie – erklärt, zieht ihn an Paris an, daß es schon die Stadt der Freien Künste par excellence ist und daß »die Dialektik dort ganz besonders blüht«.

Denn im 12. Jahrhundert heißt Studentsein, die Dialektik zu üben, heißt, endlos über Thesen und Hypothesen, über »major« und »minor«, über den »Vordersatz« und den »Folgesatz« zu diskutieren. Jede Epoche hat so mehr oder weniger ihr Steckenpferd. Zu unserer Zeit wird derjenige gerühmt, der im Bereich der Genetik oder der Kernenergie forscht, aber es ist kaum ein paar Jahre her, als die Welle des Interesses für den Existentialismus eine ganze Jugend dazu brachte, über das Sein und das Nicht-Sein, über das Wesen und die Existenz zu diskutieren; dies zeigt zur Genüge, daß die Gedankenströmungen aller Zeiten ihren vorherrschenden Wesenszug gehabt haben, der eine ganze Generation beeinflussen konnte, und das 12. Jahrhundert unterscheidet sich darin nicht vom zwanzigsten.

Aber womit sich die Intelligenz damals vor allem beschäftigt, ist die Dialektik, das heißt die Kunst des logischen Urteils, die als die Kunst schlechthin oder, wie es schon zwei Jahrhunderte früher ein Meister des Denkens, Raban Maur, schrieb, als »die Disziplin der Disziplinen« betrachtet wurde; »sie ist es, die zu lehren lehrt, durch die man lernt zu lernen; in ihr entdeckt und zeigt die Vernunft, was sie ist, was sie will, was sie sieht«.

Die Dialektik umfaßt somit ungefähr denselben Bereich wie die Logik; sie lehrt, bei der Suche nach der Wahrheit jenes Werkzeug zu benützen, das für den Menschen das Werkzeug par excellence ist: die Vernunft; aber während die Logik Sache eines einsamen Denkers sein kann, der von einem Gedankengang zum nächsten schreitet, um daraus eine Schlußfolgerung abzuleiten, zu der ihn seine individuelle Suche geführt hat, setzt die Dialektik die Diskussion, das Gespräch, den Austausch voraus. Und genau in dieser Weise verfolgt man damals in allen Bereichen die Erforschung der Wahrheit: durch die Diskussion oder den Disput. Vielleicht ist es das, was die akademische Welt von damals von der unsrigen unterscheidet: daß man es nicht für möglich hält, zu einer Wahrheit zu gelangen, über die nicht vorher »disputiert« worden ist; daher die Bedeutung der Dialektik, die lehrt, die Voraussetzungen eines Gesprächs aufzustellen, die Begriffe einer These richtig darzulegen, die Bestandteile des Denkens und der Rede zu ermitteln – also alles, was der Diskussion erlaubt, fruchtbar zu sein.

Und genau so denkt Peter Abaelard darüber; er zieht »von all dem, was die Philosophie lehrt, die Dialektik mit ihrer Rüstkammer vor«. Voller Leidenschaft nach Wissen und Studium hat er zunächst, seinen eigenen Worten nach, »die Provinzen durchwandert«, um überall dort, wo sich bekannte Dialektiker befanden, Unterricht zu nehmen. Bewußt hat er seit seinen jungen Jahren das Gewand des Schreibers dem Kettenhemd des Ritters vorgezogen. Wie er es in seinem ganz von antiken Anklängen genährten Stil sagt, hat er »die Jüngerschaft des Mars« verlassen, um sich »ganz in den Dienst Minervas« zu stellen, hat er die »Waffen des Krieges gegen die der Logik ausgetauscht und den Schlachtenruhm den Sturmangriffen des Streitgesprächs geopfert«. Wir dürfen in ihm aber keinen Sohn sehen, der mit seiner Familie gebrochen hat: daß Peter sein Erstgeburtsrecht und seinen Teil der Erbschaft abgegeben hat, geschieht in völligem Einverständnis mit Berengar, seinem Vater. Der Herr von Pallet hat alles getan, um ihn zu ermutigen, einer offensichtlichen Berufung nachzukommen, denn Peter hat vom Augenblick seiner ersten Studien an eine außerordentliche geistige Begabung an den Tag gelegt, und seine hervorragende Befähigung entsprach den väterlichen Neigungen:»Mein Vater hatte sich etwas mit Wissenschaft befaßt, ehe er den ritterlichen Waffenschmuck angelegt hatte, und später war er so sehr für das Studium eingenommen, daß er darauf sah, alle seine Söhne zuerst wissenschaftlich auszubilden, ehe sie sich im Waffenhandwerk übten. Und so geschah es auch. Ich war der Erstgeborene, und je mehr er mich als solchen ins Herz geschlossen hatte, desto mehr war er bei mir auf einen sorgfältigen Unterricht bedacht.«

Derartiges ist übrigens alles andere als eine Ausnahme: zur selben Zeit verfaßt der Graf von Anjou, Foulques le Réchin, selbst die Chronik seiner Familie. Der Graf von Blois, Étienne, der in den ersten Kreuzzug gezogen war, schrieb seiner Frau Briefe, die eine der wertvollsten Quellen über den Ablauf der Ereignisse sind, an denen er teilhat. Hier dürfen wir auch nicht den Grafen von Poitiers, Wilhelm, Herzog von Aquitanien vergessen, den ersten unserer Troubadoure.

Peter Abaelard hat also sein Geburtsland, die Bretagne, seinen Herrensitz, seine Familie verlassen und ist in seiner Begierde, sein Gedächtnis und sein Urteilsvermögen mit dem ganzen Arsenal der damals gebräuchlichen Definitionen und Arten der Beweisführung auszustatten,»immer disputierend«, wie er selber sagt, von einer Schule zur anderen gezogen. Er hat den Umgang mit dem philosophischen Wortschatz gelernt, ohne den man die *Kategorien* des Aristoteles nicht anpacken kann: nämlich als da sind»die Gattung, der Unterschied, die Art, das Besondere und das Zufällige«; nehmen wir ein Individuum, Sokrates: das Besondere ist das, was ihn zu Sokrates und zu keinem anderen macht.»Aber wenn man den Unterschied (die ›Sokrateität‹) außer acht läßt, kann man in Sokrates nur den Menschen, das heißt das vernunftbegabte und sterbliche Lebewesen, bedenken, und dies ist die Art (die menschliche Art)... Wenn man im Geist noch die Tatsache unberücksichtigt läßt, daß er vernunftbegabt und sterblich ist, so bleibt, was der Begriff des Lebewesens einschließt und dies ist die Gattung« etc.[3] Und er hat gelernt, die Beziehungen zwischen der Art zur Gattung zu ermitteln, die die Beziehungen des Teils zum Ganzen sind, das Wesentliche vom Zufälligen zu unterscheiden, die Regeln des Syllogismus, die Prämisse und das Prädikat aufzustellen (alle Menschen sind sterblich, nun ist Sokrates ein Mensch; folglich ist Sokrates...) – all die Grundlagen der abstrakten Beweisführung, bei der man, nach der Art der damaligen Zeit, nicht versäumt, das Wesentliche in kleinen Gedichten zusammenzufassen, die das Gedächtnis stützen sollen:

Si sol est, et lux est; at sol est: igitur lux.
Si non sol, non lux est; at lux est: igitur sol.
Non est sol et non-lux; at sol est: igitur lux.

Wenn es die Sonne gibt, gibt es auch Licht; nun gibt es die Sonne, also ist Licht.
Ohne Sonne kein Licht; nun gibt es aber Licht, folglich gibt es die Sonne.
Sonne und Nicht-Licht können nicht gleichzeitig sein; darum: Es gibt die Sonne, folglich auch Licht. Etc.[4]

Diese ersten Grundbegriffe der Dialektik hat Abaelard sicherlich in der Gegend gelernt, aus der er stammt. Ist die Bretagne nicht bekannt dafür, »wache und dem Studium der Künste hingegebene Geister«[5] hervorzubringen? Er selbst erklärt, daß er seine Geistesschärfe »der Kraft seiner heimatlichen Erde« verdankt. Und tatsächlich findet man in den Schriften schon vom 11. Jahrhundert an mehrere Schulen in der Bretagne erwähnt: eine in Pornic, eine andere in Nantes, wo ein gewisser Raoul der Grammatiker lehrt, eine andere in Vannes, noch andere in Redon, in Quimperlé, etc. Keine von ihnen wird jedoch den Ruhm der großen Schulen von Angers, von Le Mans oder gar der Schule von Chartres erreichen, die durch zwei Zeitgenossen Abaelards, die Bretonen Bernard und Thierry von Chartres, berühmt werden wird. Wenn er auf die Provinzen anspielt, die er durchzieht, so handelt es sich ohne Zweifel um Maine, um Anjou und um die Touraine, und man weiß mit Sicherheit, daß er in Loches bei einem berühmten Dialektiker – Roscelin – studiert hat. Viel später wird letzterer Peter Abaelard daran erinnern, daß er sich lange »wie der geringste seiner Schüler« zu seinen Füßen niedergesetzt hat (bis dahin werden die beiden Männer Feinde geworden sein).

Eine seltsame Gestalt ist dieser Roscelin, und es lohnt sich, bei ihm einen Augenblick zu verweilen, denn er spielt eine Rolle in der Geschichte Abaelards. Er hat ein bewegtes Leben geführt. Zunächst war er Meister in den Schulen von Compiègne und es dauerte nicht lange, bis er Streit mit der kirchlichen Autorität bekam. 1093 auf dem Konzil von Soissons verurteilt, hielt er sich einige Zeit in England auf; dort hatte er nichts Eiligeres zu tun, als sich gegen die Sitten der englischen Geistlichkeit zu wenden; die Kirche Englands ist zu dieser Zeit in der Frage des Zölibats wenig streng, und Roscelin hat daran Anstoß genommen, daß man Söhne von Priestern ins Priesteramt aufnahm. Man findet ihn dann als Kanoniker von Saint-Martin de Tours wieder. Alsbald gerät er da in Streit mit einem anderen Zeitgenossen Abaelards: Robert von Arbrissel, dem berühmten Wanderprediger, dessen Rede jene, die ihn hören, unwiderstehlich zu Gott führt und der eine große Menschenmenge hinter sich herzieht, in der sich Ritter neben Geistlichen und Adelsdamen an der Seite von Prostituierten finden. Roscelin, von dem man in der Alltagssprache sagen würde, daß er »überall das Schlechte sieht«, verurteilt hart die bunt zusammengewürfelte Gesellschaft, die Robert folgt und die dieser bald seßhaft machen wird, indem er den Orden von Fontevrault gründet. Selbst von dem berühmten Kanonisten Yves von Chartres ermahnt, »sich doch bitte nicht für weiser zu halten als angemessen«, hat Roscelin seine Lehrtätigkeit in Loches wieder aufgenommen, und sicherlich hat Abaelard durch ihn zum ersten Mal von dem großen Streit jener Zeit gehört, dem Streit, der die ganze denkende Welt von damals erregt: der Frage der Universalien.

Wenn man, gemäß den *Kategorien* des Aristoteles von Gattung und Art spricht, bezeichnet man damit Wirklichkeiten oder Vorstellungen des Geistes? Oder handelt es sich einfach um Wörter? Kann man mit gutem Recht vom Menschen im allgemeinen, vom Tier etc. sprechen? Gibt es in diesem Fall irgendwo in der Natur eine Wirklichkeit, einen Archetyp, eine Art Modell, von dem jeder Mensch eine mehr oder weniger gelungene, aus dieser selben Form hervorgegangene Ausfertigung wäre? Oder ist im Gegenteil der Begriff »Mensch« lediglich ein Wort, ein Kunstgriff der Sprache, und gibt es keinerlei wesensgleiches Element zwischen einem Menschen und einem anderen? – Eine heiß diskutierte Frage, die die großen Dialektiker der Zeit entzweit, von denen jeder sein System und seine Lösung vorlegt.

War Abaelard wirklich »der geringste« der Schüler, *discipulorum minimus*, von Roscelin? In ihm wird jedenfalls immer etwas von der Prägung bleiben, die er durch seinen ersten Meister erhalten hat, denn für Roscelin sind die Universalien – die Gattungen und die Arten – nur Wörter. Und wenn sich der Schüler eines Tages von dieser Vorstellung lösen muß, wenn er schließlich als Gegner seines alten Meisters von Loches auftritt, so bleibt nichtsdestoweniger in ihm doch eine gewisse Färbung aus der ersten empfangenen Unterweisung.

Sicherlich ist seine Ausbildung nicht auf die Dialektik beschränkt. Abaelard ist, wie alle Studenten seiner Zeit, in die Sieben Freien Künste eingeweiht worden, in die sich die verschiedenen Wissenszweige damals aufteilen; er hat, da dies der Beginn aller Ausbildung ist, die Grammatik studiert, das heißt nicht nur das, was wir heute mit diesem Namen bezeichnen, sondern auch allgemeiner, was wir die Geisteswissenschaften, die Literaturwissenschaft nennen. Die zu seiner Zeit bekannten lateinischen Autoren sind ihm vertraut:

Ovid, Lukan, Virgil und viele andere. Er hat sich in der Rhetorik, der Kunst, gut zu sprechen, für die er eine angeborene Begabung hat, geübt, und auch, wie wir gesehen haben, in der Dialektik; was die anderen Wissenszweige, die Arithmetik, die Geometrie, die Musik, die Astronomie betrifft, so haben sie ihn sichtlich weniger interessiert: er gesteht sich ein, daß er in Mathematik eine völlige Null ist, obwohl er die Abhandlung von Boethius gelesen hat, die die Grundlage für die Unterweisung in dieser Wissenschaft darstellt. Wenn er auch, dies sei hinzugefügt, wie die meisten damaligen Kleriker, eine gewisse Ahnung vom Griechischen und Hebräischen hat – gerade das Nötige, um in den Sinn gewisser Texte der Heiligen Schrift einzudringen –, so kennt er von den Meistern des griechischen Denkens nur die damals ins Lateinische übersetzten Werke, die ins Abendland Eingang gefunden haben: von Platon den *Timäus*, den *Phaidon*, den *Staat*, von Aristoteles das *Organon*; die einen oder anderen Werke waren vor allem durch Auszüge und Kommentare lateinischer Autoren des Altertums, wie Cicero, oder des Mittelalters, wie Boethius, bekannt.

»Endlich kam ich in Paris an.«[6] Dieses »endlich« rückt Abaelard auf merkwürdige Weise unserer Zeit näher: heutzutage würde sich der Philosophiestudent, der seine Studien in der Provinz begonnen hat, nicht anders ausdrücken. Abaelard teilt uns keinerlei Einzelheiten seiner Reise mit. Um dieselbe Zeit hat uns ein Mönch aus Fleury (Saint-Benoît-sur-Loire), Raoul Tortaire, der von Caen nach Bayeux ging, eine äußerst lebendige Beschreibung von dieser kurzen Wegstrecke hinterlassen, in der er sich über all die Waren entzückt, die er auf dem Markt von Caen sehen konnte, und in der er erzählt, wie er unterwegs dem König von England, Heinrich dem I., mit seinem Gefolge begegnet; Heinrich war in einen purpurnen Überwurf gekleidet und von einer Eskorte berittener Schildknappen umgeben, und ihm folgte eine regelrechte Menagerie von wilden Tieren, darunter ein Kamel und ein Vogel Strauß. Von der Küste aus war er dann Zeuge einer Waljagd, die er in anschaulichen Worten beschreibt; sein Bericht endet mit der Bemerkung, er habe geglaubt, mit einem Getränk – einem sauren Rachenputzer – vergiftet worden zu sein, das man ihm bei seiner Ankunft in Bayeux serviert hatte.[7] Aber man muß es sich aus dem Kopf schlagen, im *Brief an einen Freund* sowie im übrigen Werk Abaelards konkrete Einzelheiten zu suchen; er ist Philosoph, kein Erzähler. Als Sohn eines Lehnsherrn, der ihn dazu ermutigt, seinen Studien nachzugehen, hat er sich aller Wahrscheinlichkeit nach nicht mit diesen oft elenden Massen von Studenten zusammengetan, die zu Fuß im Staub der Straßen wandern; er ist wohl, wie damals jeder wohlhabende Mensch, zu Pferd gereist, vielleicht mit einem Diener, und hat nachts in einer Herberge geschlafen; von Westen kommend hat er wahrscheinlich jene Straße benützt, deren Verlauf man heute noch auf dem Plan von Paris in Form der geraden Linie sieht, die die Rue da la Tombe-Issoire, die Rue Saint-Jaques und dann die Rue Saint-Martin bilden.

Vielleicht ist er mit anderen Studenten gezogen. Das Ansehen der Pariser Schulen ist noch neu; die Schule von Notre-Dame geht fast sicher auf karolingische Zeiten zurück; aber erst gegen Ende des 11. Jahrhunderts, nur kurz vor der Ankunft von Abaelard selbst, stellt man eine gewisse Bewegung unter den Studenten fest, sich nach Paris zu begeben, um sich dort zu bilden. So kennt man einen Lothringer, Olbert, den späteren Abt von Gembloux, der seine Studien an der Abtei von Saint-Germain-des-Prés absolviert hat, einen namens Drogon, der in der Pariser Innenstadt gelehrt haben soll, und, näher an der Zeit Abaelards, einen Lütticher, Hubald, der auf dem Berg der Heiligen Genoveva (la Montagne Sainte Geneviève) unterrichtet; ein Landsmann, der Bretone Robert von Arbrissel, ist ebenfalls nach Paris gekommen, um seine Kenntnis der Geisteswissenschaften zu vervollkommnen. Aber der gute Ruf der Cité wird sich erst wirklich mit dem Dialektiker Wilhelm von Champeaux und mit Abaelard selbst einstellen. In der zweiten Hälfte des 12. Jahrhunderts wird ein Dichter, Guido von Bazoches, sagen, daß die sieben Schwestern – soll heißen: die Sieben Künste – Paris als ständige Wohnstatt erwählt haben, und noch ein wenig später erklärt der Engländer Geoffroy de Vinsauf in einem Vergleich zwischen Paris und Orléans:

Paris läßt in den Künsten jenes Brot zuteil werden,
mit dem man die Starken nährt,
Orléans zieht mit seiner Milch die Säuglinge groß,
die noch in der Wiege liegen.[8]

Zur Zeit Abaelards zeichnet Hugo von St.-Viktor in einer seiner Abhandlungen in Form eines Dialogs ein lebendiges Bild von der Menge der Pariser Studenten und von dem Eifer, der sie beseelt:

»Wende dich noch in eine andere Richtung und schaue.«
»Ich habe mich umgewandt und schaue.«
»Was siehst du?«
»Ich sehe Schulen (Gruppen) von Studenten. Groß ist ihre Menge; ich erblicke hier Menschen jeden Alters: Kinder, Jugendliche, junge Erwachsene, Greise. Auch ihre Studien sind mannigfaltig. Die einen lernen, ihre noch ungeschickte Zunge zu krümmen, um neue Laute richtig auszusprechen und um ungewöhnliche Worte hervorzubringen. Andere bemühen sich um die Kenntnis der Wortdeklinationen, der Wortzusammensetzung und der Ableitungen, zunächst, indem sie sie hören, dann, indem sie sie untereinander nachsprechen, um sie daraufhin in weiterer Wiederholung ihrem Gedächtnisse einzuprägen. Andere ritzen mit ihrem Griffel die Wachstafeln. Wieder andere zeichnen Figuren mit verschiedenen Umrissen und in verschiedenen Farben, indem sie die Feder mit sicherer Hand auf dem Pergamente führen. Von glühenderer und eifrigerer Inbrunst beseelt, diskutieren noch andere allem Anschein nach über schwerwiegende Dinge und sind darum bemüht, sich gegenseitig unter reichlicher Zuhilfenahme von Spitzfindigkeiten und Beweisführungen schachmatt zu setzen. Hier sehe ich auch welche, die rechnen. Andere zupfen an einer über einen Holzsteg

gespannten Saite und bringen unterschiedliche Melodien hervor; noch andere erklären Muster- und Maßzeichnungen; wieder andere beschreiben die Bahnen und die Stellung der Gestirne und erklären mit verschiedenen Geräten die Kreisläufe des Himmels; andere behandeln die Natur der Pflanzen, die Beschaffenheit des Menschen und die Eigenschaften und Verhaltensweisen aller Dinge.«

Derart ist die Umgebung, in der sich Abaelard einen Platz erobern wird, und dieser Platz wird selbstverständlich unter jenen sein, die »um gedankliche Spitzfindigkeiten und Beweisführungen wetteifern«, den Dialektikern. Ist er nicht nach Paris gekommen, um den berühmtesten unter ihnen, Meister Wilhelm von Champeaux, zu hören? Und hier muß man ihm das Wort überlassen, denn man könnte eine Studentenlaufbahn, aus der recht schnell die Laufbahn eines Meisters wird, nicht besser als er zusammenfassen.

Ich besuchte eine Zeitlang seine Schule und war anfangs ganz wohl bei ihm gelitten; bald aber wurde ich ihm höchst unbequem, da ich von seinen Sätzen einige zu widerlegen versuchte und mir wiederholt herausnahm, ihn mit Gegengründen anzugreifen, wobei ich ihm einigemale sichtlich überlegen war. Auch die bedeutendsten meiner Mitschüler gerieten darüber höchlich in Entrüstung, um so mehr, als ich der Jüngste war und von allen die kürzeste Studienzeit hinter mir hatte. Und so begann die lange Kette meiner Leiden, die noch immer ihr Ende nicht erreicht haben.

Diese wenigen Worte genügen, um den Schauplatz und die Personen zu vergegenwärtigen: der renommierte Lehrer, die Schüler, die sich um ihn scharen, der Neuankömmling, in dem man sofort den Hochbegabten erkennt; aber »der Hochbegabte« macht sich bald bei allen verhaßt, unterbricht zu jeder Zeit und Unzeit, fängt ohne Unterlaß Rededuelle an, die umso mehr auf die Nerven gehen, als er oft im Vorteil bleibt. Daraus entsteht die Zwietracht; die guten und eifrigen Schüler ergreifen Partei für den Meister, andere, unabhängigere, kühnere für den Neuankömmling, und so herrscht dort Unfriede, wo noch vor kurzer Zeit Eintracht und Heiterkeit war.

Wenn Abaelard feststellt, daß auf diese Weise die Kette seiner Leiden begann, so hat er recht. Sein ganzes Leben wird er der Störenfried sein, derjenige, der unterbricht, der argumentiert, der auf die Nerven geht, der zur Raserei bringt. Sein ganzes Leben wird er zugleich Begeisterung und Zorn hervorrufen. Sicherlich schuldet die Menschheit derartigen Störenfrieden einige ihrer unbestreitbarsten Fortschritte. Aber die großartigen Gaben der Persönlichkeit sind bei ihm ein wenig durch die hochmütige Selbstsicherheit verdorben, die er an den Tag legt. Dieses Selbstvertrauen, die Selbstgefälligkeit, mit der er es zur Schau stellt, sind nun die Art Fehler, die der Lehrer der Jugend nicht verzeiht, wenn diese sein Ansehen gefährdet, das heißt das, woran er am meisten hängt. Kurz, Abaelard ist das »schwarze Schaf« gewesen, und Wilhelm von Champeaux hat ihm gegenüber derart reagiert, wie nach ihm alle Hochschullehrer reagieren werden: er gelobt ihm einen so unversöhnlichen Haß, wie Intellektuelle eben hassen können.

Um recht zu verstehen, muß man sich im übrigen in die Bedingungen zurückversetzen, in denen der Unterricht zur Zeit Abaelards stattfindet. Er hat nichts mit solchen Vorlesungen gemein, wie sie an unseren Universitäten üblich sind und in denen der Lehrer spricht und die Studenten Notizen machen; um sich die Atmosphäre wirklich vorstellen zu können, muß man sich vielmehr jene Seminare ins Gedächtnis rufen, die, nach dem Muster ausländischer Universitäten, nach und nach in Frankreich eingeführt werden – jene nämlich, die sich, wie in den angelsächsischen Ländern, noch ein wenig von den Traditionen der mittelalterlichen Universität bewahrt haben. Zwischen Meister und Schülern findet im allgemeinen das statt, was wir heute den »Dialog« nennen. Und außerdem ist der Unterricht nicht von der Forschung abgegrenzt; er gibt den Stand der Forschung wieder und wirkt auf ihn zurück; jede neue Idee ist sogleich Gegenstand der

Studien, der Kritik, der Streitgespräche, die sie verändern und neue Keime aus ihr zum Sprießen bringen; die damalige Dynamik im Bereich der Philosophie ähnelt der, die man heute in den verschiedenen technischen Bereichen beobachtet.

Grundlage dieses Unterrichts ist die Lektüre eines Textes, die *lectio*; der Lehrer ist derjenige, der »liest«. Diese Gewohnheit wird den Unterricht derart prägen, daß es noch heute in unseren Universitäten den Titel des »Lektors« gibt. Und Lesen heißt wiederum Unterrichten; man muß das Wort in diesem Sinn verstehen, wenn es im Lauf des 13. Jahrhunderts zum Beispiel einige Bischöfe verbieten werden, Aristoteles zu »lesen«, was heißt, ihn zur Grundlage des Unterrichts zu machen – unnötig zu betonen, daß dies ein Sinn ist, der sich von dem der Verbote des *Index librorum prohibitorum* unterscheidet, die in der Geschichte erst im 16. Jahrhundert auftauchen.

Einen Text lesen hieß folglich, ihn zu studieren und zu kommentieren. Der Meister ging – nach einem Einführungskurs über den Autor, den er lesen würde, einer Einführung in sein Werk, in die Umstände seines Zustandekommens – zur Exposition, das heißt zum eigentlichen Kommentar über. Der Brauch wollte es, daß dieser Kommentar die Aufmerksamkeit auf drei Punkte richtete: die *littera*, das heißt die grammatikalische Erklärung, den *sensus*, oder anders gesagt, den Geist des Textes, und schließlich die *sententia*, seinen tiefen Sinn, seinen Lehrgehalt. Das Gesamt dieser Kommentare bildet die Glosse, und unsere Bibliotheken bergen eine Unzahl von Manuskripten, die der sehr lebendige Widerschein dieser Unterrichtsmethode sind, mit dem Text, der als Grundlage gedient hat, in der Mitte der Seite, und mit den verschiedenen Glossen am Rand, die sich auf die *littera*, den *sensus* oder die *sententia* beziehen. Von Abaelard selber besitzen wir so die Glossen, die er im Verlauf seiner »Lesung« des Porphyrius gemacht hat.

Aber das Studium des Textes löst, vor allem, wenn man zu seinem lehrlichen Gehalt kommt, Fragen aus, deretwegen

22

sich der Dialog zwischen Meister und Schüler entspinnt; und die Frage zieht den »Disput«, das heißt, das Streitgespräch nach sich; es ist ausdrücklicher Bestandteil der schulischen Übungen, und dies vor allem im Gebiet der Dialektik, die, wie wir gesehen haben, nicht nur die Kunst der logischen Beweisführung, sondern auch die Kunst zu diskutieren ist. Nun wird die Dialektik im 12. Jahrhundert aber derart aufblühen, daß diese Methode der »disputierten Fragen« sich auf alle weltlichen und heiligen Wissenschaften ausdehnen wird. In der Mitte des 13. Jahrhunderts werden die verschiedenen *Summae* des Heiligen Thomas, wie viele andere Abhandlungen der Zeit, die Bezeichnung *Questiones disputate* tragen und so von eben den Bedingungen zeugen, in denen sie ausgearbeitet worden sind: sie setzen sich aus im Unterricht gelehrten und diskutierten Thesen zusammen; sie sind folglich ebenso das Ergebnis und die Frucht eines Unterrichts wie die Entwicklung eines persönlichen Denkens. Neben den Streitgesprächen zwischen Meister und Schülern gibt es auch solche zwischen Meistern, von denen einige berühmt bleiben: Zur Zeit Abaelards läßt sich so der Mönch Rupert, der in Lüttich unterrichtet und dessen Klosterschule sehr bedeutend ist, auf ein Streitgespräch ein, das ihn bezüglich des theologischen Problems des Bösen mit Anselm von Laon und Wilhelm von Champeaux zusammenstoßen lassen muß. Er kann Anselm, der in der Zwischenzeit gestorben ist, übrigens nicht begegnen, sondern trotzt Wilhelm − laut den Texten − verbissen.

Was den Stundenplan selbst, die verschiedenen Übungen, die den Tag des Studenten ausfüllen, angeht, so haben wir das Zeugnis einer bekannten Persönlichkeit, Johann von Salisbury, der ein Vertrauter von Thomas Becket und König Heinrich II., Heinrich Plantagenet, war, bevor er Bischof von Chartres wurde:

Man sollte sich bemühen, jeden Tag, und jeder seinen Möglichkeiten gemäß, einen Teil dessen wiederzuerinnern, was am

Vortag besprochen worden war. So war für uns der nächste Tag der Schüler des vorhergehenden; die Abendübung, die man Deklination nannte, war mit einem derart mit Grammatik angereicherten Unterricht ausgefüllt, daß derjenige, der ihm während eines Jahres beharrlich folgte, außer wenn er zu beschränkt war, sich ordentlich ausdrücken und schreiben und die Lehrgänge verstehen konnte, die uns gewöhnlich gehalten wurden.[9]

So verging der Morgen damit, die Arbeit des Schülers gewissermaßen zu überprüfen, und der Abend mit dem eigentlichen Unterricht. Er erwähnt auch die von ihm so genannte *collatio*, was soviel wie Zusammentragen heißt und wohl eine Art zusammenfassender Wiederholung zwischen dem Lehrer und den Schülern sein sollte; sie fand am Ende des Tages statt, wahrscheinlich verbunden mit einem geistlichen Vortrag oder einer Art Predigt zum Nutzen der Studenten. Und man bekommt auch eine gewisse Vorstellung davon, was das Studentenleben ausfüllte, wenn man die Ratschläge liest, mit denen sich Robert de Sorbon im darauffolgenden Jahrhundert an die Scholaren wendet. Für ihn gibt es sechs unentbehrliche Regeln: 1. Jeder Art Übung oder Lektüre eine feste Zeit zuteilen; 2. seine Aufmerksamkeit auf das konzentrieren, was man liest; 3. aus jeder Lesung einen Gedanken oder eine Wahrheit herausgreifen, die man seinem Gedächtnis sorgfältig einprägt; 4. von allem, was man liest, eine sorgfältige Zusammenfassung schreiben; 5. seine Arbeit mit seinen Kameraden diskutieren – und dies erscheint ihm noch wichtiger als die eigentliche Lesung; schließlich der 6. Punkt: beten, denn, so sagt er, das Gebet ist der eigentliche Weg zum Verständnis.

Der allgemeine Eindruck, der sich aus solchen Darstellungen ergibt, auf die man da und dort in den Schriften der damaligen Zeit stößt, ist der einer »impulsiven und turbulenten«[10] Schule, und eben dies ist auch der Eindruck, den man aus den Berichten von Abaelard gewinnt.

Was seine Gefechte mit Wilhelm von Champeaux betrifft, so kennen wir den Sachverhalt sowohl durch Abaelard selbst wie

24

durch das einzige Werk, das von seinem Meister erhalten ist
und das den Titel *Sententie vel questiones XLVII* trägt. Es ging
in der Hauptsache natürlich um die Frage, die die Welt der
Dialektiker damals leidenschaftlich erregte: um die der Universalien. Der Standpunkt von Wilhelm lag im direkten Gegensatz zu dem von Roscelin. Wilhelm war ein Realist, was
bedeutet, daß für ihn die in der Einleitung des Porphyrius
aufgeführten Begriffe, von denen weiter oben die Rede war,
Wirklichkeiten entsprachen; so bekannte er sich zu der Ansicht, daß die Art etwas Wirkliches ist. Man findet sie als
solche und in ihrer Gänze in jedem Individuum; die menschliche Art ist in jedem Menschen dieselbe.
Nun zwingt die Beweisführung Abaelards Wilhelm dazu, sein
System aufzugeben; auf die Spitze getrieben führt dieses
System zu absurden Schlußfolgerungen: da z. B. Sokrates und
Platon beide an derselben Art teilhaben, wären sie derselbe
Mensch. Wilhelm von Champeaux berichtigt folglich seine
erste These. Sokrates und Platon sind nicht derselbe Mensch,
sondern die Art ist im einen und im anderen dieselbe, die
menschliche Natur des einen ist die gleiche wie die des
anderen. Wird diese so dargestellte Auffassung Gnade in den
Augen Abaelards finden? Nein! Der Schüler zwingt den
Meister, seine Begriffe klarer darzulegen: die Natur Platons
ist mit der des Sokrates nicht wesensgleich; die eine wie die
andere sind sich lediglich *ähnlich*.
So kann man die verschiedenen Phasen eines Streits zusammenfassen[11], der sich über mehrere Jahre hinzieht und der
selbstverständlich ebenso umfangreiche wie trockene Ausführungen darüber umfaßt, was in Sokrates die Sokrateität,
was im Menschen die Rationalität ist etc., Ausführungen, die
dazu dienen, das Für und Wider der Beweisgründe zu stützen. Das Zeugnis für diese Gedankengänge, die zusammengetragen wurden, um jede These zu verteidigen, findet man
sogar in einem Manuskript, wahrscheinlich dem Werk eines
Schülers von Abaelard, das die Thesen Wilhelms anführt:
»Unser Meister Wilhelm sagt...«, um dann sogleich deren
Widerlegung festzuhalten: »Was uns betrifft, so erklären

25

wir...«[12] Abaelard war, wie wir gesehen haben, bevor er der Schüler von Wilhelm wurde, derjenige von Roscelin gewesen; das heißt daß er über ein ganzes Arsenal von Beweisgründen verfügt haben dürfte, die er denen des Wilhelm von Champeaux entgegensetzen konnte. Aber es steht außer Zweifel, daß er sich nicht darauf beschränkt hat, die gehörten Lektionen zu wiederholen, denn er selbst wird ein System schaffen, das sich sowohl vom Realismus Wilhelms wie vom Nominalismus Roscelins so weitgehend unterscheidet, daß er sich im letzteren, wie wir sehen werden, einen unversöhnlichen Feind machen wird. In der Zwischenzeit hatte er seine eigene Laufbahn mit einem Geniestreich eröffnet.»Es geschah, daß ich, meinen jugendlichen Kräften Übermäßiges zumutend, im Vertrauen auf meine Geistesgaben noch als ganz junger Mann danach trachtete, eine eigene Schule zu gründen.«

Später, sehr viel später, eröffnet Abaelard die Ratschläge, die er seinem Sohn gibt, mit einer Empfehlung, die für ihn voller Bedeutung ist:

Sorge dich mehr darum zu lernen als zu lehren.

Und er besteht noch einmal darauf:

Lerne lange, lehre spät und nur das, was dir sicher erscheint. Und was das Schreiben betrifft, habe es nicht zu eilig damit.[13]

So versuchte er, einem geliebten Menschen die Erfahrungen zu ersparen, durch die er selbst hindurchgegangen war. Es ist folglich wahrscheinlich, daß sie schmerzhaft waren – zumindest auf die Dauer gesehen, denn seine ersten Versuche erweisen sich als glänzende Erfolge, die er uns selbst voller Schwung darlegt:

Und schon faßte ich einen Schauplatz für meine künftigen Taten ins Auge: nämlich Melun, einen Ort, der damals als königliche Residenz von ziemlicher Bedeutung war. Mein Lehrer merkte

meine Absicht, und um meine Schule möglichst entfernt von der
seinigen zu halten, bot er, solange ich seine Schule noch besuchte, insgeheim alle Mittel auf, um die Einrichtung meiner
eigenen zu verhindern und mir den Ort, den ich gewählt hatte,
unmöglich zu machen. Allein, er hatte sich mit einigen einfluß-
reichen Herren des Landes verfeindet; mit ihrer Hilfe führte ich
meinen Plan zum Ziel, und gerade seine offenkundige Mißgunst
verschaffte mir das Vertrauen der Mehrzahl.

Melun ist also der erste Schauplatz der Großtaten Abaelards,
des zum Meister aufgerückten Schülers. Es ist eine königliche
Stadt und von Paris aus leicht über die Straße zu erreichen,
die wie jene nach Orléans eine alte Römerstraße ist. Die
Schulen der Stadt haben – ob sich das wohl durch den
dortigen Aufenthalt Abaelards erklärt? – einen gewissen
Ruhm gekannt. Robert von Melun, ein Engländer, der später
Meister der Theologie in Paris sein wird, verdankt seinen
Namen der Zeit, die er als Student dort verbracht hat. Man
glaubt, daß Abaelard in den Schulen der Stiftskirche, Notre-
Dame de Melun, gelehrt hat. Sein dortiger Aufenthalt ist
indessen nur von kurzer Dauer: sein Ehrgeiz liegt anderswo.
Sichtlich sucht er danach, als Rivale seines Meisters, Wilhelm
von Champeaux, aufzutreten. Seine Erfolge ermutigen ihn
dazu, denn seine Schüler strömen herbei, sofern man ihm
glauben kann, und sein guter Ruf als Dialektiker ist von nun
an sichergestellt.»So wuchs meines Ruhmes wegen mein
Selbstvertrauen immer mehr, und ich ruhte nicht, bis ich
meine Schule so schnell wie möglich nach Corbeil verlegt
hatte, um die Angriffe leichter vermehren zu können.«
In dieser Weise offenbart Abaelard von den ersten Seiten
seiner Autobiographie an jene beherrschenden Züge seines
Charakters, die sein ganzes Leben prägen werden: die Gewandtheit in der philosophischen Diskussion, die ihm den
Ruf einbringt, der beste »Disputator« seiner Zeit zu sein,
seine bewundernswerte Lehrbegabung und auch seine Angriffslust. Man kann sich ihn nicht vorstellen ohne ein Gefolge von Studenten, von begeisterten Schülern, das sich

27

bildet, sobald er seinen Mund auftut, sobald er auf das Katheder des Lehrers steigt; und noch weniger stellt man ihn sich ohne Gegner, ohne Feind vor, den er bekämpfen kann. Es scheint, daß sich seine ursprüngliche Berufung zum Krieger, wenn sie sich auch auf friedlichen Wegen geoffenbart hat, nichtsdestoweniger verwirklicht hat: Er hat lediglich den kriegerischen Eifer, der ihm von Natur aus eigen ist, in den Bereich der philosophischen Diskussion übertragen, und er selbst kann sich, wenn er sich hier an die Anfänge seiner Laufbahn als Professor erinnert, nicht enthalten, Begriffe aus der Kriegskunst zu gebrauchen.
In Corbeil beginnt jedoch ein Zwischenspiel. So sehr es für einen Anfänger wie ihn ein Sieg ist, so wird er um den Preis angestrengter Arbeit und seiner unvermeidbaren Folge errungen: der Überanstrengung. Peter Abaelard ist damals Opfer jenes Übels, das unsere Generation gut kennt: die geistige Ermüdung, die nervliche Erschöpfung; vielleicht haben bei diesem empfindsamen Menschen Erfolg und Niederlage gleichermaßen die Wirkung, die nervliche Widerstandskraft auszulaugen; sein Leben liefert dafür noch andere Beispiele.
Wie dem auch sei, Übermaß an Arbeit oder Übermaß an Aufregung, Peter Abaelard erleidet einen Schwächeanfall und kehrt, heimgesucht von dem, was er ein Leiden der Kraftlosigkeit nennt, in sein Geburtsland, nach Pallet, zurück, um sich dort im Kreis der Familie zu pflegen. Aber er versäumt es nicht zu bemerken, daß er »von denen, die sich der Dialektik befleißigten, lebhaft vermißt« wurde.

Sobald er geheilt ist, beeilt sich Abaelard, wieder nach Paris zurückzukehren, denn er kommt sich in der Bretagne, in seiner Familie, fast wie ein Verbannter vor. Es scheint, daß er sich schon zu dieser Zeit zum Ziel gesetzt hat, eines Tages in Paris zu lehren, was bedeuten würde, daß er als Sieger aus dem Duell hervorgeht, in dem er auf der philosophischen Ebene Meister Wilhelm von Champeaux entgegentritt.

Als Abaelard nach Paris zurückkommt, hat letzterer den Gegenstand seines Unterrichts geändert. Er hält jetzt einen Lehrgang in Rhetorik. Abaelard wird wieder sein Schüler. Vielleicht war Wilhelm ein wenig geschmeichelt, ihn sich aufs neue zu Füßen seines Lehrstuhls niedersetzen zu sehen; aber er mußte deshalb um nichts weniger das Kreuzfeuer der Fragen und der Argumente Abaelards über sich ergehen lassen. Genau zu dieser Zeit ändert er seinen ersten Standpunkt in bezug zu der berühmten Frage der Universalien: »Da nun Champeaux in diesem Punkt seine Lehre geändert, oder vielmehr unfreiwillig aufgegeben hatte, kamen seine Vorlesungen dermaßen in Mißkredit, daß man ihm kaum noch gestattete, überhaupt Dialektik zu lesen.« Obwohl es dem Bericht Abaelards hier an Klarheit fehlt, erfährt man, daß er selbst nach Ablauf einiger Monate seine Lehrtätigkeit wieder aufgenommen hatte, und zwar mitten in Paris an den Schulen von Notre-Dame: »Die eifrigsten Anhänger dieses großen Doktors und meine heftigsten Gegner verließen ihn nunmehr, um zu meinem Unterricht zu kommen; ja, der Nachfolger Champeaux' bot mir selber seinen Lehrstuhl an, um sich in den Räumen unter die Menge der anderen Zuhörer zu setzen, in denen einst unser gemeinsamer Lehrer so sehr geglänzt hatte.« Damit gibt er zu verstehen, daß Wilhelm von Champeaux entmutigt aufgehört hatte zu unterrichten und zugunsten eines anderen Schülers zurückgetreten war, den Abaelard bald verdrängte.

Um die Personen und die Ereignisse jedoch wirklich richtig einzuschätzen, muß man wissen, daß es hier nicht allein um die Gegnerschaft zwischen Abaelard und Wilhelm geht. Denn gemäß dem *Brief an einen Freund*, ereignet sich all dies nach jenem Tag des Jahres 1108, an dem Wilhelm von Champeaux den Orden der Regularkanoniker von Sankt-Viktor gegründet hat. Der Name weist damals nur auf ein kleines Priorat hin, das am linken Ufer der Seine am Fuß des Sainte-Geneviève genannten Hügels in der Nähe einer Furt durch die Bièvre liegt. Dort scharen sich einige Geistliche um Wilhelm, die sich, infolge des frischen Winds religiöser Erneuerung, der damals bläst und sich mehr und mehr verstärkt, dazu entschieden haben, ein Leben in der Gemeinschaft zu führen. Bald wird aus dieser Gründung ein riesiges Kloster mit den dazugehörigen Schulen entstehen, an denen sich einige der größten Denker des 12. Jahrhunderts einen Namen machen werden: Hugo, Richard, Adam von St.-Viktor und viele andere.

Man kann sich aber denken, daß Wilhelm, der sich nach Sankt-Viktor zurückzieht und fortan dort lehren wird, den Rollentausch sehr schlecht aufgenommen hat, der sich an den Schulen von Notre-Dame vollzogen hatte, wo er an seiner statt einen seiner Schüler eingesetzt hatte. »Da er keinerlei Beweggrund hatte, um mich offen zu bekriegen, setzte er auf Grund von allerhand ehrenrührigen Beschuldigungen die Entfernung des Mannes durch, welcher mir seinen Lehrstuhl überlassen hatte, und rückte einen meiner Gegner an seine Stelle, um mich zum Scheitern zu bringen.« Abaelard bleibt keine andere Möglichkeit mehr, als seine alte Schule von Melun wiederzueröffnen. »Je unverhüllter sich die Mißgunst Wilhelms gegen mich zeigte, desto mehr trug sie zum Wachstum meines Ruhmes bei; wie schon der Dichter sagt: ›Die Größe wird vom Neid verfolgt, die höchsten Gipfel umbraust der stärkste Sturm.‹« Da Wilhelm sich aber in St.-Viktor niedergelassen hat, kommt Abaelard, dessen Ehrgeiz hartnäckig ist, nach Paris zurück. »Aber als ich sah, daß er meinen Lehrstuhl durch einen Gegner hatte besetzen lassen, ließ ich mich mit meiner Schule außerhalb der Stadt auf dem Berg der heiligen Genoveva nieder, wie um jenen zu belagern, der sich meinen Platz widerrechtlich angeeignet hatte.«

Meinen Lehrstuhl, *meinen* Platz: Abaelard betrachtet die Schule von Notre-Dame als sein persönliches Eigentum. Um ihn scharen sich von da an die Schüler, und dies mehr und mehr, nicht ohne den Mißmut des alten Lehrers zu erregen. »Auf die Kunde davon war Wilhelm unverfroren genug, alsbald nach Paris zurückzukehren; was er noch an Schülern hatte, brachte er samt seiner kleinen Bruderschaft in seinem alten Kloster unter; es sah aus, als wollte er den Posten, den er allein im Feld gelassen hatte, von unserer Belagerung befreien.« Um von seinem Sieg zu berichten, posaunt Abaelard die Worte hinaus:

Aber indem er ihm helfen wollte, brachte er ihm Unheil. Vorher hatte der Unglückliche (der Meister der Schule von Notre-Dame) hauptsächlich wegen seiner Vorlesungen über Priscianus, die ihm einen gewissen Ruhm eingetragen hatten, noch etliche Schüler gehabt. Nach der Ankunft des Meisters (Wilhelm) jedoch verlor er vollends alle und war so genötigt, sein Lehramt aufzugeben, und es dauerte nicht lange, bis auch er, dem Ruhme dieser Welt völlig entsagend, ins Kloster ging. Welche Schlachten auf dem Felde der Wissenschaft meine Schüler nach der Rückkehr Wilhelms mit ihm selbst wie mit seinen Anhängern ausgefochten haben, wie die Gunst des Schicksals in diesen Kämpfen mit uns war und welcher Teil mir daran zuzuschreiben ist, sind seit langem bekannte Tatsachen. Kühnlich, wenn auch bescheideneren Sinnes, darf ich jenes Wort des Ajax auf mich anwenden: »Und fragst du nach dem Ende dieses Kampfs, so sag ich stolz: er hat mich nicht besiegt.«

Das Zitat ist von Ovid; Abaelard spickt seine Schriften, wie das zu seiner Zeit üblich ist, mit Zitaten, die er sowohl weltlichen wie religiösen Autoren des Altertums entleiht; aber der allgemeine Tonfall ist der eines Heldenepos, und die Wortgefechte folgen einander wie die Waffengänge eines Turniers. Ohne Zweifel war der Sieg ganz auf seiner Seite. Aber dieser Bericht, in dem die Bescheidenheit nur ausgeborgt ist, verrät auch die Persönlichkeit. Abaelard, der vollkommene Dialektiker, der unvergleichliche Meister, erscheint uns charakterlich weniger begabt als intellektuell. Der Neid, den er seinem alten Meister Wilhelm von Champeaux zuspricht, war wahrscheinlich wirklich vorhanden: ihn empfindet jeder Meister, der sich von einem seiner Schüler übertroffen sieht. Dagegen scheut sich Abaelard nicht, ihm bestimmte Gefühle zuzusprechen, die eindeutig unvereinbar mit dem sind, was uns der Lebenslauf von Wilhelm von

Champeaux lehrt. Wenn er uns berichtet, daß letzterer, »seinen Rock auszog, um dem Orden der regulierten Chorherren beizutreten, mit dem Hintergedanken – so sagte man – daß diese Bekundung der Inbrunst ihm helfen würde, sich zu umso höheren Würden aufzuschwingen«, und daß »dies bald eintrat, denn er wurde zum Bischof von Châlons gemacht«, so wird diese Bezichtigung durch die übrigens gut bekannte Tatsache ausgeschlossen, daß Wilhelm die Bischofswürde dreimal hintereinander abgelehnt hatte. Und es erscheint auch schwer vorstellbar, daß eine Gründung wie die von Sankt-Viktor nur dem Ehrgeiz eines Menschen zu verdanken ist, der gerade dadurch viel besser die Aufmerksamkeit auf seine Person hätte lenken und es dahin hätte bringen können, »sich zu höheren Würden aufzuschwingen«, wenn er an den Schulen von Paris gelehrt hätte, anstatt sich in das unbekannte Priorat an den Ufern der Bièvre zurückzuziehen.

Daß Abaelard seine Kampflust auf Kosten seines ehemaligen Meisters ausgelebt hat, daß er seine Überlegenheit in der Kunst des logischen Urteilens bewiesen hat, indem er jenen dazu brachte, seine Methode zweimal ändern zu müssen, daß er es schließlich erreicht hat, ihm, was die Bewunderung durch die Pariser Studenten betrifft, den Rang abzulaufen, so sind all dies unbestreitbare Tatsachen; aber man hätte es lieber gehabt, wenn ihr Held sie erzählt hätte, ohne sein Opfer unnötig anzuschwärzen. Von den ersten Seiten des *Briefs an einen Freund* an kann man nicht umhin, sich zu fragen, ob bei Abaelard der Mensch auf der Höhe des Philosophen ist.

Was den Ruhm des Philosophen betrifft, so ist er seit den Jahren gut gefestigt, die er auf dem Berg der heiligen Genoveva lehrt. Und man könnte seine eigenen Worte wieder aufgreifen, um den friedlichen Ansturm der Studenten zu schildern, die sich von da ab auf einem Hügel drängen, der vorher keinen anderen Menschenandrang gekannt hatte als den der Weinleser im Herbst.

Denn er ist noch mit Wein bedeckt; von der Kirche Sainte-Geneviève bis zu der kleinen Kirche Saint-Julien an den

Ufern der Seine, ja, bis zum noch weiter entfernten Marktflecken Saint-Marcel, wo man die sterblichen Überreste des
ersten Pariser Bischofs verehrt, liegen die terrassenförmig
angelegten Weinberge. Und dieses ländliche Bild wird sich
im Laufe des 12. Jahrhunderts auf Grund jener Studenten
verwandeln, die voller Wißbegier kommen, um das Wort der
Meister zu hören, die dort aufeinander folgen. Die Intellektu-
ellenschlacht, die sich Wilhelm von Champeaux und Abaelard liefern, wird das unvorhergesehene Anwachsen von Paris
auf diesem linken Ufer der Seine zur Folge haben, das fortan
eine Bevölkerung besonderer Art prägt: die der *scolares*, der
Studenten – eine junge und lärmende Welt, deren Zustrom
durch die Jahrhunderte nicht versiegen wird. Der Biograph
von Goswin, einer frommen Persönlichkeit, die später heilig
gesprochen werden sollte, erzählt, daß sein Held in seiner
Jugend die Schule von Sainte-Geneviève besucht hatte; weit
davon entfernt, sich von der Beweisführung Abaelards überzeugen zu lassen, habe er ihn herausgefordert, ihm einen
Irrtum nachgewiesen, um dann von dem »Berg« herabzustei-
gen und mit einigen Studenten, die in der Nähe des Petit Pont
wohnten, seinen Sieg zu feiern. Ist die Geschichte glaubwür-
dig? Sie ist nicht unwahrscheinlich und zeigt auf jeden Fall,
welche Glanztat es für einen Studenten sein konnte, mit
jenem Meister der Diskussion zu streiten, der Peter Abaelard
war.
Sie zeugt auch von dem Zustrom der Studenten auf den
»Berg«. Bis dahin ist in den verschiedenen Urkunden, die
etwas über diese fernen Zeiten aussagen, nur die Rede von
bestelltem Land: in Richtung Notre-Dame-des-Champs,
Saint-Étienne-des-Grez (der kleinen, heute verschwundenen
Kirche, die sich ungefähr zwischen der juristischen Fakultät
und dem Gymnasium Louis-le-Grand erhob), in Richtung
der Thermen, in Richtung Chardonnet; nur einige Häuser
scharten sich um die Zufahrt zum Petit Pont (die »Kleine
Brücke«) und um die Kirche Sainte-Geneviève selbst; regelrechte Marktflecken gab es nur bei Saint-Germain-des-Prés,
Saint-Médard oder Saint-Marcel. Da jede Abtei ihre Schulen

hatte, gab es dort eine Keimzelle studentischen Lebens, aber erst mit dem großen Aufblühen der Schule von Sainte-Geneviève beginnt wirklich die Geschichte des linken Pariser Seineufers, des Ufers der Intellektuellen im Unterschied zum rechten, das bereits die Händler aufsuchen, die von den Annehmlichkeiten angezogen werden, die ihnen der sandige Uferstreifen unterhalb der Kirche Saint-Gervais bietet, wo die Boote leicht anlegen können. In diesem 12. Jahrhundert findet Paris endgültig sein Gesicht: die Markthallen (les Halles) werden auf jenem Platz von Champeaux eingerichtet, an dem sie bis in unsere Zeit bleiben werden, während man auf dem Berg der heiligen Genoveva die Weinstöcke ausreißt, um für die Häuser Platz zu machen, in denen sich Meister und Studenten drängen werden. Und man kann sagen, daß ein Teil dieser Wandlung auf Meister Peter Abaelard und auf den Erfolg seines Unterrichts zurückzuführen ist.

»Während dieser Vorgänge drang meine geliebte Mutter Lucia in mich, nach Hause zu kommen. Mein Vater Berengar war nämlich ins Kloster eingetreten, und meine Mutter hatte das gleiche im Sinn.«[14] Abaelard kommt also nach Pallet zurück und bleibt dort lang genug, um dem Ordenseintritt seines Vaters und seiner Mutter beizuwohnen, und um als Erstgeborener die Angelegenheiten der Familie zu regeln. Derartige Feierlichkeiten sind zu dieser Zeit recht üblich, wo man sich, sobald einmal der Augenblick gekommen ist, in den Ruhestand zu gehen, gern entscheidet, seine Tage im Schatten irgendeines Klosters im Gebet zu beschließen. Aber Abaelard konnte es – wie wir gesehen haben – nicht ertragen, lange von Paris entfernt zu sein. Kaum hat er diese Familienpflicht erfüllt, beeilt er sich, »nach Francien« zurückzukommen. So bezeichnet man das damalige Herz des Königreichs, die Krondomäne, die »Ile-de-France«. Man hätte erwartet, daß er seine Dialektik-, sogar seine Rhetorikkurse auf dem Berg der heiligen Genoveva wieder aufnimmt.

Aber überraschenderweise wählt er eine neue Richtung: er hat sich entschieden, »das Göttliche« zu studieren – wir haben darunter die heiligen Wissenschaften, die *sacra pagina*, das, was wir die Theologie nennen, zu verstehen. Und bald erfahren wir den Grund dafür: »Wilhelm, der sie seit einiger Zeit lehrte, hatte begonnen, sich in seinem Bistum von Châlons darin einen Namen zu machen.« Man kann sich fragen, inwieweit die aufeinander folgenden Ausrichtungen Abaelards von dem Wunsch beherrscht sind, mit dem zu rivalisieren, der sein Meister gewesen war.

Es ist wahr, daß zu dieser Zeit das Studium der Theologie als Krönung der vorausgehenden Ausbildung in den profanen Wissenschaften angesehen wird; nach den Freien Künsten geht man zur Wissenschaft der Wissenschaften über; dies ist nicht der verpflichtende, aber der übliche Gang in der Laufbahn eines Lehrenden; und wir stellen auch einen typischen Zug der Zeit in der Leichtigkeit fest, mit der Abaelard, ein bereits in einem Wissenszweig bekannter Lehrer, wieder Student in einem anderen wird. Wilhelm von Champeaux »hatte den Unterricht von Anselm von Laon, dem maßgeblichen Lehrer jener Zeit, genossen«. Also wendet sich Abaelard seinerseits ebenfalls Anselm zu. Und so sieht man ihn, zumindest für einige Monate, als Studenten in Laon, auf dem verehrungswürdigen Hügel, der zu dieser Zeit noch etwas von seinem alten Rang als Zentrum eines Königreiches bewahrt hat. Noch in unseren Tagen zeugen unsere Bibliotheken durch die Zahl der Manuskripte, die vor allem den theologischen Wissenschaften gewidmet sind und aus Notre-Dame de Laon stammen, von der Lebendigkeit seiner Schulen.

Als Abaelard sich in diese Stadt begibt, war sie im vorausgehenden Jahr 1112 von einer regelrechten Stadtrevolution erschüttert worden, von der uns ein Zeuge, der Mönch Guibert von Nogent, einen sehr lebendigen Bericht hinterlassen hat. Die Macht in dieser Stadt lag zum einen Teil in den Händen des Königs von Frankreich, in dessen Abhängigkeit sie unmittelbar stand, und zum anderen in denen des Bischofs. Nun hatte sich im Jahre 1106 eine traurige Figur mit Namen Gaudry, die nicht einmal die heiligen Weihen empfangen hatte, den Sitz des Bischofs angeeignet, und es dauerte nicht lange, bis er die ganze Bevölkerung gegen sich aufgebracht hatte. Die Bürger von Laon hatten sich zur freien Stadt erklärt; der Bischof hatte sie niederzwingen wollen, der Aufruhr war ausgebrochen, die Kathedrale, das bischöfliche Haus, ein ganzes Stadtviertel waren in Brand gesteckt worden, während Gaudry, den man in einem Kellerraum seines Hauses entdeckt hatte, auf der Stelle totgeschlagen worden war.

Eine einzige Persönlichkeit hatte genügend Einfluß auf die Aufständischen gehabt, um sie dazu zu bringen, ihren hingeschlachteten Bischof geziemend zu bestatten – und dies war der Schulmann Anselm; er war übrigens, sechs Jahre vorher, der einzige gewesen, der sich der Kandidatur des Gaudry zur Bischofswürde entgegengestellt hatte. Er und sein Bruder Raoul, der auch an den Domschulen lehrte, hatten sich zu jener Zeit einen außerordentlichen Ruf erworben; die Studenten in Laon waren so zahlreich, daß die Wohnungsnot spürbar wurde: uns ist der Brief eines italienischen Klerikers erhalten geblieben, der an einen seiner Landsleute schreibt, ihn vor dem Winter zu benachrichtigen, ob er zu ihm kommen will, denn er würde große Mühe haben, sogar für einen höheren Preis ein Zimmer für ihn zu finden; man sah dort Leute aus allen Gegenden Frankreichs: aus dem Poitou, aus der Bretagne etc., und Belgier, Engländer, Deutsche. Ein wenig später wird sich der Engländer Johann von Salisbury der Zeiten erinnern, zu denen Anselm und Raoul in Laon lehrten, und sie *splendissima lumina Galliarum*, die glanzvollsten Lichter der Gallier, nennen.

Dies ist nicht die Meinung Abaelards. Er hat für Anselm nur die geringschätzigsten Worte übrig: »Ich ging mir diesen alten Mann anhören. Seinen Namen hatte er freilich eher der Routine als einer besonderen geistigen Bedeutung zu verdanken... Er verfügte über eine ungewöhnliche Redegewandtheit, aber das Wesentliche des Inhalts war erbärmlich und ohne Vernunft.« Und im weiteren benutzt er wenig liebenswürdige Vergleiche: ein Feuer, das nur Rauch hervorbringt, ein beeindruckend aussehender Baum, der sich, aus der Nähe betrachtet, als der unfruchtbare Feigenbaum des Evangeliums entpuppt und so fort. Im Vertrauen auf diese Feststellung zeigt sich Abaelard immer weniger eifrig bei seinen Lesungen.

Schenkt man ihm Glauben, so hat dies einige Mitstudenten verletzt, die mit dem Meister darüber gesprochen haben, um dessen Mißgunst gegen ihn zu erregen. Unter diesen Mitstudenten sind zwei Personen, die eine Rolle in der Geschichte Abaelards spielen werden: dies sind Alberich von Reims und einer seiner Freunde, ein Mann aus Novara namens Lotulf; wir werden beiden später als Lehrer in Reims wiederbegegnen. Sicherlich waren sie bei jener Gruppe von Studenten zugegen, die eines Abends, als die Lesung und die Zeit des Meinungsstreits beendet waren, zwanglos mit Abaelard plauderten. Einer von ihnen fragt Abaelard, was ihm das Studium der Heiligen Schrift einbringe, ihm, der bis dahin nur die Freien Künste ausgeübt habe. (Offenbar hat sich Peter Abaelard in diesem Wissenszweig soviel Ruhm erworben, daß seine Eindrücke für seine Mitstudenten von Interesse sein können.) Abaelard entgegnet, daß dies die heilsamste aller Lektüren sei, aber daß es seiner Meinung nach ausreiche, den Text der Bibel selbst zur Verfügung zu haben mit einer Glosse, um Unklarheiten zu erhellen. Die meisterlichen Erläuterungen, die man dazu mache, erschienen ihm völlig überflüssig. Seine Kameraden protestieren lauthals, und schon geht Meister Peter auf eine Herausforderung ein. Wäre er wohl fähig, aus dem Stegreif einen Kommentar zur Heiligen Schrift zu geben? Als der Bretone, der er ist, wird er sich dem nicht entziehen: Man möge ihm eine Stelle der Schrift mit einer einzigen Glosse auswählen, und er würde sie öffentlich »lesen«. Lachen der Zuhörerschaft; die Studenten einigen sich darauf, ihm eine Stelle aus Ezechiel, der offensichtlich nicht als leicht verständlicher Autor gelten kann, vorzulegen. Für den folgenden Tag wird ein Treffen vereinbart.

Abaelard schließt sich mit dem glossierten Text ein, verbringt die Nacht damit, die Lektion vorzubereiten, und hält, tags darauf, seine erste Lesung in der heiligen Wissenschaft. Die Zuhörer sind wenig zahlreich: man hatte nicht gedacht, daß er den Scherz bis zum Ende treiben würde. Nun gefiel aber, wie er erklärt, »denen, die meiner Vorlesung beiwohnten, diese so gut, daß sie sie nicht genug loben konnten und mich drängten, meinen Kommentar nach dieser meiner Methode fortzusetzen. Als dies bekannt wurde, beeilten sich auch diejenigen, die bisher ferngeblieben waren, in die zweite und dritte Vorlesung zu kommen, und waren eifrig darauf bedacht, sich von dem, was ich am ersten Tag gelesen hatte, eine Abschrift zu verschaffen.« Es genügte wahrhaftig, daß Abaelard auf das Katheder stieg, damit der Erfolg sich einstellte: sein Wort war unwiderstehlich und die Scharfsinnigkeit seines Kommentars ebenfalls. Fast ohne studiert zu haben, wurde er zum Meister in dem, was die Wissenschaft der Wissenschaften war – dem, was man bald allgemein mit dem Namen Theologie bezeichnen wird.

Aber er hatte sich dadurch einen neuen Feind eingehandelt. »Dieser Erfolg entzündete den Neid des alten Anselm. Schon, wie ich sagte, durch boshafte Unterstellungen gegen mich aufgebracht, begann er, mich meiner theologischen Lesungen wegen gerade so zu verfolgen, wie dies Wilhelm wegen der philosophischen getan hatte.«[15] Anselm war, wie wir gesehen haben, weit davon entfernt, eine so unbedeutende Persönlichkeit zu sein, wie Abaelard das gerne vermitteln möchte. Das Lehrfach von der Heiligen Schrift schuldete ihm viel; ihm und seinem Troß war das zu verdanken, was man im Mittelalter die »glossa ordinaria« nannte; so heißt das Ergebnis einer Arbeit, die darin bestanden hatte, eine Auswahl unter den anerkannten Kommentaren der Heiligen Schriften zu treffen; diese »gewöhnliche Glosse« würde eine Art Schulhandbuch werden, das die Studenten im 12. und 13. Jahrhundert ständig benutzten. Abaelard hat ebensowenig Hochachtung vor dem Werk wie vor dem Menschen; es stimmt, daß Anselm damals ein Greis ist; er wird kurze Zeit später, im

38

Jahre 1117, sterben. Man versteht, daß er von dem wenig korrekten Unterfangen dieses Schülers, der den Großteil seiner Kommilitonen weit übertrifft, verletzt war. Er erwiderte mit einem schonungslosen Gegenschlag, indem er ihm untersagte, den Unterricht fortzusetzen, den er aus dem Stegreif aufgebaut hatte.

Kaum hatte sich die Neuigkeit dieses Verbots in der Schule verbreitet, war die Entrüstung groß: nie hatte der Neid so offen zugeschlagen. Aber je offenbarer der Angriff war, desto größer wurde dadurch mein Ansehen, und die Verfolgungen ließen meinen Namen lediglich bekannter werden...

Abaelard mußte zwar Laon verlassen, dies aber mit allen Ehren des Sieges. Er kehrte nach Paris zurück und, da sein Ruf dieses Mal den aller anderen Anwärter entschieden in den Schatten stellte, sah er, daß sich ihm *sein* Lehrstuhl, jener der Schulen von Notre-Dame, anbot:»Ich bestieg den Lehrstuhl, der mir seit langem bestimmt war und von dem man mich vertrieben hatte.«[16] Diesmal herrschte er uneingeschränkt; er war in diesem Paris, das schon immer seinen Ehrgeiz bestimmte, der bekannteste Meister, und dies nicht nur hinsichtlich der Dialektik, sondern auch der Theologie. Denn er hatte sogleich den Kommentar zu Ezechiel wieder aufgegriffen, den er in Laon angefangen und auf so plötzliche Weise unterbrochen hatte. Er hatte keinen Rivalen mehr. Wilhelm von Champeaux hat seit 1113 die Stadt endgültig verlassen, um in sein Bistum von Châlon zu gehen; Abaelard genießt einen Erfolg ohnegleichen:»Diese Lesungen fanden«, so schreibt er selbst,»beim Publikum eine äußerst günstige Aufnahme, und man hörte bereits das Urteil, daß meine theologische Begabung in nichts hinter meiner philosophischen zurückbleibe. Die Begeisterung für meine Vorlesungen in beiden Fächern vermehrte die Zahl meiner Schüler ganz erheblich.« Nie haben die Schulen von Paris einen solchen Zustrom von Studenten gekannt. Über diesen Punkt haben wir andere Zeugnisse als nur die von Abaelard selbst.

Die ferne Bretagne schickte dir ihre ungeschliffenen Menschen, um sie zu bilden. Die Bewohner von Anjou wurden ihrer alten Roheit Herr und begannen, dir zu dienen. Leute aus dem Poitou, aus der Gascogne, Iberer, Normannen, Flamen, Teutonen und Sweben lobten dich einstimmig und folgten dir eifrig. Alle Bewohner der Stadt Paris und der Provinzen Galliens, ob nah oder fern, dürsteten danach, dich zu hören, als ob sie der Wissenschaft nirgendwo anders begegnen könnten als bei dir.

So drückt sich ein Zeitgenosse, Fulco von Deuil, aus, der auf dem weitverbreiteten Ruf Abaelards besteht:

Rom sandte dir seine Schüler, um sie zu unterweisen; das weise Rom, das früher jenen, die ihm lauschten, die Kenntnis aller Künste einhauchte, zeigte, indem es dir seine Studenten schickte, daß es dich als noch weiser erkannte. Keine Entfernung, kein noch so hoher Berg, kein noch so tiefes Tal, kein noch so schwerer Weg konnten sie entmutigen, trotz der Gefahren und der Räuber zu dir zu eilen.[17]

Man kennt die Namen jener Schüler Abaelards, die selbst berühmt geworden sind – unter ihnen, neben vielen anderen, den Italiener Guido Castelli, der dazu ausersehen war, der Papst Cölestin II. zu werden, und, später, den Engländer Johann von Salisbury.

Andere haben, obwohl weniger bekannt, eine Rolle zu ihrer Zeit gespielt: so Gottfried von Auxerre, der sich später gegen seinen ehemaligen Meister erheben wird; oder Berengar von Poitiers, der seinerseits in schwierigen Augenblicken heftig seine Treue bezeugen wird. Wenn im Jahr 1127 der Bischof Étienne beschließt, die bischöfliche Schule aus dem Kloster Notre-Dame verlegen zu lassen, und mit der Zustimmung des Klosterkapitels fortan untersagt, daß die Schüler in jenem Teil des Klosters empfangen werden, den man *Trissantia* nannte (und in dem die Lesungen vordem stattgefunden hatten), so geschieht dies ohne Zweifel, weil sich die von Abaelard ausgelöste Bewegung fortgesetzt hat und weil der Zustrom zu den von da an berühmten Schulen von Paris die

Stille stört, die grundsätzlich innerhalb der klösterlichen Mauern herrschen muß. Schickt nicht, ein wenig später, der König selbst seinen Sohn, den künftigen Ludwig VII., zum Studium nach Notre-Dame de Paris? Diese ganze Schulbewegung, aus der die Pariser Universität hervorgehen wird, die eine glänzende Zukunft erwartete, wie wir heute wissen, hatte sich unter Wilhelm von Champeaux abgezeichnet, aber es ist Abaelard, der die Berühmtheit der Schule sichergestellt hat. Paris ist von da an die den Wissenschaften geweihte Stadt.

Hic florent artes, celestis pagina regnat.

Hier blühen die Künste, hier herrschen die himmlischen Schriften.[18]

Paris ist für die Studenten »das alle Wonnen spendende Paradies«. Und über sie herrscht der große Meister, bei dem nicht viel fehlt, daß er so empfangen wird, wie es ein Satiriker der Zeit beschreibt:

Obvius adveniet populo comitante senatus; plebs ruet et dicet: »Ecce Magister adest.«

Vom Volk begleitet kommen die Honoratioren, ihm zu begegnen; die Menge stürzt zu ihm und ruft: »Siehe, hier kommt der Meister!«[19]

Seine Zeitgenossen bestätigen es: »Erschüttert von der Klarheit deines Geistes, von der Lieblichkeit deiner Redekunst, von der Gewandtheit deiner Sprache wie von der Schärfe deines Wissens, liefen alle zu dir wie zu der klarsten Quelle aller Philosophie.«[20] Unbesiegbar auf dem Gebiet der Logik, stellt er der heiligen Wissenschaft all die Hilfsmittel seiner geistigen Klarheit und seiner glänzenden Redeweise zur Verfügung; die pädagogischen Fähigkeiten gehen bei diesem außerordentlichen Meister mit der Stärke der Beweisführung und der Ursprünglichkeit des Denkens Hand in Hand. Er hat den größten Geistern seiner Zeit die Stirn geboten, ist als Sieger aus der Prüfung hervorgegangen und erweist sich so als der tiefste, durchdringendste Denker; ihm kommt die Begeisterung der ganzen Jugend zu, die sich an den Schulen von Notre-Dame drängt. Er ist »der Sokrates der Gallier«; er ist »unser Aristoteles« – wie von ihm viel später Peter der Verehrungswürdige (Petrus Venerabilis) sagen wird. Sein Königreich ist diese lärmende Welt, die sich an der Dialektik berauscht, aber auch manchmal mit dem Wein der ganz nahen Anhöhen des Bergs der heiligen Genoveva, aus denen, gemischt mit dem Gesang der Psalmen, die *Vagantenlieder* hochsteigen, deren Echo bis in unsere Zeit hinein im »Quartier Latin«[21] verklingt. Denn sicher entsprechen einige Studenten dem Bild, das Guido von Bazoches von sich selbst zeichnet:

Et ludis datus et studiis, sed rarus in illis, creber in his,
doctus atque docendus eram.

Den Spielen und den Studien hingegeben, selten diesen, häufig jenen, lernte und wollte ich lernen.[22]

Aber andere haben auch als Refrain:

Obmittamus studia,
dulce est desipere,
et carpamus dulcia
juventutis tenere;
res est apta senectuti
seriis intendere.

Ruhen soll'n die Studien heut,
Ausgelassensein ist gut,
erfreu'n wir uns der süßen Zeiten
und uns'res frischen Jugendmuts.
Im Greisenalter man sich dann
ernsten Dingen widmen kann.

Und das Lied geht weiter:

Voto nostro serviamus,
mos est iste juvenum;
ad plateas descendamus
et choreas virginum.

Den Lüsten woll'n wir uns ergeben,
so ist's der Brauch für junge Leut;
zu den Plätzen woll'n wir streben,
dort singen junge Mädchen heut.[23]

Wozu soviel Ovid lesen, wenn man nicht selbst die »Liebeskunst« übt!

Imperio, eya!
Venerio, eya!
cum gaudio
cogor lascivire,
dum audio
volucres garrire.

Im Dienste
der Venus, eya,
freudevoll
muß ich tollen,
wenn ich höre
der Vögel Gesang.[24]

Das Liebeslied, das in der Sprache des Volkes auftreten und mit den provençalischen und nordfranzösischen Minnesängern bald ganz Frankreich erobern wird, blüht in diesem leidenschaftlichen und manchmal ein wenig verrückten Milieu; es steht dem bacchantischen Gesang und den Abenteuern des Helden der Schülerschaft nahe, jenem *Golias* – Goliath –, dem man in den *Metamorphosen des Golias* die ungeheuerlichsten und unsinnigsten Abenteuer zuschreibt, während man in der *Apokalypse des Golias* soweit geht, für ihn die heiligen Schriften zu parodieren. An bestimmten Tagen steigt die Stimmung in dieser lebhaften Menge noch höher; die Studenten strömen in vollem Schwung über die Grenzen des Klosters Notre-Dame hinaus und ergießen sich in die Straßen der Cité wie ein neuer Wein, der in den Fässern siedet und den Korken zum Knallen bringt – so zur Weihnachtsoktav, bei der sich noch einige Reste der altertümlichen saturnalischen Ausschweifungen erhalten haben. An diesem Tag sind die jungen Kleriker die Meister; alle Verrücktheiten, alle Überspanntheiten sind ihnen erlaubt, als da sind Schlemmereien und Saufereien und gelegentliche schamlose Spiele; so befreit man sich damals gemeinschaftlich von den großen Anstrengungen des Schullebens und seiner strengen Disziplin:

Adest dies
optata, socii;
quidquid agant
et velint alii,
nos choream
ducamus gaudii.
pro baculo
exsultet hodie
clerus cum populo.

Da ist der Tag,
der ersehnte,
die Freunde;
was immer sie tun,
die anderen billigen's;
für uns führen wir
den Chor der Freude an:
des Stabes wegen
frohlocken heute
die Kleriker mit dem Volk.[25]

Denn sie sind es, die an diesem Tag den »Stab« innehaben –
den Stab des Chormeisters, das Wahrzeichen der Amtsge-
walt; dies ist das »Fest des Stabes«, zu dem nur die zugelassen
sind, die einen freisinnigen Geist und einen weit geöffneten
Säckel haben; die anderen werden von den Studenten verabscheut.

Omnes tales ab hoc festo
procul eant; procul esto:
tales odit baculus.
Illi vultus huc advertant,
quorum dextrae dando certant,
quorum patet loculus.

All jene, die sich entfernen,
die sich fernhalten von dem Feste,
all jene haßt der Stab.
Es mögen kommen und sich nähern,
deren Hände offen sind zu geben,
deren Säckel sich öffnen mag.[26]

Meister Peter Abaelard hat sich sicher unter die Feiernden
gemischt. Sein Alter hebt ihn kaum von dieser Menge ab, in
der er unbestrittenes Ansehen genießt. Der Wissensdurst, die
Neigung zum Absoluten gehen bei dieser Studentenschar mit
dem Ungestüm Hand in Hand; wenn sie auch saufen, streiten
und sich manchmal dem Laster ergeben, so sind die Pariser
Studenten um nichts weniger anspruchsvoll, wenn es sich um
logisches Denken, um Beweis und Beweisführung handelt.
Nun: Abaelard befriedigt ihren kritischen Geist; er gehört
nicht zu denen, die unangenehmen Schwierigkeiten aus dem
Weg gehen oder die vorsichtig auf die anerkannten Autoritäten verweisen. Bei ihm sind die Dispute nicht einfache Schul-
übungen:»Sie (meine Schüler) sagten, daß sie kein Bedürfnis
nach hohlen Worten hätten; man könne nur glauben, was
man begriffen habe; und es sei lächerlich, anderen zu predigen, was man selbst nicht besser verstünde als jene, an die

man sich wendet.«[27] Und welche Schwierigkeiten könnten den Beweisführungen des Meisters standhalten? Er ist Aristoteles, aber ein wiedergeborener, junger und der Jugend naher Aristoteles. Von dem alten Peripatetiker, der in den Schulen in hoher Gunst steht und der fast zum epischen Helden wird, der die überwältigenden Eroberungen seines Schülers Alexander lenkt, macht man sich zu jener Zeit ein recht gewöhnliches Bild. Neben Abaelard ist Aristoteles ein blasser Greis.

Die Stirne hager, blaß, der Meister mit dem schütteren Haar..., sein fahles Antlitz verrät die nächtliche Lampe..., die dürren Hände offenbaren sein häufiges Fasten; kein Fleisch, nur Haut ist auf den Knochen...

So ist Abaelard nicht. Es scheint nicht, daß er das Fasten viel geübt hat, und sein Gesicht strahlt den ganzen Glanz der Jugend wider. Er ist kaum um die 35 Jahre alt; alles an ihm ist außergewöhnlich: dieses Wissen um die Dialektik und sogar um die Theologie, das ihm mit der Muttermilch eingeflößt worden zu sein scheint, seine Gabe zum Unterrichten, sein rasches Auffassungsvermögen, seine Beredsamkeit, schließlich sein Charme; denn er ist schön, äußerst schön, und das spielt unleugbar eine Rolle in seinem Ansehen. »Wer, frage ich, beeilte sich nicht, Euch zu erblicken, wenn Ihr in der Öffentlichkeit erschient, und zogt Ihr Euch zurück, folgte man Euch da nicht nach mit gerecktem Hals und unverwandtem Blick? Sehnte sich nicht jede Frau, jede Maid nach dem Abwesenden? Glühten sie nicht alle für Euch und erröteten sie nicht, wenn Ihr zugegen wart?«[28] Seine schönen Hände, deren Zeigefinger sich erhebt, wenn er den Schluß eines Syllogismus bekräftigt, wer würde sich nicht wünschen, von ihnen liebkost zu werden? Wenn sich Abaelard die Köpfe zuwenden, sobald er durch die Straßen der Pariser Innenstadt geht, so ist sein Ruhm längst über die Grenzen des Klosters von Notre-Dame hinausgegangen. »Wo ist der König oder der Weise, der Euch an Ruhm gleichkäme? In welchem Land, in welcher Stadt, in welchem Dorf war man nicht darauf erpicht, Euch zu sehen?«[29]

Mit dem Ruhm kam der Reichtum. »Welchen Gewinn und welchen Ruhm sie (meine Schüler) mir einbrachten, hat Euch der Ruf sicher zugetragen«, schreibt Abaelard selbst.[30] Er läßt sich seine Lesungen bezahlen, und das ist üblich. Aber damals, wo die Mehrzahl der Meister ein recht kärgliches Leben fristet, verdient er seinerseits viel Geld durch seine Schüler. Unter den Lehrenden haben einige Bedenken dagegen, die Weisheit gegen Geld zu vermitteln, aber diese Gewissensbisse scheinen ihm kaum gekommen zu sein. Die Entlohnung der Lehrenden ist immer ein Problem gewesen – ein soziales zu unserer Zeit und, zu der Abaelards, eines des Gewissens: Bis zu welchem Punkt ist es erlaubt, die heilige Wissenschaft, die Schätze des Geistes zu verkaufen? Und doch: Ist es nicht rechtmäßig, daß der Meister von dem lebt, was er lehrt, so, wie der Priester vom Altar leben muß? Um diesem Dilemma schlecht und recht zu begegnen, sieht man für den Meister – den Schulmeister – ein *beneficium*, das heißt irgendein Einkommen vor, das ihm zu leben erlaubt. Es scheint, daß Abaelard an der Schule von Notre-Dame wohl die Pfründe eines Kanonikers erhalten hat. Und diese kam zu der Bezahlung der Lesungen hinzu, die er von zumindest jenen Schülern erhielt, die dem nachkommen konnten. Ein Meister, der diese Einkommensquelle mißbraucht, wird zu jener Zeit streng verurteilt. Man brandmarkt, wie dies Balderich von Bourgueil tut, »den käuflichen Meister, der käufliche Worte verkauft ..., der das Ohr des Schülers nur füllt, wenn dieser seine Truhe gefüllt hat ...« Und Bernhard von Clairvaux wird sich gegen jene erheben, die »lernen wollen, um ihre Weisheit zu verkaufen, sei es, um Geld daraus zu machen, sei es, um zu Würden zu kommen«. Abaelard häuft Geld und Würden an und scheint sich daran weiter nicht gestört zu haben.

Wenn er auch dem Ruhm der Waffen entsagt hat, welchen Ruhm hat ihm doch der Dienst des Geistes eingetragen! Es würde nur an ihm liegen, so viele Glanzleistungen mit Siegen einer ganz anderen Art zu krönen. Man stellt zu seiner Zeit häufig der Person des Klerikers die des Ritters gegenüber; und in den Minnehöfen[31] wird es eine heißumstrittene Frage sein, herauszubekommen, ob es besser ist, vom einen oder vom anderen geliebt zu werden: von dem, der sich auf dem Turnierfeld hervortut oder vom Kleriker, der seine Lorbeeren in den Rededuellen gewinnt.

Dulcis amicitia clericis est gloria.
Quidquid dicant alie, apti sunt in opere.
Clericus est habilis, dulcis et affabilis.

Die innige Freundschaft ist des Klerikers Ruhm.
Was immer andere auch sagen, sie sind hochbegabte Leute.
Der Kleriker ist gewandt, sanft und liebenswürdig.

Wir müssen natürlich den Begriff des Klerikers[32] in dem Sinn verstehen, den er zu jener Zeit hat: Er ist nicht ein Mitglied der Hierarchie oder der Geistlichkeit, sondern einfach ein Gebildeter; in seinem Briefwechsel verwendet Abaelard selbst unterschiedslos die Begriffe Schüler und Kleriker. Zahlreich sind damals die Gedichte in Form einer Erörterung, in denen man abwechselnd für den Kleriker und für den Ritter eintritt.

Meus est in purpura, tuus in lorica;
Tuus est in prelio, meus in lectica.
Meus gesta principum relegit antica;
Scribit, querit, cogitat totum de amica.

Der meine kleidet sich in Purpur, der deine mit dem Harnisch;
Der deine lebt im Kampf, der meine auf seinem Lehrstuhl.
Der meine liest wieder und wieder der Alten Heldentaten,

Er schreibt, sucht und denkt, und all das für seine Freundin.[33]

So preist die Heldin eines dieser Gedichte die Verdienste des Klerikers, ihres Freundes. Und die Vagantenlieder geben, wohlgemerkt, ebenfalls dem letzteren den Vorzug. Seines Wissens, seines Sittenwandels wegen, so sagen sie, eignet sich der Kleriker am besten für die Liebe[34]. So entscheidet das Schiedsgericht des Liebesgottes, unter seiner Schirmherrschaft zusammengerufen, um einen immer offenbleibenden Streit zu lösen. Nun, wenn es jemals einen verführerischen Kleriker gab, einen, dem sowohl körperlich wie geistig alle glänzenden Eigenschaften verliehen waren, so ist dies sicherlich Peter Abaelard.

2 Die Leidenschaft und die Vernunft

O Gott! Wer kann Liebe ein Jahr oder gar zwei
für sich behalten, ohne daß sie entdeckt würde?
Liebe läßt sich nicht verbergen.

Beroul, *Tristan*

»Es lebte in Paris eine Jungfrau namens Heloise.«[35]
Das könnte der Anfang zu einem Märchen sein: Es war
einmal... Aber dies ist eine gelebte Geschichte, eine mit
solcher Heftigkeit gelebte Geschichte, daß sie über die Jahrhunderte hinweg ihre erschütternde Macht bewahrt hat.
Diese Jungfrau namens Heloise bringt ihrerseits auch die
Leute dazu, sich umzudrehen, wenn sie vorübergeht. Man
spricht von ihr – und nicht nur in Paris selbst. Ihr Ruf hat sich
in der Welt der Gelehrsamkeit, in den Schulen und den
Klöstern, schnell verbreitet. »Ich hörte sagen, daß eine noch
in den Banden der Welt zurückgehaltene Frau sich dem
Studium der Wissenschaften und, was selten ist, der Weisheit
widmete, und daß die Vergnügungen der Welt, ihre Nichtig-
keiten und Verlockungen, sie nicht von der Idee abbringen
konnten, sich zu bilden.«[36]
Jener, der so spricht, war zu der Zeit ein ganz junger Mönch,
einer von denen – das ist wahr –, die tätig an der geistigen
Strömung ihrer Zeit Anteil nehmen, denn er hatte von seinem
dreiundzwanzigsten oder vierundzwanzigsten Lebensjahr an
die Leitung der Klosterschulen von Vézelay inne, die im
Schatten der damals ganz neuen Abteikirche lagen. Peter von
Montboissier ist sehr jung in den Orden von Cluny eingetreten (er hat seine Ordensgelübde siebzehnjährig in der Prio-

ratskirche von Sauxillanges abgelegt und trägt noch nicht den Beinamen »der Verehrungswürdige«, den man ihm später verleihen wird); auf seinem burgundischen Hügel sinnt er manchmal über Heloise nach, jenes junge Mädchen, das er nicht kennt und dessen Intelligenz und Neigung zum Studium die Aufmerksamkeit seiner Zeitgenossen auf sich lenkt. Sie ist gerade erst eine Jugendliche und packt schon, so sagt man, die philosophischen Studien an; doch scheint sie nicht das Kloster zu wählen. Daß eine Nonne studiert und ihre Gelehrsamkeit weit vorantreibt, ist ganz natürlich, daß sie »Theologin« wird, nachdem sie, wie es später Gertrud von Helfta schreibt, »Grammatikerin« gewesen ist, daran ist nichts Erstaunliches. Aber daß ein junges Mädchen, das in der Welt geblieben ist, in einem Alter, in dem so viele andere sich nur um ihre Kleider kümmern, lediglich daran denkt, sich zu bilden, daß es kein anderes Bestreben hat, als sein Wissen zu vergrößern, und daß es mit Erfolg jene Gestade der Philosophie anläuft, die viele Männer abschrecken, das ist etwas, das des Staunens wert ist. »Da sozusagen die ganze Welt die jämmerlichste Teilnahmslosigkeit für solche Studien zur Schau trägt, da die Weisheit nicht mehr weiß, wohin sie den Fuß setzen kann – und ich würde nichts für das weibliche Geschlecht sagen, wo sie völlig verbannt ist, aber dies gilt selbst für die Männer –, so habt Ihr Euch durch den Schwung Eures Eifers über alle Frauen erhoben, und es gibt wenig Männer, die Ihr nicht übertroffen hättet.« So wird sich später Peter der Verehrungswürdige ausdrücken, wenn er Heloise sagt, wie sehr ihr guter Ruf ihn seit seiner Jugend in Erstaunen versetzt hat.[37]

Ihre ersten Studien absolvierte Heloise in einem Kloster in der Gegend von Paris, in Notre-Dame d'Argenteuil, das, wie dies damals bei einem Großteil der Frauenklöster der Fall war, eine Schule unterhielt. Sie hat dort außergewöhnliche Begabungen und einen ebenso außergewöhnlichen Eifer für das Studium gezeigt. Ihre Ausbildung ist die ihrer Zeit gewesen: die Psalmen, die Heilige Schrift und jene weltlichen Autoren, die man im Grammatikunterricht studiert und die den

Grundstock des intellektuellen Rüstzeugs bilden. Gewandt zitiert sie die Kirchenväter und auch Ovid oder Seneca; in einer besonders dramatischen Situation werden es Verse von Lukan sein, die spontan über ihre Lippen kommen. Ihre Wißbegier ist grenzenlos, denn sie wollte nicht nur das ganze Rund der Freien Künste mit der Dialektik an der Spitze studieren, sondern auch, wenn man Peter dem Verehrungswürdigen glaubt, die Theologie. Vielleicht hat sie in Argenteuil keine ausreichend gebildeten Ordensschwestern finden können, um ihren Wissensdurst zu stillen. So hat ihr Onkel Fulbert, Kanoniker in Paris, sie in seinem Haus im Kloster von Notre-Dame gastfreundlich aufgenommen; von der Intelligenz seines Pflegekindes in Erstaunen versetzt, versäumt er nichts, um ihre Ausbildung zu fördern.

Die Historiker, die über Heloise geschrieben haben, sind manchmal darüber erstaunt gewesen zu sehen, daß sich hier ein Onkel derartig um die Erziehung seiner Nichte gekümmert hat; man hat vermutet, daß ihre Eltern gestorben waren. In der Tat weiß man absolut nichts über die Vorfahren von Heloise. Lediglich der Name der Mutter, die Hersent genannt wurde und die Schwester des Kanonikers Fulbert war, ist uns geblieben; aber wenn man sich in die Gebräuche jener Zeit zurückversetzt, ist es völlig unnötig, anzunehmen, daß sie Waise war, um zu erklären, daß ihr Onkel sich um sie kümmerte. Die Familie wird damals im umfassenden Sinn verstanden, und es ist üblich, daß Onkel, Tanten oder Verwandte verschiedener Grade an der Erziehung teilhaben. Um zu erklären, warum sich Heloise bei ihrem Onkel in Paris aufhält, genügt der Gedanke, daß ihre Eltern in diesem Aufenthalt die Möglichkeit gesehen haben, die Ausbildung, die sie ihr schon am Kloster von Argenteuil hatten zuteil werden lassen, weiter voranzutreiben.

Nicht weniger erstaunlich für uns ist die Gegenwart dieses jungen Mädchens in den Klostergängen (»cloître«) von Notre-Dame, bei denen wir gern die Vorstellung haben, daß sie nur dem Klerus der Kathedrale vorbehalten gewesen sind. Aber der Begriff »cloître« bezeichnet nicht den überdeckten

Wandelgang,[38] der traditionsgemäß innerhalb der Kloster-
mauern angelegt ist; er läßt vielmehr an den »close« der
englischen Kathedralen denken, wie er in Wells und in Salisbury erhalten geblieben ist: eine Gruppe von um die Kirche
angelegten Häuschen, in denen die Kanoniker wohnen. So
gab es hier um die vierzig stiftsherrliche Häuser, die am
äußersten Ende der Ostseite der Pariser Seine-Insel lagen
und die vielleicht von einer Umfriedung eingesäumt waren,
denn das Territorium des Klosters (»cloître«) war eine Art
kleine Stadt, die von jeher Immunität genossen hatte; die
königlichen Offiziere hatten nicht das Recht, dort einzudringen; das Kloster besaß das Asylrecht, was bedeutet, daß
niemand berechtigt war, Hand an denjenigen zu legen, der
sich dorthin geflüchtet hatte, und sei es auch der schlimmste
Verbrecher. Zwei kleine Kapellen erhoben sich in der Umfriedung dieses Klosters: im Norden Saint-Aignan und im
Süden, auf der linken Uferseite der Seine, Saint-Denis-du-
Pas (Saint-Denis-an-der-Furt) – so benannt, weil an dieser
Stelle eine Furt war, die es erlaubte, die Seine zu Pferd zu
überqueren; aus ihnen werden im Lauf des 12. Jahrhunderts
Pfarreikirchen werden, um den Bedürfnissen einer unaufhör-
lich wachsenden Bevölkerung zu begegnen. Aber die Kathe-
dralkirche scheint zur Zeit von Heloise wohl noch von der
Menge besucht worden zu sein. Dies ist übrigens nicht jene,
die wir kennen und die erst nach der hier berichteten Ge-
schichte erbaut wird; den ersten Stein dazu wird man in dem
Jahr legen, das dem Tod von Heloise vorangeht: im Jahr 1163.
Zwei Kirchen erhoben sich an ihrem Standort: die auf dem
Kirchvorplatz gelegene Kirche Saint-Étienne, deren Apsis
vermutlich ein wenig über die Fassade der heutigen Kirche
Notre-Dame hinausragte, und die eigentliche Kathedrale, die
sich an der Stelle des Chores der unsrigen erhob, aber deren
Ausmaße weit weniger ausgedehnt waren. Es gibt noch eine
Taufkirche, Saint-Jean-le-Rond, die erst im 18. Jahrhundert
abgerissen werden wird, und ein anderes, mehr im Süden
gelegenes Kloster, das eben jenes *Trissantia* genannte, um-
friedete Stück Land ist, auf dem sich die Studenten drängen,

54

um Abaelard zu hören, und von dem sie sich ungefähr zehn Jahre später vertrieben sehen werden. Es ist also eine kleine »klerikale Stadt«, die das äußerste Ende der Pariser Seine-Insel einnimmt, mit ihren vielfältigen Gebäuden, Kirchen und Kapellen, Kloster und Schulhäusern, Umfriedungen und Gärten und den Privathäusern, unter denen sich das des Kanonikers Fulbert befindet; der Überlieferung nach soll dieses ungefähr im Winkel der Rue des Chantres und des heutigen Quai aux Fleurs gestanden haben. Abaelard wird also mehr als einmal im Verlauf seines Kommens und Gehens Gelegenheit gehabt haben, Heloise zu begegnen. Er wird den Weg des jungen Mädchens gekreuzt haben, wenn er, nach dem Vorbild seines berühmten Meisters, des Peripatetikers, an der frischen Luft wandelnd, umgeben von lauter diskussionsbegierigen Studenten, die Kunst der Dialektik lehrt, oder wenn er sich zu seinen Lehrstunden begibt oder auch während der Feste, bei denen Schüler und Meister in der, für die Bevölkerung bereits zu kleinen, Kathedrale zusammenkommen. Im übrigen ist die Gegenwart eines jungen Mädchens, das ausdrücklich gekommen ist, um dort seine Studien zu verfolgen, keine übliche Sache. Auch dies trägt zur Berühmtheit von Heloise bei: gebildete Frauen gibt es in den Klöstern viele, einige auch an den Herrenhöfen; aber unter den jungen Klerikern der Schulen von Notre-Dame hat Heloise ein wenig die Wirkung, die am Ende des 19. Jahrhunderts das erste junge, an der Sorbonne, der Pariser Universität, eingeschriebene Mädchen auslösen wird. Nicht wenige Blicke sind ihr wohl gefolgt, wenn sie, um in die Kirche zu gehen oder sich zu entspannen, das Haus des Kanonikers verläßt, in dem sich der Großteil ihrer Zeit abspielt, die völlig ausgefüllt ist vom Studium und dem Unterricht, den sie erhält.

Man erblickt Heloise umso lieber, als sie schön ist. Abaelard wird später schreiben, daß sie»mit allem geschmückt war, was Liebe zu wecken pflegt« – eine unerfreulicherweise wenig genaue Bemerkung, trotz allem, was sie nahelegen kann. Man würde gerne mehr darüber wissen. In Ermangelung eines besseren hat man versucht, ihr körperliches Aussehen aus einer Untersuchung ihrer Gebeine abzuleiten: man weiß, daß den sterblichen Überresten von Heloise, wie denen von Abaelard, manches Mißgeschick widerfahren sollte, bevor sie endlich im Friedhof Père-Lachaise bestattet wurden. Man hat sie ein erstes Mal 1780 exhumiert, ein zweites Mal während der Revolution im Jahre 1792, und die Zeugen haben in beiden Fällen bestätigt, daß Heloise, nach dem Skelett zu urteilen, wohl »von hoher Gestalt und schönen Maßverhältnissen . . ., die Stirn wohlgerundet und in harmonischem Einklang mit den anderen Teilen des Gesichts«, und daß schließlich der Kiefer »mit äußerst weißen Zähnen ausgestattet war«.[39] Gezwungenermaßen hält man sich an diese makabren Schlußfolgerungen. Umsonst würde man genaue Beschreibungen aus jener Zeit suchen: die Kunst des Porträts stammt erst aus dem 15., oder frühestens aus dem 14. Jahrhundert. Dafür fließt das Schrifttum der Zeit von Vergleichen über, die die weibliche Schönheit in all ihrer Herrlichkeit und ihrem ganzen Ebenmaß beschwören: wie Seide leuchtende, blonde Haare, flammend wie Gold; die Stirn, weiß wie Milch; schwarze Brauen; klare Hautfarbe; Augen, die wie zwei Sterne glänzen; Rose, Lilie, Elfenbein und Schnee werden eines nach dem anderen beschworen, um vom Antlitz und der Brust, der Kristall, um von der Stimme, Säulen aus Marmor, um von den Beinen zu sprechen. Auf die Dichter dieses beginnenden 12. Jahrhunderts – eines Balderich von Bourgueil, eines Matthäus von Vendôme, eines Geoffroy de Vinsauf, die sich noch in Latein ausdrücken – werden die ersten dichterischen Versuche in der Sprache der Langue d'oc oder der Langue d'oïl[40] wie ein Echo antworten:

Heller und weißer als Lilienblum
waren ihr Antlitz und ihre Stirn.
In weißer Klarheit, wie wunderbar,
kirschrote Wangen, naturgegeben,
und roter Mund sich fein abheben;
die Augen war'n so voller Glanz,
sie ähneln zweien Sternen ganz.

So drückt sich Chrestien de Troyes aus, um Enide zu beschreiben, und man kann sich vorstellen, daß Heloise dem zu
ihrer Zeit geltenden Ideal der weiblichen Schönheit entsprochen hat.

»Gehörte sie schon ihrem Äußeren nach nicht zu den letzten,
so war sie durch den Reichtum ihres Wissens weitaus die
erste«,[41] sagt uns Abaelard in seinem schrecklichen Rhetori-
kerstil. Man muß im übrigen feststellen, daß, obschon er gern
die Litotes anwendet, sobald er von anderen spricht, die
Lobreden klarer ausgedrückt sind, sobald er von sich selbst
redet. »Ich hatte einen derartigen Ruf, ich war mit solcher
Jugend und Schönheit begnadet, daß ich keine Zurückweisung fürchten zu müssen glaubte, wenn ich eine Frau meiner
Liebe würdigte, mochte sie sein, wer sie wollte.« Denn plötzlich wird er, der Philosoph, den bis dahin nur der Dämon der
Dialektik geplagt hat, von den sinnlichen Begierden beherrscht, um die er sich bis jetzt kaum gekümmert hatte. Er
könnte das ungefähr aus dieser Zeit stammende Lied auf sich
beziehen, das zum Repertoire der Studenten gehört:

Ignoras forsitan ludos Cupidinis?
sed valde dedecet si talis juvenis
non ludit sepius in aula Veneris.

Kennst du der Cupido Spiele etwa nicht?
Ungeziemend wäre es, wenn du, jung und wohlgestalt,
nicht oft am Hofe der Venus spieltest.[42]

Er selbst erläutert uns ohne Umschweife die Art Fieber, von
dem er sich damals geplagt fühlt:

Ich, der bis jetzt die strengste Enthaltsamkeit geübt hatte, begann, meinen Leidenschaften die Zügel schießen zu lassen. Und
je mehr ich auf dem Weg der Philosophie und der Theologie
voranschritt, desto weiter blieb ich mit meinem unreinen Le-
benswandel hinter den Philosophen und den Heiligen zurück . . .
Ich wurde vom Fieber des Hochmuts und der Wollust verzehrt.[43]

Anders gesagt, beginnen sich bei diesem Intellektuellen, genauso fordernd wie der einstige Ehrgeiz, die Instinkte bemerkbar zu machen. Er weiß sich von da an »der einzige Philosoph auf Erden«, seine Besessenheit zu disputieren kommt nach und nach zur Ruhe, aber dafür nehmen ihn die Vergnügungen der Sinne, denen er sich niemals ausgeliefert hatte, in Anspruch.

Non posco manum ferule
non exigo sub verbere
partes orationis.
projiciantur tabule,
queramus quid sit ludere
cum virginali specie,
que primule, non tercie
sit declinationis

et prima conjugatio
cum sit presenti temporis,
hec: amo, amas, amat.
sit nobis frequens lectio
scola sit umbra nemoris,
liber puelle facies
quam primitiva species
legendam esse clamat.

Ich suche nach keiner Hand für meinen Stock,
ich verlange nicht unter Drohungen
Teile der Rede,
weit werfe man die Tafeln fort;
suchen wir vielmehr, wie mit der weiblichen Art zu spielen,
die mit der ersten, nicht der dritten Art der Deklination beschäftigt ist.

Die erste Konjugation stellt sich in der Gegenwart vor:
ich liebe, du liebst, er liebt;

wiederholen wir oft diese Lektion;
halten wir Unterricht im Schatten eines Baums:
das Buch ist das Angesicht der jungen Maid,
in seiner jugendlichen Frische
müssen wir jetzt lesen.[44]

Abaelard verlangt es danach, seine fiebrige Wollust ebenso zu befriedigen, wie das Fieber seines Hochmuts. Aber durch welche Mittel? »Den schmutzigen Verkehr mit Buhlerinnen verabscheute ich; und die langwierige Vorbereitung meiner Lesungen erlaubte es mir kaum, zum Umgang mit edlen Frauen zu kommen; und wenig kannte ich auch solche aus dem Bürgerstand.«[45] *Die* Frau, ja, aber nicht irgendeine Frau. Am anderen Ende der Stadt gibt es im Paris des 12. Jahrhunderts reichlich Prostituierte, was nicht heißen soll, daß man sehr weit gehen muß, um sie aufzusuchen; aber Abaelard hat nicht die Absicht, sein Verlangen bei Prostituierten zu stillen; andererseits hat er nicht die Zeit, sich den Mühen der Annäherung hinzugeben, die für ihn, den Lehrer, ihn, der immer nur in der Welt der Kleriker verkehrt hat, nötig wären, um in der Gesellschaft zugelassen zu werden und mit den Frauen und Mädchen des Bürgertums oder des Adels Bekanntschaft zu schließen. Hat er nicht dafür, ganz in seiner Nähe, ein junges Mädchen, das all dem entspricht, was er sucht? Körperlich gefällt sie ihm; »sie ist mit allen Reizen ausgestattet«; und, neben anderen Vorteilen, sie ist gebildet. »Sogar getrennt könnten wir einander durch einen Briefwechsel gegenwärtig sein.«

Und wieder wird Abaelard zum Strategen; er manövriert, wie er vormals gegen Wilhelm von Champeaux manövriert hat, als er sich auf dem Berg der heiligen Genoveva wie in einem befestigten Lager niedergelassen hatte, von wo aus er die Stellung umzingeln und sich schließlich ihrer bemächtigen konnte. Er wäre ein schlechter Logiker, wenn er sich im vorliegenden Fall nicht der Mittel der Logik bedienen würde, die ihm bis dahin so großartig gedient haben. »Ich gedachte, in Beziehung zu ihr zu treten, und versicherte mich, daß nichts leichter wäre, als darin Erfolg zu haben.« Nicht den Schatten eines Gefühls findet man in all dem: nur das Denken und die Sinne. Aber dieses Zusammenwirken von zwei Polen, die nur scheinbar voneinander entfernt sind, ist eigentlich recht gewöhnlich. Abaelard ist, wie wir wiederholt Gelegenheit hatten festzustellen, ein vollkommenes Urbild des Universitätsprofessors. Er muß nur noch die einzelnen Teile seines Plans in die Tat umsetzen. Er muß die »Gelegenheit finden, mit diesem jungen Mädchen täglichen Verkehr zu pflegen, um ihr Vertrauen zu gewinnen, damit sie sich seinen Wünschen leichter fügt«. Nun begünstigen die Umstände dies mehr, als er erwartete.

Ich trat, durch die Vermittlung einiger Freunde ihres Onkels, mit diesem in Beziehung. Sie bewegten ihn dazu, mich in sein Haus, das ganz in der Nähe meiner Schule lag, gegen einen Pensionspreis, den er festlegen würde, aufzunehmen. Ich gebrauchte dabei den Vorwand, daß mir bei meinem Gelehrtenberuf die Sorge für mein leibliches Wohl hinderlich sei und mich auch zu teuer zu stehen komme. Fulbert liebte das Geld; dazu kam, daß er darauf bedacht war, seiner Nichte dabei zu helfen, in ihrem Streben nach Gelehrsamkeit möglichst große Fortschritte zu machen. Indem ich seinen beiden Leidenschaften schmeichelte, erhielt ich ohne Mühe seine Zustimmung und erreichte das, was ich wollte.

Der Kanoniker war hingerissen von der Vorstellung, den berühmten Professor als Pensionsgast aufzunehmen, begeistert von dem Gedanken, daß seine Nichte dessen Unterricht würde genießen können. Was würde nicht unter der Führung eines derartigen Meisters aus einer solchen Schülerin werden! Von sich aus schlägt er Abaelard das vor, was dieser kaum zu hoffen gewagt hätte: »Er überließ mir Heloise ganz und gar zur Erziehung und bat mich obendrein dringend, ich möchte doch ja alle freie Zeit, sei's bei Tag oder bei Nacht, auf ihren Unterricht verwenden, ja, wenn sie sich träge und unaufmerksam zeige, solle ich mich nicht scheuen, sie zu züchtigen.« Bei aller Selbstgefälligkeit gibt Abaelard doch zu,

60

daß der Erfolg all seine Hoffnungen übertraf und daß er sich »nicht von seinem Erstaunen erholen konnte«. Er dachte, noch ein gehöriges Maß an Geschick aufbieten zu müssen, um sein Ziel zu erreichen, und da vertraute man ihm aus freien Stücken jene an, die er sich »wie ein hungriger Wolf ein zartes Schaf« anzueignen beschlossen hatte! Das Schicksal verwöhnte ihn: mit Ruhm, mit Ehren, und nun mit der Liebe, oder zumindest – was er gesucht hatte – der Sinnenfreude. Und so kommt es, daß Meister Peter sich mit Sack und Pack in der Wohnung des Klosters Notre-Dame niederläßt. Fühlt er beim Überschreiten der Schwelle irgendeine Unruhe, hat er irgendeine Vorausahnung von dem Drama, in das er sein Leben hineinsteuert? Anscheinend nicht – nicht einmal jene Art Schwindel, den ein zu leichter Erfolg manchmal, wenn das Erstaunen sich erst einmal gelegt hat, auslöst. Er war Peter Abaelard, der begabteste, klügste, besonnenste Mensch seiner Zeit; er hatte seinen Plan, und dieser Plan hatte Erfolg: Was wäre natürlicher?

»Zuerst Ein Haus, dann Ein Herz und Eine Seele.« Der Bericht Abaelards ist hier gerade wegen seiner Knappheit ausdrucksvoll: Heloise setzte ihm sichtlich keinerlei Widerstand entgegen. Vom ersten Augenblick, von der ersten Minute an, wo ihre Blicke einander begegnet waren, gehörte sie ihm an. Konnte es anders sein? Heloise ist siebzehn oder achtzehn Jahre alt. Das ist das Alter, in dem vom Körperlichen her jedes Mädchen auf den wartet, durch den es sich als Frau voll entfaltet, denn von ihrer Natur her empfängt die Frau in eben dem Augenblick, in dem sie sich schenkt. Sie ist mehr als jede andere empfänglich für glänzende Intelligenz und hervorragendes Wissen; sie hat sich selbst dem Studium geweiht, wie dies Abaelard im gleichen Alter getan hatte, und hat den oberflächlichen Sinnenfreuden, den einem jungen Mädchen ihres Standes erlaubten Vergnügungen entsagt, um ihre Zeit den Wissenschaften, der Dialektik, der Philosophie zu widmen. Wenn ihr Onkel Fulbert Abaelard eilfertig aufgenommen hat, so kann man sich vorstellen, was Heloise wohl gefühlt hat und wie erregt sie wohl gewesen sein mag, als sie erfuhr, daß sie seine Schülerin sein würde. Für sie kann es kein »Streitgespräch« über den Kleriker und den Ritter geben: bei ihr gilt alle Bewunderung dem Kleriker. Nun ist jener, der zu ihr kommt, der Kleriker par excellence; er ist der am meisten gehörte Meister seiner Zeit, jener, der über die Schulen von Notre-Dame herrscht und eine solche Menge dort hinzieht, wie man sie niemals zuvor gesehen hatte. Er ist der Philosoph schlechthin, der Aristoteles des Jahrhunderts, der herausragendste Denker, jener, der auf die Jugend einen unbestrittenen Einfluß ausübt. Und diese Inkarnation der Weisheit verfügt über ein schönes Antlitz, ein anmutiges Benehmen, eine überzeugende Stimme, kurz: über alle Gaben der Verführung. Wie sollte einen das nicht in seinen Bann schlagen? Gleich bei der ersten Begegnung gelobt ihm Heloise jene ausschließliche Liebe, die bis zu ihrem letzten Atemzug die ihrige sein wird – eine glühende Liebe, die nicht abkühlen oder abnehmen wird, denn Heloise ist ein kompromißloses Wesen. Sie ist zu jung, zu naiv, zu verliebt, um zu verstehen, daß der Einzug Abaelards unter ihr Dach und in ihr Gemach das Ergebnis recht niedriger Überlegungen ist, daß der Beweggrund für diesen Einzug nicht aus einem Gefühl herrührt, das dem ihren gleichkommt. Sie liebt. Sie wird ihr ganzes Leben lieben. Abaelard wird verschiedene Phasen durchlaufen und in seiner Art, zu lieben, eine Entwicklung durchmachen. Nicht so Heloise. Darin wird ihre Größe und, wie wir sehen werden, in manchen Augenblicken ihre Schwäche bestehen; ihre Liebe ist ohne Abstufung und ohne Riß: Ihre Liebe ist die große Liebe.

Einzigartige Begegnung: wenn zwei Wesen jemals füreinander geschaffen gewesen sind, so Heloise und Abaelard. Daß sie sich körperlich vollkommen entsprochen haben, sagen sie selbst, und man kann es ihnen glauben. Aber bei ihnen lag auch die Gesinnung auf derselben Ebene: ihr ganzer Briefwechsel bezeugt dies. Wenn Abaelard der größte Philosoph seiner Zeit ist, so ist Heloise kaum weniger begabt als dieser Meister, der bald von seiner Schülerin aus der Fassung gebracht werden wird. Und die Harmonie, die sich einstellt, ist umso vollkommener, als sie alle beide frisch und unberührt sind: der erste Mann und die erste Frau, die lieben. Keiner von ihnen hat vorher den Weg des geringsten Widerstands gewählt und der Sinnenlust nachgegeben. Die Liebe erscheint für sie in ihrer neuesten, vollständigsten, absolutesten Form; sie erleben die Schöpfungsgeschichte, das irdische Paradies.»Der Reiz der Neuheit, den diese Freuden für uns hatten, erhöhte nur die Ausdauer unserer Glut und unsere Unersättlichkeit.« Und Abaelard zeichnet mit wenigen Sätzen ein Bild, das diese Zeit der Wonnen hinreichend lebendig werden läßt:

Unter dem Deckmantel der Wissenschaft gaben wir uns ganz der Liebe hin; die Unterrichtsstunden verschafften uns die Gelegenheit zu den geheimnisreichen Gesprächen, wie sie Liebende herbeisehnen; die Bücher waren geöffnet, aber in den Unterricht mischten sich mehr Worte der Liebe als der Philosophie, mehr Küsse als weise Sprüche; nur allzu oft verirrte sich die Hand von den Büchern weg zu ihrem Busen, und eifriger als in den Schriften lasen wir eins in des andern Augen; ja, um jeden Verdacht unmöglich zu machen, ging ich einige Male so weit, daß ich sie züchtigte. Aber es war Liebe, die schlug, nicht Grimm, Neigung, nicht Zorn, und diese Züchtigungen waren süßer als aller Balsam der Welt. Was soll ich noch sagen: Die ganze Stufenleiter der Liebe machte unsre Leidenschaft durch, und wo die Liebe eine neue Entzückung erfand, da haben wir sie genossen.

Und Heloise greift, im Kontrapunkt, dasselbe Thema auf: »Welche Fürstin, welche hohe Dame beneidete mich nicht um meine Freuden, um das Lager meiner Liebe?«[46]

Diese Leidenschaft ohnegleichen hat ihren literarischen Ausdruck gefunden. Abgesehen von den glühenden Seiten des

Briefwechsels, die uns geblieben sind, fand sie in Gedichten ihren Ausdruck, das heißt – dem Brauch einer Zeit gemäß, in der alle Poesie musikalisch bleibt – in Liedern. »Ein Zwiefaches war es vor allem, das Euch die Herzen aller Frauen unfehlbar gewann: die Gabe der Dichtung und des Gesanges.« Unsere Zeit kann diese Bemerkung von Heloise nur unterschreiben, und man stellt nicht ohne Erstaunen fest, daß der Dichter, der Sänger damals eine Verführungskraft besitzt, die völlig mit der vergleichbar ist, die er in der heutigen Zeit hat, denn Abaelard behält die Lieder, die er ihr zu Ehren komponiert, nicht für sich und vertraut sie nicht allein Heloise an: »Ihr habt so viele Gedichte und Liebesweisen geschrieben, die um ihres schönen Wortlauts und ihrer lieblichen Melodie willen oft und viel gesungen Euren Namen in aller Munde lebendig erhielten. Allein schon die Süße der Melodie hinderte selbst die Ungebildeten daran, sie zu vergessen. Und das vor allem war der Zauber, mit dem Ihr den Frauen Seufzer der Liebe entlocktet. Die große Mehrzahl dieser Gedichte feierte unsere Liebe und so klang mein Name in kurzem weit hinaus in die Lande und weckte in mancher Frau die Eifersucht.«[47] Was gäbe man nicht dafür, die Liebeslieder Abaelards zu kennen! Recht viele Gelehrte haben sich über die Gedichte jener Zeit, insbesondere über die Vagantenlieder gebeugt, um zu versuchen, darin seine Hand, seinen Stil, seine Eingebung zu erkennen, doch ohne je irgendeine Gewißheit zu erlangen. Vielleicht findet man sie eines Tages unter all den schlecht erforschten und schlecht identifizierten Werken wieder, so wie man, bereits einige Zeit nach der Herausgabe der vollständig geglaubten lateinischen *Patrologiae*, einen großen Teil der von ihm komponierten Hymnen in einem Manuskript der Bibliothek von Chaumont wiedergefunden hat. Dies wäre eine wunderbare Bereicherung für unsere Geschichte der Dichtung, wie auch für den Roman, den diese unvergleichlichen Liebenden durchlebt haben, die so lebendig in die Literatur eingegangen sind, um dort ihren Platz neben Pyramus und Thisbe, Romeo und Julia, Tristan und Isolde zu finden. Von der Dichtung Abaelards bleiben uns, abgesehen von den liturgischen Hymnen, nur Klagelieder.

Infausta victoria
potitus interea:
quam vana, quam brevia,
hec percepi gaudia!

O unseliger Sieg,
in dieser Zeit gewonnen,
wie eitel, wie kurz,
die Freuden, die ich durch ihn errang![48]

In diesem Lebensabschnitt ersetzen die heute verlorenen Gedichte für Abaelard die Dialektik und die Theologie. Denn dieses Inbild des Philosophen hat eine Wandlung durchgemacht, über die er sich als Allererster erstaunt. An den Fragen, die von ihm einige Monate vorher mit soviel Begeisterung disputiert wurden, findet er von nun an kein Interesse mehr. Ihn beschäftigt einzig die Liebespoesie. Als er dem Ruf der Sinne antwortete, ahnte er keinen Augenblick, daß durch seine Antwort ein Gefühl geboren würde, das fähig wäre, ihn selbst zu verwandeln. Viel später, in seinem Alter, wird man den Widerhall dieses tiefen Erstaunens wahrnehmen, mit dem er festgestellt hat, was in ihm vorging:

Welche Art Raubvogel auch immer es sei,
und sei's auch der zum Raube Fähigste, die Frau ist stärker als er:
Kein Wesen unter Menschengeistern schlägt seine Beute sich'rer als die Frau.[49]

Allein die Heftigkeit, mit der er sich dieser neuen Leidenschaft ausliefert, wirkt sich auf sein ganzes Verhalten aus: »Je mehr mich die Leidenschaft der Sinnenfreuden überschwemmte, desto weniger dachte ich an Studium und

Schule. Es war für mich ein gewaltiger Verdruß, dorthin zu gehen oder dort zu bleiben. Zugleich war es ein aufreibendes Leben: meine Nächte gehörten der Liebe, die Tage der Arbeit.« Was ist aus dem glänzenden Lehrer von einst geworden? »Meine Vorträge waren gleichgültig und matt. Nicht mehr aus der Eingebung, sondern aus dem Gedächtnis erwuchs meine Rede. Ich wiederholte fast nur meine alten Lesungen, und wenn ich dann und wann noch imstande war, ein Lied zu dichten, so war es die Minne, nicht die Philosophie, die es mir eingab.«

Den Ruhm, den ihm diese Gedichte eintragen, beurteilt er sichtlich als von geringerem Wert gegenüber jenem, den er sich sowohl als Logiker wie als Theologe erworben hatte. Mit seiner üblichen Selbstgefälligkeit fügt er hinzu: »Wie Ihr wohl wißt, werden die meisten dieser Verse, die in so manchen Landen allgemein beliebt geworden sind, noch von denen gesungen, die sich im Banne desselben Gefühls befinden.« Aber diese Befriedigung ist weniger groß als die, welche ihm die Begeisterung seiner Schüler verschaffte.

Nun sind – und hier ist die Gelegenheit, einmal mehr zu bemerken, wie sehr die Laufbahn Abaelards die eines Lehrers, eines Pädagogen ist, eine Laufbahn, die immer mit der Wirkung, die er auf seine Zuhörerschaft ausübt, verbunden ist, und mit den Reaktionen, die er in ihr hervorruft – nun sind also seine Schüler die ersten, die die Veränderung in ihrem wohlgeliebten Meister bemerken. Man hat diesbezüglich das Thema des, aus Ritterromanen wohlbekannten, »sich verliegenden« Ritters beschworen: dies gilt für Erec nach seiner Hochzeit mit Enide, die ihn ganz mit Glück erfüllt, aber aus ihm auch einen Menschen macht, der dem ritterlichen Ideal gegenüber gleichgültig ist, der nicht mehr nach Heldentaten, nicht mehr nach menschlicher Größe sucht, der die Turniere flieht und nur mehr an die Liebe, die Bequemlichkeit, das leichte Leben denkt.

Ein anderes Bild scheint noch passender; es wird im übrigen viele Male in der Bilderwelt und den Erzählungen des Mittelalters beschworen und veranschaulicht – das Bild des zum Gespött gemachten Aristoteles, zu dem der Normanne Heinrich von Andeli ein Jahrhundert später ein Lai[50] voller Schalk verfassen wird: der berühmteste der Philosophen, von einer Frau unterjocht, der bei all ihren Launen so weit mitmacht, daß er auf allen Vieren geht, daß er die erniedrigendsten Körperstellungen einnimmt.

Durch seine Begegnung mit Heloise lernt Abaelard aus eigener Erfahrung, daß es etwas gibt, das die Logik entmachtet. Er glaubte, nichts zu befürchten zu haben; und da erweist sich das Abenteuer, auf das er sich freiwillig eingelassen hat und das befriedigen sollte, was er ohne Zögern als minderwertig im Menschen aburteilt, von Anfang an als schädlich für jenen Ruhm, auf den er mehr als auf alles andere Wert legt. Und durch seine Schüler wird es ihm offenbar:»Von der Trauer, dem Jammer, den Klagen meiner Schüler, als sie entdeckten, daß ich innerlich in dieser Weise in Anspruch genommen, ja gestört sei, kann man sich kaum eine Vorstellung machen.«

Die Tage gehören der Arbeit, die Nächte der Liebe. Aber es sind die Nächte, die zählen: das ungeduldige Warten auf die Zeit der Nachtruhe, auf die Stille, die sich nach und nach in dem in Dunkel getauchten Haus einstellt, der Augenblick, wo man heimlich in die Diele, über die Treppe schleicht, zu der Tür, die zum Garten der Wonnen führt.

Möge es Gott gefallen, daß die Nacht niemals ende,
daß sich nie entferne von mir die Geliebte.
daß der Wächter nie den Tag, nie die Dämm'rung erblicke,
ach Gott, welch Weh! Wie bald kommt doch das Morgenlicht![51]

Eine ganze Anzahl von Gedichten entstehen zu dieser Zeit über das Thema der – für Liebende – grausamen Morgendämmerung; es wird eines der bevorzugten Genres in der Poesie der Troubadoure und der nordfranzösischen Minne-

sänger sein, ebenso wie das Thema des »Wächters«, des
Verleumders, der den Liebenden ihr Glück neidet:

Verleumder liegen auf der Lauer,
Geliebte, um uns zu erspähn.[52]

Die Letztgenannten spielen übrigens keinerlei Rolle in der
Geschichte von Heloise und Abaelard. Um den Kanoniker
Fulbert herum haben sie zwar nicht gefehlt, aber dieser hat
sich lange Zeit geweigert zu glauben, was für alle offensichtlich war. Seine innige Liebe für seine Nichte, sein Vertrauen
in den Philosophen, das sich durch den Ruf, den dieser bis
dahin genossen hatte, rechtfertigte, waren unerschütterlich,
und er war seinerseits auch einer jener gänzlich kompromiß-
losen Menschen, die ohne Abstufungen lieben und hassen,
die nur in Bausch und Bogen und ein für alle Mal ihre
Freundschaft gewähren oder ihre Abneigung zeigen. Durch
die Liebeslieder Abaelards war der Name von Heloise in aller
Munde, seine Unterrichtsstunden spiegelten − sichtbar für
alle seine Schüler − seine Verwirrung wider, und wahrscheinlich ging es in der Pariser Innenstadt, auf jeden Fall in der
Welt der Schulen, nur um den Skandal dieser beinah zur
Schau getragenen Liebschaft; Fulbert seinerseits weigerte
sich, das zu glauben, ja sogar zu hören und zu sehen, was alle
Welt wußte. Abaelard versäumt es nicht, in bezug auf ihn an
die Bemerkung des heiligen Hieronymus zu erinnern: »Gewöhnlich erfahren wir selbst es zuletzt, wenn in unserem
Hause etwas nicht in Ordnung ist, und wissen nichts von den
Fehlern unserer Kinder und Frauen, wenn die Nachbarn
schon laut darüber lachen.« Doch dieser glückselige Zustand
konnte nicht andauern. »Aber, wenn auch spät, einmal wird
es doch offenbar; was alle wissen, bleibt einem einzigen auf
die Dauer auch nicht verborgen: dies war es, was uns nach
einigen Monaten widerfuhr.«[53]
Abaelard gibt etwas später klarer zu verstehen, daß ihnen
widerfuhr, was die Mythologie von Mars und Venus berichtet,
die zusammen überrascht wurden. Alle Welt kennt zu jener

Zeit die *Liebeskunst* von Ovid; und so besagt dies ganz unzweideutig, daß sie auf frischer Tat ertappt wurden.
Sicherlich entdeckte sie Fulbert selbst, denn Abaelard sagt
ausdrücklich:»Ach, wie zerriß diese Entdeckung dem Oheim
das Herz!« Und man stellt sich in der Tat den Kummer und
die Wut des unglückseligen Kanonikers vor, der die Hoffnungen und das Vertrauen, die er in sein innig geliebtes Pflege-
kind gesetzt hatte, auf solche Weise in sich zusammenstürzen
sah; man stellt sich seine Sprachlosigkeit gegenüber einer so
schonungslos geoffenbarten Wahrheit, seine Bestürzung bei
dem Gedanken, daß er selbst die Falle bereitet hatte, in die
Heloise geraten war, und schließlich die Wut auf Peter Abaelard vor, die ebenso groß war wie die Wertschätzung, die er
ihm einst entgegengebracht hatte.
Was unverzüglich folgt, kann man sich ohne allzu große
Mühe denken. Zunächst wird Abaelard sogleich aus dem
Haus von Fulbert hinausgeworfen. Zum ersten Mal vermittelt
er uns da den Eindruck, zu lieben. Die Liebeslieder, den
»gewaltigen Verdruß«, den er während der Dialektikstunden
empfindet: all dies konnte noch lediglich der Ausdruck einer
ganz körperlichen, ganz sinnlichen Freude sein. Durch die
Trennung wird ihm ein Gefühl bewußt, das ihn übersteigt –
als Zyniker, als Genießer in die Wohnung Fulberts einge-
kehrt, verläßt er sie als Liebender:»Welch Schmerz für die
Liebenden, die gezwungen sind, sich zu trennen!...Jeder von
uns klagte, nicht über sein eigenes Geschick, sondern über
das des anderen; jeden von uns dauerte das Unglück des
anderen, nicht das eigene.« Was Heloise unmittelbar, vom
ersten Blick an, empfunden hat, dazu ist Abaelard nach und
nach, stufenweise gekommen; mit der Scharfsinnigkeit, mit
der er sich selbst immer analysiert hat, vermerkt er eindeutig
diesen Fortschritt von der einfach sinnlichen Liebe zu einem
tiefgehenderen Gefühl, das von seinem ganzen Wesen Besitz
ergreift, vom *Eros* zur *Agape*:»Allein die Trennung befestigte
nur das Band unserer Herzen, und unsere Liebe wurde um so
glühender, je mehr die Befriedigung ihr fehlte.«
Ohne jeden Zweifel hatte Abaelard eine Wohnung irgendwo

auf der Pariser Seine-Insel gewählt, wo er im übrigen seinen Unterricht fortsetzte. Er und Heloise erfanden, wie Pyramus und Thisbe, wie Tristan und Isolde, mit dem Einfallsreichtum der Liebe tausend Mittel, wenn nicht, um sich zu treffen, so doch wenigstens, um sich zu schreiben.

Wie Liebende, die, allzu streng getrennt,
mit Täuschung mancher Art und klugen Ränken,
mit Kunstgriff, List und Winkelzug bedenken,
wie sie sich treffen können, beieinander sein
um sich an Kurzweil, Spiel und am Gespräch zu freun.[54]

Diese Täuschungsversuche, diese den Liebenden eigene Listigkeit ist wieder so ein Thema, das den Dichtern jener Zeit wohlbekannt ist, denen keine Feinheit der Liebe entgeht. Vielleicht hat ihnen die Komplizenschaft irgendeiner Dienerin, vielleicht haben ihnen untereinander vereinbarte Zeichen erlaubt, zumindest einige Worte heimlich auszutauschen. Im übrigen, wenn Heloise wie Abaelard auch den Zorn Fulberts fürchten und seine strenge Aufsicht überlisten mußten, taten sie sich keinerlei Zwang gegenüber Dritten, Schülern oder Freunden, an: »Der Gedanke an den erlittenen Skandal machte uns dem Skandal gegenüber unempfindlich.« Da jeder von nun an ganz laut sagte, was man vorher leise über sie geraunt hatte, fühlten sich beide von jedweder Schande befreit. Aber da spürt Heloise, daß sie Mutter wird. Sie beeilt sich, es »in der höchsten Freude« Abaelard zu schreiben. Keine Spur von Angst oder Bestürzung ist bei ihr zu spüren, sondern lediglich eine gewisse Ratlosigkeit. »Sie ... fragte mich um Rat, was nun zu tun sei.« Schließlich finden sie eine günstige Gelegenheit. Als der Kanoniker Fulbert verreist, dringt Abaelard nachts heimlich eilends bei Heloise ein; er entführt sie. Um zu vermeiden, daß man sie erkennt, und um ihr die Reise zu erleichtern, hat er sich das Ordensgewand einer Nonne verschafft, womit er sie bekleidet, ohne etwas davon zu ahnen, daß seine Geste auch eine seltsame Bedeutung als Vorzeichen haben sollte. Er »sorgt dafür, daß sie [so verkleidet] in die Bretagne gelangt«. Der Ausdruck, dessen sich Abaelard bedient, erlaubt es nicht zu wissen, ob er sie selbst begleitete oder ob er sie von ihm ergebenen Freunden begleiten ließ. Heloise wurde in Pallet im väterlichen Haus bei der Schwester Abaelards aufgenommen. Dort kam sie nieder und brachte einen Schn zur Welt, den sie Peter Astrolabius nannte.

Solch eine Geschichte erfordert einige Kommentare. Durch die Reaktionsweisen von Heloise etwas verwirrt, haben einige Historiker – wozu man gern verleitet wird – nach der Denkweise ihrer eigenen Epoche geurteilt und infolgedessen bemerkt, wie sehr Heloise »ihrer Zeit voraus« war – anders gesagt, daß sie in bemerkenswerter Weise ohne jedwedes »bürgerliche Vorurteil« war. Dies heißt vergessen, daß sie *vor* der Heraufkunft der bürgerlichen Kultur und dem, was diese mit sich bringt, gelebt hat. Es bräuchte Bände, um die Mißverständnisse aufzuklären, die daher rühren, daß man dem Mittelalter hartnäckig jene Geistesverfassung zuschreibt, die die der klassischen und der bürgerlichen Zeiten war. Eine kleine, sehr vielsagende Anekdote, die noch dazu das Verdienst hat, eine »wahre Geschichte« zu sein, und die nicht um der schriftstellerischen Wirkung, sondern einfach deshalb geschrieben wurde, weil es sich um eine Episode aus dem Leben von Guillaume le Maréchal handelt, der am Hofe der Plantagenets lebte, kann einiges Licht auf die gesamte Frage werfen. Guillaume zieht eines Tages mit einem Edelmann, Eustache de Bertrimont, seines Weges, als ein Paar sie zu Pferd überholt: ein Mann und eine Frau; der Mann erscheint sorgenvoll, die Frau weint und seufzt. Guillaume schaut seinen Gefährten fragend an, beide geben ihrem Pferd die Sporen, um die zwei Gestalten einzuholen, die ihnen einen betrüblichen Eindruck gemacht haben. Sie sprechen mit ihnen; es ist tatsächlich ein verdächtiges Paar: ein aus einem Kloster entlaufener Mönch mit einer Frau, die er entführt hat.

Guillaume und sein Begleiter versuchen, ihnen Kraft zuzusprechen, beklagen mit ihnen die Krankheit der Liebe, die einen so viele Fehler begehen läßt, tun ihr Bestes, um die so sichtlich angsterfüllte Frau zu trösten; als sie dabei sind, sich zu trennen, stellt ihnen Guillaume die Frage:»Habt Ihr wenigstens etwas zum leben?« Woraufhin der ehemalige Mönch ihn beruhigt; er hat einen gut gefüllten Säckel: achtundvierzig Livres, die er gegen Zinsen anlegen will; sie würden von den Bezügen leben. Wutausbruch der beiden Ritter:»So willst du also vom Wucher leben! Beim Schwerte Gottes, das soll nicht geschehen! Nehmt die Heller, Eustache!« Und wütend stürzen sie sich auf den entlaufenen Mönch, nehmen ihm weg, was er besitzt, schicken ihn, samt seiner Begleiterin, zum Teufel und kehren zum Schloß zurück, wo sie das Geld, das sie ihm abgenommen haben, abends, während sie ihren Gefährten von dem Abenteuer berichten, an diese verteilen.

Anders gesagt, wenn der Zinswucher damals als unsühnbares Verbrechen gilt, weil er beinhaltet, daß man von der Arbeit der anderen lebt, bleibt man voller Nachsicht denen gegenüber, die die Leidenschaft in die Irre geführt hat, selbst wenn sie, wie im besagten Fall, aus Liebe das Ordensgewand an den Nagel gehängt haben.

Und man kann auch an die Entwicklung erinnern, die die Gesetzgebung bezüglich der unehelichen Kinder genommen hat, um ganz deutlich zu machen, in welcher Richtung sie verlief: deren Lage hat sich in der Tat von einer Zeit an verschlechtert, die man sonderbarerweise für eine von jedwedem Vorurteil befreite Zeit hält, nämlich vom 18. Jahrhundert an; noch im 17. Jahrhundert denkt man kaum daran, die ungesetzmäßigen Geburten zu verstecken; die Tendenz dazu entsteht während der Regentschaft Phillips von Orléans und wird deutlich erkennbar mit dem Code Napoléon; erst zu dieser Zeit wird die Mißbilligung die Frau am schwersten treffen, wird man die Überprüfung der Vaterschaft verbieten oder beträchtlich erschweren und wird das uneheliche Kind eigentlich keinerlei Rechte haben. Während des ganzen Mittelalters wachsen die unehelichen Kinder vor aller Augen in der Familie des Vaters auf; sie tragen deren Beinamen, und in den Adelsfamilien haben sie das Recht auf das väterliche Wappenschild, das in ihrem Fall mit einem Beizeichen, dem berühmten »Bastardfaden«, versehen ist. Wenn sie, vom Prinzip her, von bestimmten Aufgaben ausgeschlossen sind, wenn man ihnen den Eintritt in die heiligen Orden verwehrt, so gibt es doch zahlreiche Ausnahmen, und der Sohn von Heloise und Abaelard selbst wird eine sein.

Außerhalb der jeweiligen Zeitströmung liegt dagegen etwas, was alle Gesetze der Welt nur schwer zügeln können, und dies ist das Trachten nach Rache. Bei einem Menschen wie Fulbert ist die Rachsucht genauso gewaltig, wie sein Vertrauen es gewesen war. Als er feststellt, daß Heloise geflohen ist, wird er »wie verrückt; nur wer es selbst mit ansah, kann sich eine Vorstellung machen von der Heftigkeit seines Schmerzes und davon, wie sehr ihn die Niedergeschlagenheit überfiel« – bis zu dem Grad, daß Abaelard um sein eigenes Leben bangt. »Überzeugt davon, daß er ein Mensch war, der alles wagen würde, was er konnte, alles, was er glaubte zu vermögen, war ich auf der Hut.« Tatsächlich wird Fulbert beweisen, daß er zu allem fähig ist.

Erst nach der Geburt von Astrolabius, also sicher um die fünf oder sechs Monate nach der Flucht von Heloise, entscheidet sich Abaelard endlich dazu, seinem Herzen einen Stoß zu geben und das zu tun, was man schon früher von ihm erwartet hätte: den Kanoniker aufzusuchen, ihn um Verzeihung zu bitten und ihm eine Wiedergutmachung vorzuschlagen. Der Schritt kostet ihn einiges, und dies nicht nur aus Feigheit, sondern auch, weil die damit verbundenen Gefühle nur nach und nach in ihm entstanden sind.

»Zuletzt aber bekam ich selbst Mitleid mit dem übermäßigen Schmerz des Mannes, auch machte ich mir Gewissensbisse über die Art und Weise, wie ich ihn um meiner Liebe willen hintergangen hatte, und klagte mich des schwärzesten Verrates gegen ihn an. So ging ich denn zu ihm.« Abaelard hat eine

73

wunderbare Begabung für intellektuelle Wortgefechte; für die Regungen des Herzens trifft dies viel weniger zu. Dieser Logiker lernt nur nach und nach, am Leiden anderer Anteil zu nehmen. Dies ist ein Gebiet, das ihm fremd ist; er entdeckt es erst angesichts eines maßlosen Schmerzes, den er selbst verursacht hat. Nicht ohne Erstaunen stößt man auf derartige Unzulänglichkeiten, aber sie sind – man muß es offen sagen – unter Intellektuellen häufig; die Entfaltung des Verstandes schließt, im Gegensatz zu dem, was man glauben könnte, nicht eine entsprechende Entfaltung des Charakters ein: Wieviele Universitätsprofessoren bleiben ihr ganzes Leben lang Pennäler! Abaelard, ein Meister in der Kunst der Beweisführung, ist noch ein Kind in der Kenntnis des Menschen. Seine intellektuelle Reife bedeutet nicht, daß er in seiner Gefühlswelt erwachsen ist.

Durch die Art, wie er sein eigenes Drama erzählt, durchläuft man mit ihm die Etappen, die er selber durchlaufen hat: wie dieser Logiker schrittweise entdeckt hat, daß es mehr Dinge im Himmel und auf Erden gibt, als sich seine ganze Philosophie träumen läßt. Schon hat die Begegnung mit dem Weiblichen aus ihm einen anderen Menschen gemacht; schon hat ihn eine Leidenschaft durcheinander gebracht, die er glaubte, kontrollieren und wie eine logische Beweisführung lenken zu können; schon hat er die Erfahrung eines anderen Abaelard gemacht, in dem der Liebhaber den Lehrer verdrängt hat. Und dies wird nicht das Ende seiner Entdeckungen sein.

Sie muß bewegend gewesen sein, diese Begegnung der zwei Männer: der alte Kanoniker, der vor Wut und Verzweiflung blind ist, der junge Meister, der es endlich schafft, sein Unrecht einzusehen. Abaelard liefert uns davon nur einen sehr lückenhaften Bericht, denn er überläßt Fulbert keinen Augenblick das Wort. Dagegen erahnt man zwischen den Zeilen der diesbezüglichen Stelle des *Briefs an einen Freund*, daß sogar in dieser Lage der Dialektiker in ihm nicht die Waffen gestreckt hat.

»Ich bat ihn um Vergebung, ich bot ihm jede beliebige Entschädigung an. Ich beteuerte ihm, daß niemand über meine Tat befremdet sein könne, der die Macht der Liebe einmal erfahren habe und der wisse, wie schmählich von Anbeginn der Welt an selbst die größten Männer durch die Weiber zu Fall gebracht worden seien.« Wenn man nach den unzähligen Zitaten und Verweisen auf Profanes und Heiliges aus der Antike urteilt, die den Briefwechsel von Abaelard und Heloise schmücken, dann stellt man sich ohne allzu große Mühe die Beispiele vor, auf die er sich berief, und daß er weder Samson und Delila, noch Sokrates und Xanthippe, noch Herkules und Omphale, noch Kleopatra und Cäsar, noch Eva und Adam verschonte. Diese schöne Redeflut zeitigte schließlich ihre Wirkung; die beiden Männer kamen zu einer Übereinkunft: »Um ihn noch besser zu besänftigen, bot ich ihm eine Genugtuung an, die alles übertraf, was er hatte erhoffen können: ich schlug ihm vor, jene, die ich verführt hatte, unter der einzigen Bedingung zu ehelichen, daß die Heirat geheim gehalten würde, damit sie meinem Ruf nicht schade.«

Und hier kann man mit Sicherheit nur staunen über diese Selbstgefälligkeit des Professors, der als Genugtuung die Lösung anbietet, die uns unsererseits als die natürlichste erscheinen würde, nämlich die Ehe, und der dabei noch findet, daß sein Verhalten über alles hinausgehe, was man hätte erwarten können; das gleiche empfindet man gegenüber der gestellten Bedingung – daß die Heirat geheim bleiben solle – und gegenüber dem vorgebrachten Grund: dem Ruf Abaelards nicht zu schaden.

Jedenfalls ist das Ergebnis dieser Unterredung, daß Abaelard die Situation für geklärt hält; er hat eine für den Geist befriedigende Lösung gefunden; Heloise wird seine Frau sein, und er wird deshalb nichtsdestoweniger der erste Philosoph seiner Zeit sein. Eilends macht er sich folglich auf den Weg und begibt sich in die Bretagne, um, wie er sagt, »meine Geliebte von dort abzuholen und sie zu meiner Frau zu machen«.[55] Obwohl er es nicht ausdrücklich sagt, lebt seine Schwester ohne Zweifel in Pallet selbst, und dorthin, in die väterliche Wohnstatt hatte sich Heloise geflüchtet; heute ist davon nur mehr eine kaum erkennbare Anhöhe übrig, auf der sich einige Teile der Befestigungsmauern und eine Kapelle erheben, die wahrscheinlich den Ort anzeigt, wo die herrschaftliche Kapelle zu Zeiten Abaelards gestanden hat. Man hat einige Grabsteine dort ausgegraben, die mit einem Henkelkreuz versehen sind, und auf dem Gipfel des Hügels ist ein Kreuz errichtet worden. Man stellt sich ohne Mühe die Erregung Abaelards bei dieser Rückkehr ins heimatliche Land vor, das unsägliche Glück der erneut vereinten Liebenden, sicherlich auch, obwohl er uns kein Wort darüber verrät, die Freude Abaelards angesichts von Astrolabius, seines Sohnes. Während dieser ganzen mit Jubel und Hoffnung erfüllten Reise mochte er sich wohl selbst lange ausgemalt haben, welches Fest das Wiedersehen sein würde.

Nicht vorausgesehen hatte er die Haltung von Heloise und ihre Reaktion auf den Plan, dessentwegen er gekommen ist. An diesem Punkt des Berichts offenbart sich nun die Persönlichkeit von Heloise. Bis dahin ist alles zwischen Männern, ohne sie, abgemacht worden, obwohl jeder, ihr Onkel wie ihr Geliebter, ihr ureigenes Interesse im Blick gehabt hatte. Jeder, und zuallererst Abaelard, hat geglaubt, ihrer Zustimmung sicher zu sein. Kannte er sie nicht besser als jeder andere? Hatte sie bis dahin nicht allem zugestimmt, was er gewollt hatte: sich ihm hinzugeben, zu fliehen, in seiner Familie Zuflucht zu suchen?

Heloise entpuppt sich – und so ist die Dialektik des Paares – als jemand, der in einer jener menschlichen Welten lebt, deren Studium nicht auf dem Programm des Dialektikmeisters steht. Sie ist nicht mehr das zarte, junge Mädchen, nicht mehr das dem hungrigen Wolf dargebotene Lamm, auch nicht mehr die Schülerin, die voller Bewunderung ist für den Meister, der sich zu ihr herabläßt; ihre Persönlichkeit hat sich in eben dem Maß gefestigt, in dem sie geliebt worden ist; die Tat, durch die Abaelard sich Befriedigung verschaffen wollte,

76

hat in ihr die Frau, die sie war, zur Reife gebracht, und in dieser neuen Begegnung ist es nicht mehr er, der den Ton angibt, sondern sie, Heloise. Diese Art der Reifung hat die Logik nicht vorausgesehen, aber die Erfahrung bestätigt sie. Und zum ersten Mal verweigert Heloise, was man ihr vorschlägt. Sie will keine Heirat, weder geheim noch öffentlich.

Die Sprachlosigkeit Abaelards bleibt über die Zeiten hinweg spürbar, denn er überläßt Heloise zum ersten Mal in seinem Bericht das Wort und führt lange ihre Aussagen, ihre Gründe, ihre Beweisführung an, und er geht dabei so weit, daß er sie, was ihm nur sehr selten widerfährt, in direkter Rede sprechen läßt.

Offengestanden ist die Überraschung des Lesers nicht weniger groß als die seine. Man konnte den Dünkel Abaelards erstaunlich finden, der die Heirat anbietet als »eine Genugtuung, die alles übertraf, was [man] hatte erhoffen können«; erstaunlich auch diese Klausel bezüglich der Geheimhaltung, »damit sie [seinem] Ruf nicht schade«. Heloise, die das eine und das andere ablehnt, bringt uns gänzlich in Verwirrung; und tatsächlich ist die ganze lange Beweisführung, die sie entwickelt, notwendig, um sie verstehen zu lernen. Jener Einwand, der sich uns als der natürlichste aufdrängt, ist der, den Heloise nur kurz andeutet:»Wirst du, du, ein Kleriker und Kanoniker, schandhafte Lüste der Sinne dem heiligen priesterlichen Amte vorziehen?« Wenn es an anderen Texten oder anderen Informationen über diese Epoche mangeln würde, kämen wir leicht zu dem Schluß, daß Abaelard als Kleriker und Kanoniker keine Heirat in Betracht ziehen konnte, weil sie von den Gesetzen der Kirche nicht erlaubt war. Aber man muß den Begriffen die Bedeutung wiedergeben, die sie im 12. Jahrhundert haben: Kleriker sein heißt, wie wir gesehen haben, nicht Priester sein. Der geringste Student ist damals Kleriker, und sein Diener, sofern er einen hat, ebenso. Schon seit dieser Zeit geben die kanonischen Schriften genau an, daß das Klerikertum kein Orden ist; man kann sein ganzes Leben Kleriker genannt werden und die Privilegien desselben genießen und dabei ein Leben führen, das auf uns den Eindruck machen würde, der Inbegriff eines Laienlebens zu sein. Der Kleriker trägt die Tonsur, aber es ist ihm gestattet zu heiraten. Die Verbote betreffen andere Punkte: So kann sich ein Kleriker nicht dem Handel und noch weniger dem Bankwesen widmen; aber es gibt, was die Ehe betrifft, eine einzige Einschränkung: er kann nur einmal heiraten, und die, die er ehelicht, muß Jungfrau sein; von einem Kleriker, der eine Witwe heiratet, sagt man, daß er in einer Doppelehe lebt; dies mag uns seltsam erscheinen, aber nach der Denkweise jener Zeit muß die Ehe des Klerikers eine christliche Ehe in all ihrer Reinheit sein: Er und sie, die er ehelicht, müssen »der erste Mann und die erste Frau« sein.

Was die Eigenschaft des Kanonikers betrifft, so bezeichnet sie nicht unbedingt, wie in unseren Tagen, den kirchlichen Würdenträger. Verstehen wir recht: Schon seit dieser Zeit ist der Kanoniker normalerweise eines der Mitglieder des Kapitels, einer von denen, die dem Bischof mit ihrem Rat beistehen und ihm bei der Verwaltung der Diözese im Geistigen wie im Weltlichen helfen. Aber das Wort kann auch seinen ursprünglichen Sinn beibehalten haben. Man ist Kanoniker, *canonicus*, wenn man im Register der Kirche, *in canone*, eingeschrieben ist. Die Kathedrale ist in der Tat nicht nur ein Gebäude aus Steinen, sondern auch, wie wir heute sagen würden, ein Lebenskomplex, der eine Vielzahl von Klerikern aller Rangstufen und von Institutionen vereint, die unter dem Druck der Umstände geboren sind, wie unter anderem die Schulen, wo einfache niedere, mit einer Kanonikerpfründe versorgte Kleriker unterrichten können; diese haben »keine Stimme im Kapitel«; sie können weder den Bischof wählen, noch über die materiellen oder geistlichen Güter verfügen, die das eigentliche Kapitel verwaltet; sie, die damals so vielfältig und so zahlreich waren, sind Teil dieser Zwischenwelt zwischen der Weihehierarchie und den Laien; erst viel später wird man erleben, daß sich ein Graben zwischen dem Klerikertum und dem christlichen Volk auftut und daß man sich infolgedessen daran gewöhnt, mit dem Begriff »Kirche« einzig die kirchliche Hierarchie zu bezeichnen.

So konnte Abaelard Heloise ehelichen, ohne etwas von seinen Privilegien als Kleriker zu verlieren und – wahrscheinlich – ohne seine Kanonikerpfründe preisgeben zu müssen.[56] Heloise betont nicht diese Seite der Angelegenheit, sondern führt die Nachteile an, die der neue Stand für Abaelard hätte, indem sie ein Bild vom Leben in der Ehe zeichnet, das gänzlich dazu geeignet ist, einen Intellektuellen in Schrecken zu versetzen:

Denkt nur an die Lage, in die Euch eine rechtmäßige Verbindung brächte. Was für ein Durcheinander! Schüler und Kammerzofen, Schreibtisch und Kinderwagen! Bücher und Hefte beim Spinnrocken, Schreibrohr und Griffel bei den Spindeln! Welcher Mann kann sich mit der Betrachtung der Schrift oder mit dem Studium der Philosophie abgeben und dabei das Geschrei der kleinen Kinder, den Singsang der Amme, der sie beruhigen soll, die geräuschvolle Schar männlicher und weiblicher Dienstboten hören? Wer mag die Unreinlichkeit kleiner Kinder ertragen?

Welche Erniedrigung für einen Denker! Kann jemand, der sich der Philosophie geopfert hat, ein Leben in der Welt ins Auge fassen, das Leben des gewöhnlichen Mannes, das von materiellen Sorgen erfüllt ist?

Die Reichen tun dies wohl, werdet Ihr sagen. Ja, ohne Zweifel: Sie haben in ihrem Schloß oder ihrem geräumigen Wohnsitz eigens vorbehaltene Gemächer, das Geld kostet sie in ihrem Überfluß keine Mühe, und sie kennen die Sorgen eines jeden Tages nicht. Allein die Lage eines Philosophen ist eine andere als die der Reichen, und jene, die den Reichtum suchen oder deren Leben den Dingen dieser Welt verhaftet ist, geben sich kaum dem Studium der Heiligen Schrift oder der Philosophie hin.

Heloise scheint hier ein allgemeines, zu ihrer Zeit anerkanntes und zur unseren immer noch gültiges Gesetz auszusprechen: Es gilt eine Wahl zu treffen, das Geld oder die Freuden des Geistes.[57] Sie wünscht über alles, daß Abaelard zu jenen Männern gehören möge, die sich vom Niedrigen trennen und sich über die Menge erheben. So ist er ihr erschienen, als er sich zum ersten Mal in ihrer Gegenwart befunden hat, so will sie ihn, und sie ist sich bewußt, daß sie ihn dadurch dazu bringt, sich selbst treu zu sein. Die Vorstellung, daß dieser außergewöhnliche Mensch dazu verdammt sein sollte, Familienvater zu sein, ist ihr unerträglich. Ist sie darin so seltsam, so weit weg von uns? Man findet nicht ohne einige Überraschung genau die gleiche Einstellung bei einer Frau unserer Zeit, bei der niemand bestreiten wird, daß sie sehr repräsentativ für ihre Zeit war und gleichzeitig einen tiefen Einfluß auf sie ausgeübt hat: Simone de Beauvoir. Als sich ihr die Möglichkeit einer Ehe mit Sartre bietet, schreibt sie:»Ich muß sagen, daß ich nicht einen Augenblick in Versuchung war, seinen Vorschlag anzunehmen. Die Ehe verdoppelt die familiären Verpflichtungen und den gesellschaftlichen Ballast. Sie hätte die Beziehungen zur Umwelt verändert und dadurch unweigerlich auch unser Verhältnis. Die Sorge um meine persönliche Unabhängigkeit wog nicht schwer... Aber ich sah, wie schwer es Sartre fiel, von seinen Reisen Abschied zu nehmen, von seiner Freiheit, seiner Jugend, um Professor in der Provinz und unwiderruflich erwachsen zu werden; der Zunft der Ehemänner beizutreten, hätte einen weiteren Verzicht bedeutet.«[58] Wir finden hier dieselbe Weigerung aus mehr oder weniger gleichen Beweggründen, wenn diese auch von dem jeweiligen Zeitgeist gefärbt sind.

Und Heloise geht noch weiter: Wenn sie auch wegen der Aussicht auf Kinder, der familiären Belastungen und der lästigen gesellschaftlichen Aufgaben um Abaelard fürchtet, so sieht sie sich sogar selbst als Bedrohung für ihn. Auch sie will aus ihrem Idol keinen aus»der Zunft der Ehemänner« machen. Abaelard ist ein Schatz, auf den die Welt Anspruch hat, und sie ist es sich schuldig, ihn der Welt zu lassen. Der Weise darf nicht heiraten; wer»Ehe« sagt, sagt»berechtigte Anforderungen«. Die Ehegatten haben gegenseitige Pflich-

ten, und die Vorstellung, daß Abaelard irgendeine Einschränkung seiner Freiheit hinnehmen müßte, ist ihr, Heloise,
unerträglich. Es ist aufschlußreich, die Beispiele zu sehen, die
sie zu diesem Punkt anführt und in welcher Reihenfolge sie
dies tut. Sie beginnt damit, den Heiligen Paulus zu zitieren:
»Bist du gelöst von der Frau, so suche nicht nach einer Frau!
Wenn du aber heiratest, sündigst du nicht, und wenn die
Jungfrau heiratet, sündigt sie nicht. Doch werden solche
Bedrängnis haben durch das Fleisch, und davor möchte ich
euch bewahren.« Die Auseinandersetzung über das Leben als
einzelner oder als Paar ist hier mit ebensolcher Einfachheit wie
Kraft zusammengefaßt. Im Leben des Paares hört jeder der
Gatten auf, sich selbst zu gehören, denn der andere hat ein
Recht auf ihn. Offensichtlich ist dies keine Frage von Sünde,
sondern von gegenseitigen Verpflichtungen. Nun muß derjenige, der sich entschieden hat, sein Leben einer Sache zu
widmen, die ihn übersteigt, frei von diesen Verpflichtungen
sein. Eben deshalb sind die Diener des Altares dem Gesetz des
Zölibats unterworfen. Zur Zeit von Abaelard und Heloise ruft
die Reformbewegung, die seit ungefähr einem halben Jahrhundert Gestalt annimmt, den Zölibat der Priester energisch
in Erinnerung; es ist nicht ganz ohne Paradox, daß ausgerechnet diese leidenschaftlich Liebende hier an die Verpflichtung
der Priester erinnert, sich die volle und ganze Freiheit ihrer
Person zu bewahren – diese Verpflichtung der Geweihten, die
ja wegen ihrer Aufgaben des Kults und des Gottesdienstes von
der Menge abgesondert werden. Aber man dringt tiefer in die
ihr und ihrem Liebhaber eigene Psychologie ein, wenn man
die folgende Textstelle liest: »Wenn ich weder den Rat des
Apostels noch die Warnungen der heiligen Väter vor dem Joch
der Ehe annehmen wolle, so möchte ich doch wenigstens auf
die Philosophen hören und auf das, was in dieser Hinsicht
entweder von ihnen oder über sie geschrieben worden ist.« Sie
ist nach dem Vorbild des Meisters, der sie an Leib und Seele
geformt hat, derartig von Bewunderung für das klassische
Altertum durchdrungen, daß für sie das Beispiel des Weisen
überzeugender als das des Heiligen sein wird.

Niemand soll sagen können, daß der neue Aristoteles sich von einer Frau hat unterjochen lassen. Und mit einer Überfülle von Einzelheiten führt sie die Beispiele an, die geeignet sind, ihn zu überzeugen: Cicero, Theophrast, Seneca in seinen *Briefen an Lucilius*, und auch die Schulen des hebräischen Altertums, wo sie – wie Mönche, bevor es den Begriff des Mönchs überhaupt gab – Nazarener, Pharisäer, Sadduzäer, Essener vereint aufmarschieren läßt, um dann wieder auf die Pythagoräer zurückzukommen und mit dem Beispiel des Sokrates zu enden, das gut geeignet ist, jeden Weisen mit Schrecken zu erfüllen. Wissend, daß Abaelard sich für den Philosophen schlechthin hält, versteht man nun seine Haltung besser, wenn er meint, daß sein Angebot, die Nichte Fulberts zu ehelichen, für den Kanoniker eine Genugtuung ist, die alles übersteigt, was dieser erwarten konnte.

Aber es gibt noch einen anderen Grund, warum Heloise die Heirat zurückweist; und diesen Grund hat Abaelard nicht verstanden. Es geht dabei um die unmittelbare Beschaffenheit ihrer Liebe: einer absoluten und vollkommenen Liebe, soweit man sich irgendeine menschliche Vollkommenheit nur vorstellen kann. Hierin besteht das Geheimnis von Heloise, der tiefe Beweggrund ihrer Weigerung. Die Qualität ihrer Liebe erfordert, daß sie selbstlos sei. Man muß in die ganze Kraft dieses Gefühls eingedrungen sein, wenn man das Jahrhundert von Heloise verstehen will: Es ist das gleiche Gefühl, das die höfische Liebe inspirieren wird – eine so umfassende, so anspruchsvolle Liebe, daß sie es nicht annehmen kann, erwidert zu werden, daß sie sich in gewisser Weise von ihrer eigenen Hingabe nährt, daß sie ganz Opfer ist und alles zurückweist, was den Anschein einer Belohnung haben könnte: So erniedrigt sich der Dichter vor der hohen Dame und findet die Freude in eben dem Leiden, das er empfindet, weil er weiß, daß sie für immer unerreichbar ist. Und ebenso, wie der Dichter sich weigert, den Namen seiner Dame preiszugeben, der sein inniggeliebtes Geheimnis ist, ebenso wie er alles zurückweist, was den Ruf jener, die er liebt, beeinträchti-

gen könnte, so lehnt Heloise es ab, den Ruhm Abaelards zu
beeinträchtigen, indem sie aus ihm einen gewöhnlichen
Menschen macht, der den Banden einer Ehe unterworfen ist,
deren Geheimnis, wie sie weiß, lächerlich sein würde.
Abaelard ist sich vielleicht dieses tiefen Grundes bewußt
gewesen, aber er erscheint ihm ebenso dunkel wie uns selbst.
Während er alles ausführlich niedergeschrieben hat, was die
Rede von Heloise an dem Altertum entnommenen Gedan-
kengängen und Beispielen enthielt – die einen wie die anderen waren seiner Denkweise ja vertraut –, so streift er, zum
Ende kommend, diesen geheimnisvollen Beweggrund kaum:
»Sie stellte mir dar..., wieviel lieber es ihr wäre, den mir mehr
zur Ehre gereichenden Namen einer Liebhaberin zu tragen,
als den einer Gattin, sie, die allein der freien Liebe meinen
Besitz verdanken, nicht mich mit den Banden der Ehe fesseln
wolle.«

Später wird ihm Heloise – und zwar heftig – vorwerfen, nicht
verstanden zu haben, daß es ihre Liebe selber war, die sie
dazu trieb, die Ehe, die leichte Lösung abzulehnen. Bei der
Lektüre des *Briefs an einen Freund* hat sie schmerzlich ermessen können, daß die Liebe Abaelards, wenn sie auch genauso
leidenschaftlich wie die ihre gewesen ist, nicht von gleicher
Güte war: »Ihr habt es nicht verschmäht, einige der Gründe
anzuführen, mit denen ich versuchte, Euch den unseligen
Gedanken an ein Ehebündnis auszureden; allein ihr habt
diejenigen fast alle unerwähnt gelassen, die mich bestimmten, die Liebe der Ehe, die Freiheit dem Zwang vorzuziehen.«
Für sie ist die Enttäuschung groß: Abaelard hat nicht verstanden, was in den Augen von Heloise das Wesentliche war:

Nichts – Gott weiß es – habe ich je bei Euch gesucht als Euch
selbst; Euch nur begehrte ich, nicht das, was Euer war. Kein
Ehebündnis, keine Morgengabe habe ich erwartet; nicht meine
Lust und meinen Willen suchte ich zu befriedigen, sondern den
Euren, das wißt Ihr wohl. Mag der Name Gattin heiliger und
ehrbarer scheinen, ist doch ein anderer Name meinem Herzen

immer süßer gewesen, der Eurer Geliebten oder sogar, laßt es mich sagen, der Eurer Konkubine, Eurer Dirne. Mir schien, je mehr ich mich um euretwillen demütigte, desto mehr wollte ich dadurch Gnade vor Euren Augen finden, und umso weniger dachte ich, Eure ruhmreiche Bestimmung zu behindern.

So verliebt er auch war, so hatte Abaelard nicht an diese Dimension der Liebe gedacht, die über die Befriedigungen, die Liebe sich erhofft, hinausgeht. Und doch macht gerade dies die Persönlichkeit von Heloise aus, das, was sie selbst als das Wesentliche, mehr noch, als das Heilige erachtet. Zweimal nimmt sie Gott feierlich für das, was sie darlegt, zum Zeugen, und zwar für etwas, das uns unsererseits beinah gotteslästerlich, auf jeden Fall völlig paradox erscheint: »Gott ist mein Zeuge: hätte mich Augustus, der Herr der Welt, der Ehre einer Ehe gewürdigt, und mich für immer über die ganze Welt gebieten lassen: für süßer und würdiger achtete ich's, Eure Buhle zu heißen als seine Kaiserin.« Dies ist für Heloise die Liebe: die bis zum Sublimen getriebene Selbstaufgabe. Und das hat Abaelard nicht verstanden. Wenn auch die Liebe in ihm geboren ist, so ist er daran nicht über sich selbst hinausgewachsen, und deshalb ist ihm, obwohl er mit sichtlichem Eifer versucht hat, die langen Reden von Heloise nachzuzeichnen, etwas in diesen Reden entgangen, das gerade das Wesentliche war. Seine vielseitige Intelligenz konnte alles verstehen, die außerordentliche Feinsinnigkeit seines Geistes verschaffte ihm Zugang zu den höchsten Wahrheiten, erlaubte es ihm, die vielschichtigsten Schwierigkeiten zu entwirren, aber etwas entging ihm, etwas, das für Heloise von selbstverständlicher Klarheit war.

Damit ist genug darüber ausgesagt, um wie vieles sie Abaelard auf den Wegen der menschlichen Liebe übersteigt. Sie bringt eine Großzügigkeit mit, zu der er seinerseits unfähig ist. Der feine Unterschied war schon wahrnehmbar, als Abaelard mit seiner Unbefangenheit ihrer beider Verzweiflung nachzeichnete, die sie empfunden hatten, als sie sich, von Fulbert überrascht, hatten trennen müssen: »Wie zerbrach mir«, schreibt er, »das Unglück des armen Mädchens das Herz! Und welche Flut der Verzweiflung löste der Gedanke meiner eigenen Schande in ihrer Seele aus!«[59] Wechselseitigkeit der Gefühle, ohne Zweifel, aber man spürt, daß er in eben diesem Augenblick nicht, wie Heloise, soweit ging, »seine eigene Schande« zu vergessen, um nur an die von Heloise zu denken, für die ja er verantwortlich war. Und ebenso wird man in der Folge feststellen, daß er unfähig ist, ihr, die ihm doch den Beweis ihrer uneingeschränkten Liebe gegeben hat, ganz zu vertrauen. Die Beweisführung von Heloise, ihre etwas ermüdende Weise, Größen des Altertums heraufzubeschwören, machen sie für uns Abaelard ebenbürtig; wir haben es mit zwei Intellektuellen zu tun; aber Heloise geht in ihrer Liebe weiter, denn sie ist Frau, und als Frau offenbart sie Größe in der Aufopferung ihrer selbst.

Weil sie Frau ist und weil sie von ihrer weiblichen Intuition Gebrauch macht, dringt sie unmittelbar ins Wesen der Sache ein. Sie sieht, was Abaelard nicht zu sehen fähig ist und was der Logik entgeht: Die Heirat wird auf jeden Fall nur ein Betrug, eine Täuschung sein. Fulbert hat nicht verziehen, er wird nicht verzeihen, sie weiß es; der Onkel und die Nichte sind vom selben Schlag, sie gehören zu jenen Naturen, die nichts beugen kann. Er wird sein Versprechen nicht halten, die Hochzeit wird nicht geheim sein, und Gott allein weiß, welchen Gefahren sie sich, der eine wie der andere, in der Folge werden stellen müssen. »Da sie nun durch derartige Ratschläge und Warnungen meinen verblendeten Sinn nicht umzustimmen vermochte und mich doch auch nicht beleidigen wollte, brach sie ihre Vorhaltungen unter Seufzen und Tränen mit den Worten ab: ›Dies ist das einzige, was uns zu tun bleibt, wenn wir uns alle beide verlieren wollen und uns einen Kummer bereiten wollen, der unserer Liebe gleichkommt.‹ Und die ganze Welt hat gesehen, daß ihr hier das Licht des prophetischen Geistes gegeben war.«

Die von Abaelard vorgesehene Lösung versöhnte die Liebe und den Ruhm. Sie war logisch, vernünftig, bequem. Aber

85

Heloise wußte, weil sie liebte, daß die Liebe mit der Bequemlichkeit unvereinbar ist.

Die Logik und die Vernunft hatten für den Augenblick das letzte Wort. Heloise und Abaelard begeben sich wieder auf den Weg nach Paris. Ihr Sohn ist in den Händen der Schwester Abaelards geblieben, die das Kind aufziehen wird. Wenn sie die Hochzeit geheim halten wollen, kommt es in der Tat nicht in Frage, ihn bei sich zu behalten.

Wir ließen also unser junges Kind in der Obhut meiner Schwester und kehrten heimlich nach Paris zurück. Einige Tage später, nachdem wir die Nacht in einer Kirche mit der Feier der Vigilien verbracht hatten, empfingen wir im Beisein des Onkels von Heloise und mehrerer seiner und unserer Verwandten den ehelichen Segen; dann trennten wir uns alsbald – jeder ging still seines Wegs, und von da an sahen wir uns nur noch in großen Abständen und verstohlen, um unsere Ehe so geheim wie nur irgend möglich zu halten.

Eine Verbindung geheimhalten zu wollen, die an sich eine Wiedergutmachung ist, die Zeugen gehabt hat – dieselbe Art Zeugen, die man zu anderen Zeiten und andernorts für ein Duell zusammengerufen hätte –, das war offensichtlich ein recht naives Vorhaben.
Fulbert und seine Freunde hatten nichts Eiligeres zu tun, als die Neuigkeit der Eheschließung so laut wie möglich hinauszuposaunen. Die Schmach war öffentlich gewesen, öffentlich sollte die Wiedergutmachung sein; dies war sicherlich die Entschuldigung des Kanonikers, der sich wenig darum sorgte, sein Versprechen einzuhalten.»Heloise ihrerseits verschwor sich hoch und heilig, daß jene lügen, und zog sich dadurch vielfach Mißhandlungen des erbitterten Fulbert zu.«
Da denkt sich Abaelard eine List aus, bei der man kaum anders kann, als sie streng zu verurteilen. Daß er Heloise vor

den Mißhandlungen ihres Onkels schützen wollte, ist berechtigt, aber die Entscheidung, die er trifft, scheint wohl vor allem von der Sorge um seinen eigenen Ruhm bestimmt gewesen zu sein, von dem Wunsch, alle gegenteiligen Behauptungen zu widerlegen und dem Klatsch ein Ende zu bereiten:»Als ich davon hörte, brachte ich Heloise in das Nonnenkloster Argenteuil bei Paris, wo sie in ihrer frühen Jugend aufgezogen und unterwiesen worden war, und ich veranlaßte sie dazu, die Gewandung anzulegen, die das Klosterleben erfordert – mit Ausnahme des Schleiers.« An diesem Punkt des Berichtes ist es schwer, nicht die Empörung Fulberts und seiner Freunde zu teilen. Wenn Abaelard Heloise dazu zwingt, ins Kloster zu gehen, so nur deshalb, um ihre Eheschließung zu verheimlichen: In den Augen aller ist Heloise nicht als interne Schülerin, sondern sehr wohl als Novizin in das Kloster eingetreten; sie trägt das Ordensgewand; ihr fehlt allein der Schleier, den sie nehmen wird, wenn sie die Ordensgelübde ablegt. Die Opferbereitschaft ihrerseits ist überragend; aber der einzige, dem ihr Opfer nützt, ist Abaelard.»Nun aber«, schreibt er,»glaubten Fulbert und seine Verwandten, ich hätte sie jetzt erst recht hintergangen und Heloise zur Nonne gemacht, um sie los zu werden.«[60]
Ihre ganze Umgebung mag in der Tat dasselbe gedacht haben; und wer wird uns jemals beweisen, daß dies nicht die Absicht Abaelards war? Ohne Zweifel liebt er sie noch, und er wird dies sogar ganz unzweideutig bekunden, denn er erinnert und schildert es in einem seiner Briefe:[61]»Ihr erinnert Euch: als Ihr nach unserer Verheiratung bei den Nonnen im Kloster Argenteuil lebtet, kam ich einmal zu heimlichem Besuche zu Euch und Ihr wißt wohl noch, wie weit ich mich in meiner unbändigen Leidenschaft mit Euch vergaß, und zwar in einem Winkel des Refektoriums selber, da wir sonst keinen Ort hatten, wohin wir uns hätten zurückziehen können; Ihr wißt, sage ich, daß die Ehrfurcht vor einem der Heiligen Jungfrau geweihten Ort unsere Unzucht nicht aufhielt.« Das Ordensgewand, mit dem er sie eingekleidet hat,

bedeutet folglich nicht, daß er beabsichtigte, sie sich zu versagen, sondern er versagte ihr ihre Freiheit.

Daß Heloise sich allem fügen würde, konnte er erwarten; daß er selbst ein so zweideutiges Mittel gewählt hat, dessen Last zudem nur sie allein zu tragen hatte, wirft ein betrübliches Licht auf den in seinen eigenen Ruhm verliebten Philosophen.

Und so kommt es zu dem Drama, das Abaelard uns ganz nüchtern erzählt. Wie er es selbst ausdrückt, war der Fulbertsche Klan – der Kanoniker, seine Verwandten, seine Freunde – »aufs höchste entrüstet«; »sie einigten sich untereinander, und eines Nachts, während ich bei mir zu Hause in einem abgelegenen Schlafzimmer ruhte, führte sie einer meiner um teures Geld bestochenen Diener herein, und sie unterwarfen mich der grausamsten und schmachvollsten aller Rachen, einer Rache, die die ganze Welt mit Sprachlosigkeit erfuhr: Sie schnitten mir die Teile des Körpers ab, mit denen ich das begangen hatte, worüber sie sich beklagten; dann ergriffen sie die Flucht.«

Abaelard war mehr als irgend jemand sonst um seinen Ruhm besorgt gewesen – so kam es, daß er Ruhm in seiner am scheußlichsten entstellten Form fand. »Schon am Vormittag war die ganze Stadt vor meiner Wohnung zusammengeströmt.«[62] Und man stelle sich die Szene vor. Das Drama hat sich zur Zeit der Morgendämmerung abgespielt; man hat Rufe, gedämpfte Schritte, Verfolgungen, Schreie gehört; die Nachbarschaft ist aufgewacht und herbeigelaufen, man hat den Verletzten versorgt; von Mund zu Mund wurde die Nachricht weitergetragen, und am Vormittag drängeln sich all die Kleriker der Umgebung, alle Schüler Abaelards, all jene, die vom Philosophen haben reden hören, das heißt alle Welt, in die Umfriedung und die Straßen des Klosterbezirks. In Paris ist nur noch die Rede von der Verstümmelung, die der Meister erlitten hat. »Das Erstaunen, die allgemeine Bestürzung, die

Die Gedanken, die er uns in diesen Augenblicken der Verwirrung anvertraut, sind recht aufschlußreich. »Was mich auch in völlige Verzweiflung stürzte, war der Gedanke, daß die Eunuchen, nach dem tötenden Buchstaben des Gesetzes, Gott ein solcher Greuel sind, daß Leute, die durch Abschneiden oder Zerquetschen der männlichen Körperteile zu diesem Stand verdammt sind, als anrüchig und unrein von der Schwelle der Kirche verstoßen werden.« Und er zitiert die zwei Textstellen des Levitikus und des Deuteronomiums, das die Opferung kastrierter Tiere verbietet und dem Eunuchen untersagt, den Tempel zu betreten. Abaelard ist hier merkwürdigerweise ganz Mann des Heiligen Gesetzes. Seine Reaktion ist die des Hebräers, eines, der eher vom Alten als vom Neuen Testament bestimmt ist. Ebenso wie seine Einstellung, was die Philosophie betrifft, sich mit der des Aristoteles deckt, bleibt er, was die Religion angeht, teilweise ein Mensch des Alten Bundes. Sicherlich wird er eine Entwicklung durchlaufen, aber seine innerste Natur macht ihn eher dem Gesetz als der Gnade zugeneigt. Ihm kommt in diesem Augenblick seines Lebens nicht der Gedanke, das Evangelium aufzuschlagen. Erst später wird er aus dem Wort des Evangeliums über die Eunuchen »im Angesicht des Reiches Gottes« und aus dem Beispiel des Origenes Ermutigung schöpfen, der, so sagt man, sich zum Eunuchen machte, um das Wort des Evangeliums im buchstäblichen Sinne zu nehmen und sich von den Versuchungen des Fleisches zu befreien. Einstweilen hält er sich an den Abscheu des Alten Testaments.

Und dies so sehr, daß nichts die Schande, die ihn bedrückt, nichts dieses Gefühl einer unabänderlichen Niederlage mildern wird: »Welch ein Triumph für meine Gegner – sich vorzustellen, wie sie hierin das ausgleichende Walten Gottes feststellten! In welch unerträgliche Betrübnis würde dieser Schlag meine Eltern und Freunde versetzen! Wie würde die Kunde von dieser beispiellosen Schmach sich in der ganzen Welt verbreiten! Wohin jetzt gehen? Wie in der Öffentlichkeit erscheinen? Jedermann würde mit dem Finger nach mir zeigen, alle würden hinter mir herzischeln, ich würde für alle ein ungeheuerliches Schauspiel sein.« In einem Punkt allerdings kommt ihm die Logik zu Hilfe:

»Wie gerecht war doch Gottes Strafe, die mich an dem Teil meines Körpers schlug, mit dem ich gesündigt hatte! Wie recht hatte Fulbert, den ich zuerst verraten hatte, wenn er mir nun Gleiches mit Gleichem vergalt!«

All die Größe Abaelards ist, moralisch gesprochen, in diesen beiden Sätzen enthalten. Und man muß unterstreichen, daß sie zu seinen ersten Reaktionen gehören, daß sie, wie er selber bezeugt, Teil der »tausend Gedanken [waren], die in meinem Geist [in den Augenblicken] auftauchten«, die der Verletzung folgten. Vor Gott wie vor dem Menschen, den er am meisten verabscheut, akzeptiert er sein Schicksal ohne jede Einschränkung; er liebt die logische Strenge zu sehr, um die Strafe nicht als gerecht anzuerkennen.

Novi, meo sceleri
Talis datur ultio.

Cujus est flagitii
Tantum dampnum patio.
Quo peccato merui
Hoc feriri gladio.[64]

Ich sehe, für meine Tat
ist's die rechte Strafe.

Für das Schlechte, das ich getan,
ertrag ich großen Fluch.
Meine Sünd', sie hat's verdient,
daß dies Schwert mich trifft.

Er wird in diesem Gefühl nicht schwanken. Viel später, als er zu Heloise, also zu dem Menschen spricht, den er zuallerletzt belügen würde, wird er mit Nachdruck wiederholen: »Im

Klagen, die Schreie, das Gestöhn, mit dem man mich ermüdete, mit dem man mich folterte, dies zu beschreiben, wäre schwierig, ja unmöglich.«

Bezichtigen wir Abaelard hier nicht der Übertreibung. Ein Brief von Fulco, dem Prior von Deuil, einem seiner Freunde, verwendet genau die gleichen Begriffe; nun kommt dieser Brief von einem Mann, der versucht, ihn zu beruhigen, die Rachgier in ihm zu zügeln. Das Bild, das er entwirft, ist noch ergreifender als das Abaelards: »Fast die ganze Stadt hat sich in deinem Schmerz verzehrt... Die Menge der Kanoniker, der vornehmen Kleriker, sie weint; deine Mitbürger, sie weinen; es ist eine Schande für ihre Stadt; sie grämen sich, ihre Stadt durch das Vergießen deines Blutes entheiligt zu sehen. Was soll ich über die Klagen aller Frauen sagen, die – dies ist die den Frauen eigene Art – so viele Tränen darüber vergossen haben, dich, ihren Ritter, verloren zu haben, so viele Tränen, wie wenn jede von ihnen ihren Gatten oder ihren Liebsten im Krieg hätte umkommen sehen!«[63] Was auch immer seine persönlichen Schwächen gewesen sein mögen, welche Skandale auch immer er verursachen mochte, so ist Abaelard – vielleicht zum Teil wegen dieser Skandale – für die Menge der Pariser eine Art Held gewesen; von der Welt der Studenten, deren Idol er ist, getragen, ging sein Ruhm über die Welt der Schulen hinaus; man könnte ihn mit dem Ruhm vergleichen, den die großen Maler – paradoxerweise – zu unserer Zeit kennen. Auch läßt der Schlag, der ihn trifft, niemanden gleichgültig. Die Frauen, die insgeheim nach ihm geschmachtet, die Mädchen, die Heloise um ihr Glück beneidet, all jene, die – Männer wie Frauen – seine Lieder auf den Lippen gehabt haben, empfinden die Roheit nach, deren Opfer er ist. Man ist bekümmert wie über eine große, öffentliche Katastrophe. Vor den Haustüren, in den Gassen der Handwerker, auf den Märkten, in den Vorhallen der Kirchen redet man nur von Abaelard. Die Neuigkeit verbreitet sich mit den Pilgern, den Kaufleuten, den umherwandernden Klerikern; sie wird von Markt zu Markt, von Kloster zu Kloster getragen. Sie wird zu dieser Zeit, in der sich Neuigkeiten mit einer erstaunlichen Geschwindigkeit verbreiten, bald das ganze Abendland zumindest in seinen großen Brennpunkten erreichen, in denen man damals immer wieder zusammenkommt, um zu studieren, um zu unterrichten, um die Weisheit zu pflegen.

Hauptsächlich die Kleriker und ganz besonders meine Schüler vermehrten meine Qual durch ihre unerträglichen Klagen; ihr Mitleid war mir schmerzlicher als meine Wunde selber; ich spürte mehr meine Schande als meine Verstümmelung; die Verwirrung bedrückte mich mehr als der Schmerz.

Er wollte durch den bestmöglichen Gebrauch der menschlichen Vernunft berühmt sein – er wird es durch die erniedrigendste der körperlichen Verwundungen. Der Ruhm in seiner Verkehrung: Nie hat man soviel von ihm gesprochen, aber aus einem Grund, den er, mehr als alle anderen, hätte verstecken wollen. Er suchte danach, Bewunderung zu erregen und ruft Erbarmen hervor. »Welchen Ruhm genoß ich eben noch; mit welcher Leichtigkeit war er im Handumdrehen erniedrigt, zerstört worden!« Ein Augenblick, eine Geste, der Schnitt einer Messerklinge, und der erste unter den Philosophen, der einzige Philosoph seiner Zeit, ist nur mehr ein Eunuch, ein Kastrat. All die Male, die Abaelard diese schreckliche Erinnerung erwähnt, versichert er, daß der körperliche Schmerz für ihn erträglicher gewesen sei als der seinem Hochmut versetzte Schlag; er hat körperlich – in seinem Fleisch – weniger gelitten als an seiner Eigenliebe – in seinem Geist. Fulbert und seine Freunde hatten genau ins Schwarze getroffen: Kein Leid konnte diesem hier vergleichbar sein, denn sogar über die Tat und ihre physiologischen Folgen hinaus war Abaelard in jenem geistigen Hochmut getroffen, der seine schwache Stelle war. Er ist von da an der zum Gespött gewordene Aristoteles.

Die Gedanken, die er uns in diesen Augenblicken der Verwirrung anvertraut, sind recht aufschlußreich. »Was mich auch in völlige Verzweiflung stürzte, war der Gedanke, daß die Eunuchen, nach dem tötenden Buchstaben des Gesetzes, Gott ein solcher Greuel sind, daß Leute, die durch Abschneiden oder Zerquetschen der männlichen Körperteile zu diesem Stand verdammt sind, als anrüchig und unrein von der Schwelle der Kirche verstoßen werden.« Und er zitiert die zwei Textstellen des Levitikus und des Deuteronomiums, das die Opferung kastrierter Tiere verbietet und dem Eunuchen untersagt, den Tempel zu betreten. Abaelard ist hier merkwürdigerweise ganz Mann des Heiligen Gesetzes. Seine Reaktion ist die des Hebräers, eines, der eher vom Alten als vom Neuen Testament bestimmt ist. Ebenso wie seine Einstellung, was die Philosophie betrifft, sich mit der des Aristoteles deckt, bleibt er, was die Religion angeht, teilweise ein Mensch des Alten Bundes. Sicherlich wird er eine Entwicklung durchlaufen, aber seine innerste Natur macht ihn eher dem Gesetz als der Gnade zugeneigt. Ihm kommt in diesem Augenblick seines Lebens nicht der Gedanke, das Evangelium aufzuschlagen. Erst später wird er aus dem Wort des Evangeliums über die Eunuchen »im Angesicht des Reiches Gottes« und aus dem Beispiel des Origenes Ermutigung schöpfen, der, so sagt man, sich zum Eunuchen machte, um das Wort des Evangeliums im buchstäblichen Sinne zu nehmen und sich von den Versuchungen des Fleisches zu befreien. Einstweilen hält er sich an den Abscheu des Alten Testaments.

Und dies so sehr, daß nichts die Schande, die ihn bedrückt, nichts dieses Gefühl einer unabänderlichen Niederlage mildern wird: »Welch ein Triumph für meine Gegner – sich vorzustellen, wie sie hierin das ausgleichende Walten Gottes feststellten! In welch unerträgliche Betrübnis würde dieser Schlag meine Eltern und Freunde versetzen! Wie würde die Kunde von dieser beispiellosen Schmach sich in der ganzen Welt verbreiten! Wohin jetzt gehen? Wie in der Öffentlichkeit erscheinen? Jedermann würde mit dem Finger nach mir zeigen, alle würden hinter mir herzischeln, ich würde für alle ein ungeheuerliches Schauspiel sein.« In einem Punkt allerdings kommt ihm die Logik zu Hilfe:

»Wie gerecht war doch Gottes Strafe, die mich an dem Teil meines Körpers schlug, mit dem ich gesündigt hatte! Wie recht hatte Fulbert, den ich zuerst verraten hatte, wenn er mir nun Gleiches mit Gleichem vergalt!«

All die Größe Abaelards ist, moralisch gesprochen, in diesen beiden Sätzen enthalten. Und man muß unterstreichen, daß sie zu seinen ersten Reaktionen gehören, daß sie, wie er selber bezeugt, Teil der »tausend Gedanken [waren], die in meinem Geist [in den Augenblicken] auftauchten«, die der Verletzung folgten. Vor Gott wie vor dem Menschen, den er am meisten verabscheut, akzeptiert er sein Schicksal ohne jede Einschränkung; er liebt die logische Strenge zu sehr, um die Strafe nicht als gerecht anzuerkennen.

Novi, meo sceleri
Talis datur ultio.

Cujus est flagitii
Tantum dampnum patio.
Quo peccato merui
Hoc feriri gladio.[64]

Ich sehe, für meine Tat
ist's die rechte Strafe.

Für das Schlechte, das ich getan,
ertrag ich großen Fluch.
Meine Sünd', sie hat's verdient,
daß dies Schwert mich trifft.

Er wird in diesem Gefühl nicht schwanken. Viel später, als er zu Heloise, also zu dem Menschen spricht, den er zuallerletzt belügen würde, wird er mit Nachdruck wiederholen: »Im

Einklang mit der Gerechtigkeit ist das Organ, das gesündigt hat, auch das gewesen, welches getroffen wurde und mit Schmerz für seine schandhaften Freuden büßen mußte.« Wenn es für ihn einen Hoffnungsschimmer, eine Aussicht auf Erlösung gibt, ein Gefühl, das fähig ist, ihn die Verzweiflung besiegen zu lassen, so muß man in diesem sofortigen und umfassenden Akzeptieren danach suchen. Aber wie unmittelbar dieses innere Akzeptieren auch immer war, so sollte es nicht die Bemühung ausschließen, Gerechtigkeit zu fordern. Der Brief, den der Prior von Deuil, Fulco, an Abaelard schreibt – ein Brief, den er höchstens einige Monate nach dem Ereignis verfaßt haben muß –, verrät uns, daß die Attentäter die Flucht ergriffen hatten, aber daß mindestens zwei von ihnen gefunden und bestraft worden waren:»Einigen von denen, die dich angegriffen haben, hat man die Augen ausgestochen und die Geschlechtsteile abgeschnitten. Derjenige, der abstreitet, daß die Missetat sein Werk gewesen sei, ist jetzt dadurch bestraft worden, daß man ihn seines gesamten Hab und Guts beraubt hat. Sag nicht, daß die Kanoniker und der Bischof, die, so sehr sie es vermochten, danach getrachtet haben, in deinem und ihrem eigenen Interesse der Gerechtigkeit Genüge zu tun, für deinen Verlust und das Vergießen deines Blutes verantwortlich sind. Sondern höre auf den guten Rat und den Trost eines wahrhaften Freundes.« Dies läßt erkennen, daß Abaelard das Urteil für nicht ausreichend hielt. Einer der beiden Verbrecher, die die schreckliche Strafe erlitten hatten, war jener Diener Abaelards, der sein Vertrauen mißbraucht und das Attentat ermöglicht hatte.

Dies müßte eigentlich das Ende der Liebesgeschichte sein. Der Roman von Heloise und Abaelard müßte hier aufhören. Eine kurze Geschichte: sie dauert kaum zwei, drei Jahre lang – wenig für das Leben eines gewöhnlichen Mannes und einer gewöhnlichen Frau. Und man könnte sich Lösungen vorstellen, Lösungen des gewöhnlichen Lebens: Abaelard versteckt seine Schande in irgendeinem Kloster, beginnt in einer weit-

entfernten Stadt wieder, die Dialektik zu lehren; Heloise
vergißt nach und nach dieses Abenteuer ihrer Jugend, erhält
die Nichtigkeitserklärung für ihre Heirat, die unter außergewöhnlichen Bedingungen geschlossen wurde, um sich wieder
zu verheiraten. In Vergessenheit versunken – ihre Geschichte,
für sie selbst, für die anderen, für die Jahrhunderte...
Die Geschichte hat eine Fortsetzung deshalb, weil Heloise
und Abaelard keine gewöhnlichen Menschen sind und weil
sie auch völlig mit einer Zeit in Einklang stehen, in der die
Liebe nicht auf das sexuelle Verlangen reduziert wird. Es ist
unmöglich, sie richtig zu verstehen, wenn man sich nicht in
ihre Zeit zurückversetzt, nämlich die der höfischen Liebe:

Ach, so viel glaubt' ich zu wissen
von Liebe, und merk', ich weiß fast nichts!
Nicht kann ich's lassen, sie zu lieben,
sie, die mir niemals wird gehör'n;
sie raubte mir Verstand und Herz,
mich selbst und alles auf der Welt;
als sie mich stahl, ließ sie mir nichts
als Sehnen und ein eifersüchtig Herz.[65]

Überdies muß man sich daran erinnern, daß die Liebeslyrik
dieser Zeit, bevor sie mit den Troubadouren provençalisch
sprach, lateinisch gesprochen hat:

Inspiciunt sine re, sed juvat inspicere.
Praemia magna putant dum spe pascuntur inani,
Irritantque suos hanc inhiando oculos.

Sie können sie nur betrachten, aber darin liegt ihre
Freud.
Sie rechnen mit großer Gunst, sich nährend von vergeb-
licher Hoffnung,
Und leiden's, sie immer wieder neu zu schau'n.[66]

94

Die Liebe von Heloise und Abaelard gehört ganz einer Zeit an, in der man als das Wesentliche der Liebe jenes Vermögen ansieht, sich selbst zu übersteigen, eben jene Genüsse zu transzendieren, von denen sie sich nährt, und dies ist der Grund, warum ihre Liebe die Jahrhunderte überdauern wird. Denn es ist, wenn man darüber nachdenkt, ein reines Paradox, daß sie für die kommenden Generationen das Paar, den Liebenden und die Geliebte schlechthin verkörpern sollten, sie, die nur einen Augenblick vereint waren und nur kurze Wonnen kannten. Obendrein war ihre Begegnung erst in dem Augenblick ihrer ersten Trennung eine wirkliche: Wir haben gesehen, welche niedrigen Erwägungen Abaelard veranlaßt hatten, sich Heloise wie eine Beute anzueignen, um seinen Hunger zu stillen. Wenn sie auch verliebt war, so war sie damals doch nur ein verführtes Mädchen. Und wir konnten feststellen, wie die eigentliche Liebe bei Abaelard erst in dem Augenblick geboren zu sein scheint, als er sich aus dem Haus Fulberts vertrieben sah. Diese Helden einer unvergleichlichen Liebe sind also erst ab dem Moment von einer gleichartigen Leidenschaft beseelt worden, als ihr Liebesleben durchkreuzt wurde, als es der grausamen Auflösung entgegenging.

»Wir traten also beide zur gleichen Zeit ins Kloster ein, ich in die Abtei von Saint-Denis, sie ins Kloster von Argenteuil, von dem ich weiter oben gesprochen habe.« Dieser Satz, in dem Abaelard das Nachspiel ihrer Liebschaft zusammenfaßt, verbirgt eine andere, recht häßliche Wirklichkeit. Zwei Zeilen weiter oben schreibt er mit schamvoller Aufrichtigkeit: »Heloise hatte, meinen Weisungen mit einer völligen Selbstverleugnung folgend, bereits den Schleier genommen und war jetzt ganz in die Klostergemeinschaft eingetreten.« Man muß daraus schließen, daß Heloise auf seine Anweisungen hin ins Kloster von Argenteuil eingetreten ist, wo sie seiner Anordnung gemäß bereits weilte; sie trug dort das Ordensgewand, aber nicht den Schleier, der das Zeichen dafür ist, daß man die Ordensgelübde abgelegt hat. Daß sie den Schleier nimmt, geschieht wieder »auf Anweisung Abaelards hin« und bevor er selbst in ein Kloster eingetreten ist.

Er ist es also, der sich diese Lösung ausgedacht und der sie verlangt hat. Vielleicht war er der Meinung, daß sie sich von selbst aufdrängte: Heloise war vor Gott und den Menschen seine Frau, aber er selbst konnte dem Fleische nach nicht mehr ihr Gemahl sein. Das Band, das fortbestand, konnte nur durch ihren gemeinsamen Eintritt ins Kloster gelöst werden.

Sicherlich stellt zu jener Zeit der Eintritt ins Kloster nicht das dar, was er in unseren Augen bedeutet. Heutzutage versteht man unter Kloster hohe Mauern, strenge Klausur, das Opfer jeder Freiheit und aller Freuden; es ist der Ort der Auserwähltheit, wo eine kleine Anzahl Seelen einem persönlichen und festumrissenen Ruf folgen; selbst in den Augen des Gläubigen setzt der Eintritt in ein Kloster eine hohe und viel verlangende Berufung voraus. Dies ist auch im 12. Jahrhundert der Fall, aber unter ganz anderen Bedingungen; das Kloster ist eine Lebenseinheit; wie bei anderen Institutionen auch bedeutet dies viele Menschen, eine Menge von Leuten, die verschiedene Titel tragen: Priester oder einfache Brüder, Chormönche oder Laienbrüder, Oblaten[67] und Laien, solche, die eine gänzlich materielle Abhängigkeit ans Kloster bindet, weil sie auf seinen Ländereien geboren sind und dort Wein oder Getreide anbauen, solche, die durch Gebet oder Almosen eine geistige Verbindung zum Kloster haben, solche, die irgendeine Aufgabe mit dem Kloster in Beziehung bringt wie Anwälte, Prokuratoren, Regierungsbeamte. So hat sich über die Zeiten das unmittelbare Verständnis vom religiösen Leben beträchtlich geläutert, wobei es dafür jenen Kontakt mit der Menge verlor, der aus einem Kloster genauso eine Zufluchtsstätte für den Verbrecher machte wie einen Ort, der Landstreichern Obdach gewährte. Recht charakteristisch für die Zeit ist das Sprichwort, das sie uns hinterlassen hat: »Das Gewand macht nicht den Mönch«, was bedeutet, daß eine Menge Leute das Ordensgewand tragen, ohne eigentlich die Gelübde ausgesprochen zu haben, auf denen das im engeren

Sinn klösterliche Leben gründet. Ins Kloster gehen heißt folglich unter den damaligen Umständen gefühlsmäßig nicht genau dasselbe wie zu unseren Tagen, obwohl die in ihrer Strenge verstandene Regel dieselben Anforderungen stellt. Jedenfalls war das persönliche Opfer für Heloise das gleiche. Sie war zwanzig Jahre alt und gab unwiderruflich ihre Freiheit auf. Abaelard ist es, der den Eintritt ins Kloster beschließt; er zweifelt keinen Augenblick daran, daß Heloise bereit sein wird, so zu handeln wie er; und so stellt er auch klar, daß sie dies »mit einer völligen Selbstverleugnung« tut. Heloise wird später das gleiche sagen: »Unser gemeinsamer Eintritt in den Ordensstand, über den ihr allein entschieden habt.«[68] Dies ist – Gilson hat es nicht ohne Grund mit Nachdruck betont[69] – vielleicht der größte Vorwurf, den man Abaelard gegenüber vorbringen könnte: daß er darauf bestanden hat, daß Heloise den Schleier als erste nimmt. Sie wird darüber tief verletzt bleiben. Ihre Liebe war derart, daß sie unter keinen Umständen gezögert hätte, den Schleier zu nehmen, um ihm nachzueifern; aber daß er es von ihr verlangte und dadurch jenes Vertrauen vermissen ließ, das er ihr schuldete, hinterließ in ihr eine tiefe Bitterkeit. Später, viel später, wird diese Bitterkeit sich in einem Vorwurf Luft machen, dessen Heftigkeit ihren Gatten überraschen wird. Zunächst jedoch zeigt das Verhalten von Heloise keinerlei Zögern. Abaelard hat ihr befohlen, den Schleier zu nehmen: sie wird ihn von sich aus nehmen. Die beiden scheinbar widersprüchlichen Ausdrucksweisen werden beim Bericht der Szene klar, die sich damals im Kloster von Argenteuil abspielt.

Verwandte und Freunde von Heloise sind von Mitleid über ihr Geschick erfüllt und bedrängen sie, darauf zu verzichten, den Schleier zu nehmen; sie führen ihr ihre Jugend und die Anforderungen der Ordensregel vor Augen: »Wird sie so ihre Zukunft und ihre Person binden?«

Sie antwortete nur, indem sie unter Weinen und Schluchzen jene klagenden Worte der Cornelia ausstieß: »O herrlicher Gatte, besseren Ehbetts wert! So wuchtig durfte das Schicksal treffen ein solches Haupt? Ach mußt ich darum dich freien, daß dein Unstern ich würd? – Doch nun empfange mein Opfer, freudig bring ich es dir.« Mit diesen Worten trat sie vor den Altar, empfing aus der Hand des Bischofs den geweihten Schleier und legte öffentlich das Klostergelübde ab!

Man hat es nicht verfehlt darauf hinzuweisen, daß dies eine seltsame Art war, die Gelübde für das Ordensleben abzulegen: zum Altar hochzusteigen und dabei Verse von Lukan zu rezitieren. Heloise ist die würdige Schülerin Abaelards; sie ist, wie er, ganz vom klassischen Altertum durchdrungen. Wenn dieser sich von Schande überwältigt fühlte beim Gedanken an das Schicksal der Eunuchen bei den Hebräern, so wird sie von Verzweiflung überwältigt bei der Vorstellung, wie die Heldin der Pharsalia das Drama ihres Gatten verursacht zu haben. Die Ausrichtung, die sie – der eine wie der andere – ihrer intellektuellen Bildung gegeben haben, drängt hier an die Oberfläche.

Wenn diese verschiedenen Zitate unserem Gefühl nach der Geschichte auch eine etwas gekünstelte Färbung geben, so bleibt das Drama bei aller Ferne jener Zeiten doch genauso ergreifend, ob es sich nun um Abaelard handelt, der auf immer des Ruhmes verlustig geht, den er angestrebt hatte, oder um Heloise, die mit zwanzig Jahren dazu gebracht wird, dieses harte, von der Welt getrennte Leben zu führen, das sie nicht gewählt hat. Selbst einmal abgesehen vom Einzelschicksal der beiden, ist dies das tragische Ende einer unvergleichlichen Liebe, die nicht wieder rückgängig zu machende Trennung zweier Menschen, die einander nicht mehr gehören können, es sei denn in Gedanken. Zwei außergewöhnliche Schicksale haben sich für einen Augenblick miteinander verbunden; der Garten der Wonnen hat sich für sie geöffnet, und jetzt werden sie, wie im vertrauten Bild, daraus vertrieben – noch grausamer als Adam und Eva, da sich ja von nun an die Schranke zwischen ihnen beiden erhebt, die jene vom irdischen Paradiese trennte.

3 Der herumirrende Philosoph

»Ich gestehe, daß mich eher ein Gefühl der Scham als die Berufung den Schatten eines Klosters suchen ließ.«[70] Abaelard ersehnt das Vergessen genauso glühend, wie er den Ruhm ersehnt hat. Ebensosehr, wie er einst die so schmeichelhaften Zeichen der Aufmerksamkeit genossen hat, die für ihn tägliches Brot waren – die Leute tuscheln zu hören, wenn er vorbeiging, sie sich umdrehen zu sehen, um ihm nachzublicken, den Beifall seiner Zuhörerschaft entgegenzunehmen –, so wünscht er sich von nun an, unerkannt zu bleiben. Sich verstecken, sich vergraben, verschwinden: wenigstens, bis die Zeit das erniedrigende Abenteuer hat vergessen lassen, um sicher zu sein, daß man ihm nicht aus Mitgefühl, aus Mitleid oder sogar aus verstecktem Spott Interesse entgegenbringt.

Dies ist der Grund, warum er ins Kloster eintritt – aber nicht in irgendein Kloster. Klöster, die ihm das wohltuende Dunkel hätten zuteil werden lassen können, das er sucht, gibt es zu jener Zeit viele – zahlreich sind sie im ganzen Abendland, zahlreich in Paris selbst und in seiner näheren Umgebung: er hatte die Wahl zwischen Saint-Germain-des-Prés, Saint-Magloire, Saint-Martin-des-Champs und vielen anderen mehr! Nun erbittet er aber – und dies wird ihm auch bewilligt –, in Saint-Denis aufgenommen zu werden, und diese Wahl ist aufschlußreich.

Welche Abtei wird damals mehr verehrt, mehr gerühmt als Saint-Denis, die königliche Abtei? Dort erhielten der König Pippin, seine Frau, die Königin Bertha und ihre zwei Söhne, Karlmann und Karl – der Karl der Große der Geschichte und der Heldenlieder – von Papst Etienne II. persönlich die Salbung; und in Gegenwart von Karl dem Großen wurde die

Kirche der Abtei, einmal fertiggestellt, im Jahre 775 geweiht. Seit diesen fernen Zeiten blieb sie Gegenstand der liebevollen Fürsorge der Kaiser und später der Könige Frankreichs. Bewußt oder nicht: Abaelard wird sich wohl eine Umgebung ausgesucht haben, in der er sein Ansehen als Meister, seine geistigen Fähigkeiten voll gewürdigt sehen würde. Es gab kaum eine Abtei, die sich nicht geehrt gefühlt hätte, ihn aufzunehmen, aber er hat es verstanden, einen seiner Person würdigen Zufluchtsort auszuwählen: die Vergessenheit vielleicht, aber kein Einsiedlerleben.

Obwohl die Krönungskathedrale schon die von Reims ist, wird die Tradition bald fordern, daß eine zweite Krönung der Könige in Saint-Denis stattfindet, wo das Schwert und das Krönungsornat verwahrt werden, deren man sich bei dieser Feierlichkeit bedient. Ein König nach dem anderen, alle haben sie dort ihr Grab gewollt: Pippin der Jüngere selbst, Karl der Kahle und mehrere ihrer Nachkommen, wie, nach ihnen, Hugo Capet und sein Sohn, Robert der Fromme. Es versteht sich von selbst, daß diese Eigenschaft als königliche Abtei ihr unter jeder Regentschaft neue Schenkungen eingebracht hat, die ihre Macht mit zunehmendem Grundbesitz wachsen ließen; das Zeugnis dieser nach und nach gewährten großzügigen Gaben – bebaubare Felder, Weinberge, ganze Wälder, wie die von Yvelines – hat die Zeiten überdauert und bleibt für uns schriftlich in den wertvollen Kopialbüchern festgehalten, die vom Nationalarchiv aufbewahrt werden und wo man all dies damals eingetragen hat. Dieser Überfluß verbindet sich in Saint-Denis mit dem Nimbus einer religiösen Vergangenheit, die in die allerersten Anfänge der Evangelisierung Galliens zurückreicht; und dies ist wichtig in einer Epoche, in der jede Institution stolz auf ihre Vergangenheit ist, genauso wie jeder einzelne stolz ist auf die Ahnenreihe, auf die er sich beruft. Ist die erste, die älteste Kirche von Saint-Denis nicht genau auf der Grabstätte dessen errichtet worden, der in Paris der erste Zeuge des Evangeliums gewesen sein soll? Die Berichte vom Märtyrertod des Heiligen Dionysius (»Saint Denis«) und seiner Gefährten, die seit den merowin-

100

gischen Zeiten in Umlauf waren, sind in unseren Tagen abwechselnd mal von der Textkritik in Zweifel gezogen, mal von der archäologischen Wissenschaft bestätigt worden. Insbesondere die Ausgrabungen von S.M.K. Crosby haben die Tatsache deutlich gemacht, daß die nacheinander in Saint-Denis errichteten Heiligtümer – eine Kapelle, die vielleicht aus dem 4. Jahrhundert stammt, eine Kirche vom Ende des 5. Jahrhunderts, die der König Dagobert um das Jahr 630 wiedererrichten ließ, wobei er gleichzeitig ein Hospital und Abteigebäude baute, und schließlich eben jene Kirche, die Abaelard sah und deren Einweihung Karl der Große persönlich vorgestanden hatte –, daß diese Heiligtümer also alle auf der Mittellinie ein- und desselben Grabes errichtet sind, das die »heiligen Leiber« des Heiligen Dionysius und seiner Gefährten enthält, die am Montmartre den Märtyrertod starben und zu dem christlichen Friedhof von *Catolacus* – dies ist der antike Name von Saint-Denis – überführt wurden.[71] Abaelard wird übrigens während seines Lebens den Bau einer neuen Kirche erlebt haben, da die aus karolingischen Zeiten stammende zu klein geworden war, so daß der Menschenstrom, der während der Feierlichkeiten, die jedes Jahr am 9. Oktober wegen des Fests des Heiligen Dionysius dort stattfanden, ein wirres Durcheinander verursachte: Die Mönche, die beauftragt waren, sich um die Reliquien zu kümmern, hatten manchmal das Heiligtum räumen müssen, indem sie durchs Fenster stiegen, da es ihnen unmöglich war, sich einen Weg durch die Menge zu bahnen; Abaelard wird die Einweihung dieses neuen Heiligtums, die zwei Jahre nach seinem Tod, am 11. Juni 1144, stattfindet, nicht erleben, aber er ist in der Abtei der Gefährte des Mannes gewesen, dessen Werk es ist: des Abtes Suger.

Im *Brief an einen Freund* wird Suger nirgendwo genannt. Bei genauerer Überlegung ist das recht merkwürdig, denn es handelt sich um eine außergewöhnliche Persönlichkeit. Im Jahr 1120 hat er noch nicht das Amt des Abtes inne; die Mönche werden ihn erst zwei Jahre später, beim Tod des Abtes Adam, wählen, von dem hingegen ist im Bericht Abaelards die Rede. Man kann sich fragen, warum diese beiden Männer, Abaelard und Suger, Mönche im selben Kloster, die das gemeinschaftliche Leben teilten, sich nicht nahegekommen zu sein scheinen. Suger – von niedrigster Herkunft, er war Sohn eines Leibeigenen – war nichtsdestoweniger seit seiner frühen Jugend durch seine Intelligenz und seine herausragenden Fähigkeiten aufgefallen. Der König von Frankreich, Ludwig VI., der in seiner Jugend sein Mitschüler war, da er selbst an der Abteischule von Saint-Denis großgezogen wurde, hat ihn ausreichend geschätzt, um ihn zu seinem Berater zu machen. Suger ist genau wie Abaelard das, was wir einen Humanisten nennen würden. Seine Werke zeugen von einer umfangreichen Bildung sowohl im Bereich des Profanen wie des Heiligen; er ist ein hervorragender Dichter, ein Künstler, der aber auch von seinem Charakter her unerschrocken und Neuerungen gegenüber aufgeschlossen ist: Er wird dies unter Beweis stellen, wenn er als erster seiner Zeit für den Wiederaufbau seiner Abtei das Kreuzrippengewölbe benützt. Und diese architektonische Kühnheit kommt damals – im Verhältnis gesehen – jener gleich, die die Wiedererbauer der Kapelle von Ronchamp in unserer Zeit gezeigt haben, als sie sich an Le Corbusier wandten; es erübrigt sich, die Auswirkungen hervorzuheben: Diese Kühnheit bewirkt das Aufblühen der gotischen Kunst. Es stimmt zwar, daß die Interessen von Suger sich eher der Geschichte, der Architektur, der konkreten Verwirklichung zuneigen als der philosophischen Erörterung. Dennoch gibt es einen Punkt, in dem er sich mit Abaelard gut hätte vertragen können: die Reform von Saint-Denis, die sein Werk sein wird.

Denn die Abtei, in der der Meister Mönch geworden ist, gehört unbestreitbar zu jenen, die es damals nötig hatten, reformiert zu werden. »Sie war all den Wirren des weltlichen Lebens hingegeben. Der Abt stand allen anderen nur hinsichtlich der Zügellosigkeit und der Schändlichkeit seiner Sitten vor.«[72]

Dies trifft damals auf eine große Anzahl von Abteien zu; und der materielle Reichtum von Saint-Denis begünstigt noch den Verfall der Sitten. Im übrigen besteht das Leben und die Geschichte der Klöster während der ganzen Feudalzeit und bis zum 14. Jahrhundert aus diesen Reformbewegungen, die sie in regelmäßigen Abständen zu ihrem obersten Ziel zurückführen und durch die sie wieder zu sich selbst finden; als diese Bewegung aufhört, bedeutet das auch den Niedergang des klösterlichen Lebens, ein Niedergang, der während der ganzen klassischen Epoche des 17. –18. Jahrhunderts mehr oder weniger vollständig sein wird. In Saint-Denis war die Reform dringend geboten. Abaelard ist sich dessen bewußt und verkündet ihre Notwendigkeit: »Ich hatte mich mehr als einmal teils im vertrauten Kreis, teils öffentlich gegen diese schändlichen Ausschweifungen erhoben.«[73] Aber sein reformerischer Eifer stößt auf keinen Widerhall; er mußte seinen neuen Gefährten ein wenig blind, ja sogar anstößig erscheinen: Über eine so plötzlich geborene Tugend, die auf einen allgemein bekannten Skandal folgte, konnte man schon in Verwunderung geraten; und im übrigen war es für Abaelard, der von nun an selber gegen Versuchungen gefeit war, nur allzu leicht, andere ihrer Schwächen wegen zu beschuldigen! Ein recht verdächtiger Eifer war das bei diesem Mönch, der gestern noch durch seine Abenteuer in ganz Paris von sich reden machte: Würde man es zulassen, daß er Ordensleuten die Leviten liest, die viel länger als er im klösterlichen Leben standen?

In Wirklichkeit – die Folge seines Lebens wird es beweisen – tut sich im Reformbegehren Abaelards ein aufrichtiger Eifer, eine wahrhafte innere Sinnesänderung kund. Die schreckliche Prüfung, die er durchlitten hatte, hätte eine negative Rückwirkung – eine Verweigerung, eine Abkapselung – in ihm bewirken können. Nun, er hat die Prüfung auf sich genommen; und diese Hinnahme ist unmittelbar und vollständig. Mehr noch: Wenn er auch ohne Berufung ins Kloster eingetreten ist, so hat bei ihm das Gewand den Mönch gemacht.

Was auch immer du tust, sei's auch, daß du einem
Befehle gehorchst,
wenn du es tust, weil du es willst, sei sicher: Es wird dir
zum Nutzen gereichen.[74]

Diesen Leitsatz, den Abaelard mit unter jene geschrieben hat,
die er an seinen Sohn schickt, hat er sich zu eigen gemacht.
Hierin liegt seine Größe. Zu anderen Zeiten wird man ihn als
einen Vorkämpfer der geistigen Freiheit betrachten. Das ist
gerechtfertigt, denn er hat sich dieser Freiheit zuallererst
bedient, um die tragische Lage zu akzeptieren, in der er sich
befand. Man kann nicht umhin, hier an einen anderen,
ebenfalls berühmten und zur Zeit Abaelards stattfindenden
Sinneswandel zu denken: an den Thomas Beckets, des prunk-
vollen Kanzlers des Königs von England, der, als er durch die
Gunst seines Herrn zum Erzbischof von Canterbury ernannt
wird, augenblicklich ein ebenso frommer, armer und dem
Dienst Gottes ergebener Mann wird, wie er zuvor ein erfolg-
reicher, steinreicher und achtsamer Staatsmann im Dienst
des Königs gewesen war. Derartige Beispiele sind im übrigen
auf der Höhe jener Zeit, die das Absolute über alles stellt.
Aber wenn uns diese persönliche Wandlung Abaelards, die
für uns durch die Gesamtheit seines Lebens bewiesen wird,
nicht zweifelhaft erscheint, so gilt dies nicht für die Mönche,
die sein Eifer vor den Kopf stößt und stört. Seine Reformbe-
mühungen führen nur zu einem Mißerfolg; sonderbarerweise
wird die Reform wenig später stattfinden; sie wird das Werk
von Suger sein und dies unter dem Einfluß von Bernhard von
Clairvaux. Bernhard wird dort Erfolg haben, wo Abaelard
gescheitert war; und hier stehen sich zum ersten Mal zwei
Männer gegenüber, die später in ihrem Leben in dramati-
scher Weise aufeinanderprallen werden. Aber davon ahnt
noch keiner von beiden etwas, und Abaelard beschränkt sich
darauf, selbst eine negative Bilanz zu ziehen: »Ich hatte mich
bei allen verhaßt gemacht und war ihnen unerträglich geworden.«[75]
Ein Umstand allerdings befreit ihn aus der Bedrängnis: Er

104

greift seine Lehrtätigkeit wieder auf. »Kaum hatte ich mich«, führt er genauer aus, »von meiner Verletzung erholt, als die Kleriker in Menge herbeiströmten und sowohl meinen Abt wie mich selbst mit Bitten bestürmten: Ich solle das, was ich bisher aus Verlangen nach Geld oder Ruhm getan habe, jetzt aus Liebe zu Gott tun. Ich solle bedenken, daß Gott das Pfund, das er mir anvertraut, mit hohem Zins von mir zurückverlangen werde! Bisher habe ich mich fast nur mit Reichen abgegeben, jetzt solle ich mich der Erziehung der Armen widmen. Ich möchte erkennen, daß die Hand des Herrn mich vor allem deshalb geschlagen habe, damit ich desto unbehinderter, den Lockungen des Fleisches und dem unruhigen Treiben der Welt entrückt, der Wissenschaft leben und aus dem Philosophen der Welt der wahre Philosoph Gottes werden könne.«[76] Der wahre Philosoph Gottes... Der Ausdruck stammt nicht von Abaelard; man findet ihn oft in Texten aus dieser Zeit; der Philosoph Gottes ist damals der Mönch; das klösterliche Leben gilt als die *vera philosophia*, denn für die damaligen geistigen Meister kommt die Suche nach Weisheit der Suche nach Gott gleich; und dies ist das ausschließliche Ziel jener, die ins Kloster eingetreten sind. Der Begriff stellt implizit jene neue, auf die Liebe gegründete Weisheit der rein intellektuellen Weisheit des Altertums gegenüber. Unter der Feder Abaelards wird er einen neuen Sinn bekommen: Ist nicht sein Ehrgeiz, die zwei Weisheiten, die des Aristoteles und die des Paulus, in Einklang zu bringen? Als Philosoph aus Neigung, dazu bestimmt, Mönch zu sein, hat er verstanden, daß sein Geprüft-Sein ihm ein neues Programm eröffnete und daß hier seine eigentliche Berufung war: Er würde ein Philosoph Gottes sein.

Manche sagen, alles hänge vom Zufall ab;
doch offenbar hat alles Gott verfügt.
Wenn du erkennst, daß ein Ereignis nicht von uns'rem freien Willen abhängig gewesen,
so heißt's, daß es vom frei'ren Willen Gottes abhängig gewesen.

Zu Unrecht urteilst du, daß etwas ist gescheh'n zu
Unrecht,
die höchste Vernunft des einen Gotts steht allen Dingen
vor.
Was dem Gerechten auch mag widerfahr'n, in ihm
erregt's nicht Zorn:
Er sieht, da Gott es hat verfügt, daß alles war sehr gut.[77]

So drückt er zum Nutzen seines Sohnes jene Weisheitsregel
aus, die er an sich selbst und auf schmerzliche Weise erprobt
hat.

In Saint-Denis warteten die Mönche und der Abt nur auf
einen Vorwand, um sich dieses unerträglichen Sittenrichters
zu entledigen, und »dies sosehr, daß sie, entzückt über die
täglich wiederholten inständigen Bitten meiner Schüler, die
Gelegenheit nützten, mich loszuwerden. Da die Schüler mir
unaufhörlich zusetzten, gab ich dem Eingreifen des Abtes
und der Brüder nach und zog mich in ein Priorat zurück, um
meine gewohnte Lehrtätigkeit wieder aufzunehmen.«[78] Und
im Handumdrehen formiert sich der begeisterte Kreis der
Zuhörer aufs neue. Das Priorat, um das es geht, befindet sich
in Maisoncelles-en-Brie. In unseren Tagen wäre schwer vorstellbar, daß ein angesehener Professor sich in Maisoncelles-
en-Brie niederläßt und man Menschenmengen dorthin strömen sieht; aber man muß unsere gewohnheitsmäßige Neigung zur Zentralisierung mitbedenken, die, wie wir in bezug
auf Abaelard schon mehrere Male festzustellen Gelegenheit
hatten, zu jener Zeit in keiner Weise vorhanden war. Maisoncelles-en-Brie liegt im übrigen nahe bei Provins – einer
blühenden Stadt, die ihrer berühmten Jahrmärkte wegen
zweimal im Jahr, im Mai und im September, zu einem der
wirtschaftlich wichtigsten Zentren des Abendlandes wurde.
Die Kundschaft des Händlers ist nicht dieselbe wie die des
Klerikers, aber die Studenten kamen trotzdem angelaufen.
»Hier strömte nun eine solche Menge von Schülern zusammen, daß es ebenso an Raum, sie zu beherbergen, wie an
Ackerland, sie zu ernähren, fehlte.«[79]

Damals eröffnet sich der fruchtbarste Zeitabschnitt im Leben Abaelards, jener, in dem er seine Methode ausarbeitet und seine wichtigsten Werke verfaßt. Er selbst erklärt uns, wie er das neue Programm, das er sich gegeben hat, erfüllen und seiner Berufung als »Philosoph Gottes« gerecht werden will: »Ich widmete mich ganz besonders dem Unterricht der Heiligen Wissenschaft. Gleichwohl gab ich die Unterweisung in den weltlichen Künsten nicht ganz auf; in ihnen war ich am besten bewandert und um ihretwillen suchte man mich auf... Da es nun aber ersichtlich wurde, daß Gott mich mit heiliger wie mit weltlicher Wissenschaft in gleicher Weise begabt hatte, so vermehrte sich die Zahl meiner Zuhörer in beiden Fächern bald, während die Schulen der anderen Meister sich entvölkerten.«[80] Wie man sieht, haben die Schicksalsschläge sein herrliches Selbstvertrauen, das im übrigen durch das nicht weniger begeisterungsvolle Vertrauen seiner Zuhörerschaft gerechtfertigt erscheint, nicht erschüttert. Eine bedeutungsvolle Einzelheit zeigt den Einfluß, den er auf das Lehrwesen ausüben wird, und der, gemäß einem seiner Leitsprüche, dazu bestimmt ist, ihn zu überleben, seinen Ruhm also über sein Leben hinaus zu verlängern:

Über den Tod hinaus lebt der Ruhm des Wissenden,
Und die Philosophie ist mächt'ger als der Tod.[81]

In der Tat hatte man den Begriff der *Theologie*, der inzwischen üblicherweise auf die systematische Dogmenlehre und, allgemein, auf die Heilige Wissenschaft hinweist, vor ihm nur gebraucht, um damit die heidnischen Religionen im Sinn der antiken Schriftsteller zu bezeichnen; um von der Wissenschaft von Gott zu sprechen, sagte man Heilige Schrift, *sacra pagina*, oder, wenn man genauer auf die Lehre selbst anspielte, auch *lectio divina*. Die Übernahme dieses Begriffs, der dazu bestimmt ist, im religiösen Wortschatz die Bedeutung zu bekommen, die heute jeder kennt, ist somit, wie es scheint, dem persönlichen Einfluß Abaelards zuzuschreiben; und es ist nicht uninteressant festzustellen, daß sich dieser Begriff einerseits mit der Antike verband und andererseits alles bezeichnen wird, was im folgenden Jahrhundert den ureigensten Gegenstand der Scholastik ausmachen sollte. Der Gebrauch des Begriffs *Theologie* kennzeichnet somit in der Entwicklung des religiösen Lebens und Denkens einen Abschnitt von größter Wichtigkeit. Was zur Zeit Abaelards, wie in den ersten christlichen Jahrhunderten, Gewicht hat, ist die Kenntnis der Heiligen Schrift selbst. Die gedankliche und um Synthese bemühte Anstrengung der christlichen Gelehrten bestand im 12. Jahrhundert genauso wie zu den Zeiten der Kirchenväter darin, die Heilige Schrift eingehend zu erforschen, sei es, um lehrliche Reichtümer aus ihr herauszuziehen, oder sei es auch, um ihr die für die Verteidigung des Glaubens geeigneten Argumente zu entnehmen. Zur Zeit Abaelards ist die Mehrzahl der Predigten und verschiedenen Werke der geistigen Meister der Auslegung der Heiligen Schriften gewidmet.[82] Das ganze Leben der Gläubigen nährt sich damals von der Bibel, und dies vom berühmtesten Lehrer der Kirche bis zum einfachsten Bauern, der sie kennt, weil er bei den Gottesdiensten seiner Pfarre aus ihr lesen und singen hört oder weil sie in den Predigten und Homilien kommentiert wird; dies geht so weit, dieser häufige Umgang mit der Bibel ist in den Sitten so verankert, daß Lesenlernen zu jener Zeit bedeutet, den Psalter zu »lernen«; wenn man den jüngsten Studien zu diesem Thema glaubt, bestand die Bemühung des Schülers darin, die Buchstaben und die Wörter des Psalters, den er vorher auf mündlichem Weg und vor allem singend gelernt hatte, zu erkennen und zu buchstabieren. Das Latein der Bibel ist damals eine recht vertraute Sprache, denn im täglichen Umgang werden die Psalmen, zumindest die gebräuchlichsten, lateinisch gesungen. In diesem Bereich, wie in dem der weltlichen Dichtung, beginnt sich zur Zeit Abaelards die Volkssprache durchzusetzen, und man wird bald die Bibel übersetzen und in der Alltagssprache kommentieren; die Manuskripte unserer Bibliotheken bezeugen für uns noch die große Zahl von – manchmal in mnemotechnischen Versen verfaßten – französischen Bibeln.

108

Nun gehört Abaelard zu denen, die dazu beitragen werden, die heilige Wissenschaft wie ein systematisches Exposé von Doktrinen mit Begriffsbestimmungen und Beweisführungen darzustellen: daraus werden die theologischen »Summae« des folgenden Jahrhunderts. Und eben dies wird man, was ihm zu verdanken ist, von nun an mit jenem Begriff der Theologie bezeichnen: eine Darstellung der Doktrin. Nach und nach wird man der Theologie bei der religiösen Unterweisung mehr Gewicht einräumen als der Heiligen Schrift. Und man wird – um in Kurzform eine Entwicklung aufzuzeigen, die sich über Jahrhunderte erstreckt und viele Abwandlungen gekannt hat – dort, wo man früher mit dem Lernen der Psalmen begann, einen Katechismus, eine Gesamtheit von Fragen und Antworten studieren, was, wie man sich denken kann, enorme Veränderungen in der Denkweise und der Art der Frömmigkeit nach sich zieht; denn für den Erwachsenen wie für das Kind macht es einen großen Unterschied, ob sie zu wiederholen gelernt haben: »Gott ist ein allmächtiges Wesen«, oder ob sie zunächst, sich an Gott wendend, zu sagen gelernt haben: »Du bist mein Fels.« Die Bemühung Abaelards, wie man sie durch seine nacheinander geschriebenen Arbeiten verfolgen kann, markiert den Beginn jener systematischen Exposés, die im 13. Jahrhundert blühen werden. Man sieht in ihm den »Vater der Scholastik«. Eine Gesamtheit von klaren und verständlichen Definitionen aufzustellen, ist das Ziel seines Lehrens. »Ich arbeitete eine *Abhandlung über die göttliche Einheit und Dreiheit* für meine Schüler aus, die über dieses Thema rein menschlich-philosophische Vernunftschlüsse verlangten und die Beweisführungen und nicht Worte brauchten.«[63] Dieses erste Werk *Von der göttlichen Einheit und Dreiheit* wird um Abaelard die ersten Stürme auslösen: Unruhen, Verdächtigungen, Mißverständnisse aller Art, die, sagen wir es ruhig, erst heute zerstreut worden sind, nachdem man das Denken Abaelards aus dem zeitlichen Abstand heraus klar analysiert hat. Die Art seiner Darstellung – der er beifügt: »Man kann nur glauben, was man verstanden hat« – wurde zwischenzeitlich als Programm eines reinen Rationalismus, ja sogar als Freidenkertum angesehen, was, wie noch deutlich werden wird, weit davon entfernt ist, mit den Absichten des Meisters übereinzustimmen. Dieses Werk enthält, zumindest im Keim, die ganze Philosophie Abaelards: alles, was in den Augen der Zeitgenossen Anlaß zum Ärgernis sein, alles, was in den Augen der folgenden Generationen seine Originalität ausmachen wird; es ist deshalb unerläßlich, dabei ein wenig zu verweilen, wenngleich der Gegenstand auch einigermaßen trocken erscheinen mag.

Warum ist dieses erste Werk überhaupt der Trinität gewidmet? Es scheint, daß dies für die Geschichtswissenschaftler des 19. Jahrhunderts, die Abaelard als Rationalisten, als Freidenker darstellten, der sich in seine Zeit verirrt hatte, eine Schwierigkeit war; denn man würde in diesem Werk, dem *Tractatus de Unitate et Trinitate divina*,[84] vergebens nach dem leisesten Anzeichen einer Verneinung des Dogmas der Trinität oder auch nur einer Skepsis gegenüber ihm suchen. Die Absicht Abaelards besteht ganz im Gegenteil darin, zum Nutzen seiner Schüler so klar wie möglich zu begründen, daß Gott Einer in drei Personen ist. Sein Ansatz ist der eines aufrichtigen Gläubigen, der sich gedanklich damit beschäftigt, den Gegenstand des Glaubens darzulegen, nicht, ihn in Zweifel zu ziehen, und noch weniger, ihn zu zerstören. Übrigens offenbart die Tatsache, daß dieses erste Werk der Dreifaltigkeit gewidmet ist, wie sehr die Hauptbemühungen Abaelards genau die seines Jahrhunderts sind, denn es ist verblüffend, mit welchem Feuereifer das zentrale Dogma des Christentums damals erforscht und untersucht wird. Diese Frage, die Augustinus an den Küsten Ostias umtrieb, die, früher noch, der Anlaß für die Zusammenkunft in Nicäa, des ersten ökumenischen Konzils der Geschichte war und über die sich die Stimmen der allerersten Lehrer der Kirche, eines Athanasius, eines Hilarius von Poitiers, vernehmen ließen, steht – bei den Philosophen genauso wie bei den Mystikern – zur Zeit Abaelards direkt im Mittelpunkt der Studien, der

Überlegungen, der Betrachtungen. Es wäre endlos, wollte man die Abhandlungen und die Predigten aufzählen, die im 12. Jahrhundert der Dreifaltigkeit gewidmet waren: Auf die der Meister des vorhergehenden Jahrhunderts, wie Fulbert von Chartres oder Petrus Damiani, folgten, neben vielen anderen, die von Anselm von Canterbury, Anselm von Laon, Wilhelm von Saint-Thierry, Rupert von Deutz, Honorius von Autun, Gilbert de la Porrée und vor allem die der Meister der Schule von St.-Viktor, Hugo und Richard; in der Tat gibt es kaum eine geistige Schrift, die – gleichgültig, über welchen Umweg – die Frage nicht aufgreift.

Diese Überfülle von Schriften ist ein Hinweis darauf, wie sehr die Religion der Zeit auf dieses Mysterium ausgerichtet ist, und dies wird sogar in den Einzelheiten des täglichen Lebens spürbar. Ist es damals nicht üblich, daß sich am Anfang der königlichen Urkunden bis hin zu den einfachsten notariellen Akten die Formel »Im Namen der heiligen und unteilbaren Dreifaltigkeit« findet? Dies sagt genug darüber aus, für wie wesentlich man dieses Problem im christlichen Leben hält, das den Denker in seinem Tun genauso wie den Gläubigen in seiner Frömmigkeit in seinen Bann zieht. In der Welt der Schulen ist es der bevorzugte Gegenstand der Streitgespräche und des Unterrichts. Die Terminologie, die man damals in bezug auf die Dreifaltigkeit benützt, bleibt ein wenig ungenau: Man spricht von Person, von Substanz oder, wenn man griechische Begriffe gebraucht, von Hypostase oder Usia; im folgenden Jahrhundert wird diese Forschungsbemühung zu einer Darstellung des Mysteriums in Begriffen führen, die man wird anerkennen müssen, wenn man nicht als Häretiker gelten will. Das 12. Jahrhundert ist von größtem Wetteifer, von einer erstaunlichen Inbrunst in der Suche gekennzeichnet; Konzile treten zusammen, die Bischöfe, die Äbte schreiben oder treffen sich, um eine Lehre zu beurteilen, die ihnen verdächtig erscheint; Zusammenkünfte und Streitgespräche folgen aufeinander, Zustimmung oder Verurteilung ergeben sich daraus, denn überall, wo eine Suche nach Wahrheit offenbar wird, ist die Gefahr des Irrtums unvermeidlich.

Heutzutage kann das alles wie unangebrachte Haarspalterei wirken; wenn man aber ein tieferes Verständnis der damaligen Zeit gewinnt, stellt man tatsächlich fest, daß diese Frage der Dreifaltigkeit in für uns unerwartetes Gelände mündet. In den Werken zum Beispiel, die aus jenem Kloster St.-Viktor hervorgegangen sind, das einen so tiefen Einfluß auf seine Zeit ausübt, wird das trinitarische Leben, die Beziehung der drei Göttlichen Personen untereinander auf solche Art abgehandelt, daß jeder Gläubige – und praktisch ist damals jeder gläubig – sich als darin einbezogen versteht. Wenn ein Richard von St.-Viktor von der Trinität spricht, bringt er gerade die Vorstellung von der Person im menschlichen Sinn des Begriffs und die Vorstellung von der Liebe ins Spiel. Wie für den Großteil der Denker seiner Zeit ist für ihn Gott Einer, aber die Einheit wird nicht in einer »monarchischen« Weise empfunden; denn Gott ist Drei; und Eins ist er dadurch, daß er Liebe ist: eine Liebe, die aus einem unaufhörlichen Austausch in völliger Gleichheit, aus einem vollkommenen Einssein besteht. So hat der Gläubige, wenn er an Gott denkt, nicht die statische Vorstellung eines Höchsten Wesens, sondern die dynamische Vision einer Bewegung der Liebe.

Ein Richard von St.-Viktor gründet seinen Glauben an die Trinität auf eine Erfordernis der tiefen Natur der Liebe: »Der wesentliche Bestandteil der wirklichen Nächstenliebe besteht nicht nur darin, den anderen wie sich selbst zu lieben und von ihm auf dieselbe Weise geliebt zu werden, sondern zu wollen, daß der andere so geliebt werde, wie man selbst es wird«; so ist die wirkliche Liebe erst im Wunsch vollkommen, diese Liebe geteilt zu sehen; und die vollendete Liebe erfordert die Dritte Person, »deren gleiche Teilnahme an der Liebe und an der Freude der beiden anderen eine Erfordernis derselben, zu ihrer Vollendung gebrachten Liebe ist«. Um die Grundeinstellung dieser Zeit deutlich zu machen, sei hinzugefügt, daß gerade die Schönheit dieser Vorstellung damals – jedenfalls fast – als Beweis für die Wahrheit dieser Doktrin betrachtet wird – jener Vorstellung, die in dem abso-

112

luten Wert der Liebe gründet, die eine Pluralität der Personen erfordert. Für einen Richard von St.-Viktor ist eine derartige Schau Gottes »zu schön, um nicht wahr zu sein.«[85] Für Gott ist also Sein gleich Lieben. Der Mensch nun wird von diesem Austausch der Liebe herausgefordert. Man ist damals nicht der Auffassung, daß die göttliche Liebe sich gegenüber dem Menschen auf autoritäre Weise offenbaren könnte, indem sie ihn zwingt zu »lieben«, oder auf paternalistische Weise, indem sie einen Sturzbach der Liebe über ihn ausschüttet; sondern diese Liebe lädt den Menschen im Gegenteil dazu ein, am Kreis der Dreifaltigkeit teilzuhaben, folglich in sich selbst »das Ebenbild Gottes« wiederzufinden. Eben so stellt man sich die Beziehung Gottes zum Menschen vor; und sie spiegelt sich unfehlbar vom Heiligen bis zum Profansten wider. Seignobos sagte dazu: »Die Liebe, diese Erfindung des 12. Jahrhunderts...« In einer Epoche, in der die Liturgie das ganze Leben durchdringt und jeder über die Liturgie als geistige Strömung das aufnimmt, was die geistigen Meister im wesentlichen beschäftigt, überrascht es nicht, daß diese Strömung in die verschiedenen Formen des Ausdrucks – in die Kunst und Poesie der Zeit – einfließt. Wenn man diesen Hintergrund kennt, wenn man die Inbrunst feststellt, mit der Mystiker und Theologen sich über das *Hohelied* beugen und diese Suche der Seele, das heißt der Braut, durch den göttlichen Bräutigam, das heißt Christus, deutlich hervorheben, dann ist man kaum erstaunt, wenn man in der Literatur die höfische Liebe blühen sieht. Jede Epoche ist in dieser Weise innerlich mit dem verbunden, was den Wesenskern ihrer Philosophie ausmacht; der Beweis dafür erübrigt sich in einer Zeit wie der unseren, wo man kaum eine Schrift findet, selbst wenn sie rein literarisch ist, die nicht von dieser oder jener Strömung philosophischer Ideen – Marxismus, Existentialismus, etc. – beeinflußt worden wäre. Im 12. Jahrhundert könnte man leicht die ekstatische Liebe des Richard von St.-Viktor in eine Gleichung bringen mit der *Vreude* der Troubadoure oder mit den verschiedenen Auffassungen der

113

profanen Liebe, so wie sie im *Traktat über die Liebe* (Traité de l'amour) des André Chapelain dargestellt oder in den Ritterromanen in Szene gesetzt werden. Man muß die Geschichte Abaelards wieder vor diesem Hintergrund sehen lernen, wenn man sie verstehen will. Sie wird in ihrer paradoxen Intensität nur sichtbar, wenn man in ihm einen Zeitgenossen der berühmtesten Vertreter jener Theologie der ekstatischen Liebe und namentlich der Meister von St.-Viktor erkennt. Hugo stirbt ein Jahr vor ihm, Richard dreißig Jahre später: Das heißt also, daß diese ganze Schule der viktorinischen Meister genau im Zentrum jener Zeit liegt, in der das Abaelardsche Denken Gestalt annimmt. Und das Paradox liegt darin, daß Abaelard – für uns – zuallererst der Held einer Liebesgeschichte ist, während er seiner Zeit zunächst als Philosoph erscheint.

Wenn die Lage Abaelards in unseren Augen auch paradox ist, in denen seiner Zeitgenossen ist sie äußerst kritisch. Er nimmt ein Thema in Angriff, das in seiner Zeit *das* Thema schlechthin ist, das die Meister erläutern und das in den damals sehr zahlreichen und häufig zusammenkommenden örtlichen Konzilien besprochen wird; und er macht sich nicht nur als Meister der Heiligen Wissenschaften, als »Theologe« – um den Begriff, seinem Beispiel folgend, aufzugreifen – daran, sondern auch als Dialektiker, als Meister in der Kunst der Schlußfolgerung. Wie wir gesehen haben, hat er selbst diese zweifache Qualität klar herausgestellt, die in seinen Augen den Wert und die Bedeutung seiner Lehre ausmacht. Dies ist im übrigen keine völlige Neuheit. Andere haben es mit wechselndem Glück vor ihm getan; und wenn damals die Frage der Universalien die schulische Welt leidenschaftlich erregt, so sicherlich deshalb, weil sich diese rein dialektische Frage auf das Problem der Trinität selbst auswirkt. Als Abaelard mit Wilhelm von Champeaux diskutierte und seinen Meister durch seine Argumente zwang, zweimal die Doktrin abzuändern, die er lehrte, so war dies keineswegs einfache philosophische Herummäkelei: der Schüler wie der Meister spürten die ganze Bedeutung der eingenommenen Standpunkte eben wegen ihrer Auswirkung auf die religiöse Ebene. Wenn die Universalien nicht existieren, wenn sie lediglich einfache Wörter sind, wenn es zwischen den einzelnen Menschen keinerlei Element der Identität gibt, wenn man in aller Wahrhaftigkeit nur von »den Menschen« sprechen kann, ohne irgendeine Art sie verbindender Wirklichkeit zu erfassen, die nicht nur ein simples Wort – »Menschheit« – ist, kann man dann in der Einheit Gottes etwas anderes als nur ein Wort sehen? Das Dogma der Trinität erscheint dem nachdenkenden Gläubigen wie ein Tritheismus: drei Götter, drei unterschiedliche Personen, die aber nicht ihrer Natur nach Eins sein können, gemäß diesem Einssein, das der eigentliche Gegenstand der biblischen Offenbarung ist.

Dadurch, daß Abaelard sein Werk schrieb, schaltete er sich in eine schon alte Auseinandersetzung ein, in deren Verlauf sich Berengar von Tours und sein einsiger Meister Roscelin nacheinander die Verdammung eingehandelt hatten. Gegen letzteren hatte Anselm von Canterbury eine Darstellung des Problems geliefert:»Ketzer«, hatte er ausgerufen,»sind jene Dialektiker, die denken, daß die Universalien nur einfache Wörter sind..., deren Vernunft derart von ihren körperlichen Vorstellungen beherrscht ist, daß sie nicht über diese hinausschreiten kann und nicht fähig ist, das zu erkennen, was einzig sie in reiner Weise schauen kann... Jener, der nicht verstanden hat, wie mehrere einzelne Menschen durch die Art ein einziger Mensch sind, wie wird er verstehen, daß es in dieser so geheimnisvollen Natur mehrere Personen gibt, daß jede vollkommen Gott ist, daß sie ein einziger Gott sind?«[86] Und so führt er seine Beweisführung mit verschiedenen Beispielen fort: Wenn man nicht verstehen kann, daß die Farbe eines Pferdes etwas vom Pferd selbst Verschiedenes sein, daß die Mauer als etwas anderes als das Haus betrachtet werden könne, etc.

Abaelard wird nun aus demselben Denkansatz heraus Stel-

115

lung gegen seinen einstigen Meister Roscelin beziehen. An einem schwer festzulegenden Datum, aber sicher vor dem Konzil von Soissons von 1121, sieht man ihn einen Brief an Gilbert, den Bischof von Paris, schicken, in dem er sich als Opfer der Angriffe und der unehrenhaften Machenschaften jenes Mannes darstellt, den er nicht nennt, aber der, wie er sagt, hinlänglich erkennbar ist, da er genug durch den schlechten Ruf seiner Lebensführung und durch seine Untreue auf sich aufmerksam gemacht hat. Er schreibt:

Einige unserer Schüler sind gekommen, um uns zu berichten, daß dieser alte Feind des katholischen Glaubens, dessen verabscheuungswürdige Lehre, nach der es drei Götter geben soll, durch die [im Jahr 1093] beim Konzil von Soissons versammelten Väter als Häresie erwiesen worden ist..., auf mich wegen einer Schrift Gift und Galle spuckt, die von uns über den Glauben an die Heilige Dreifaltigkeit verfaßt und die hauptsächlich gegen die Irrlehre geschrieben worden ist, deren er sich schuldig gemacht hat. Einer unserer Schüler hat uns außerdem wissen lassen..., daß jener Eure Rückkehr erwarten würde, um Euch meine Irrlehren anzuzeigen, die ich in dieser kleinen Schrift dargelegt haben soll; und er würde genauso versuchen, Euch gegen mich einzunehmen, wie er sich Mühe gibt, dies mit aller Welt zu tun. Wenn dem so ist..., ersuchen wir Euch alle, die Vorkämpfer des Herrn und Verteidiger des Glaubens, einen passenden Ort und Platz zu bestimmen, um mich zur selben Zeit wie ihn dorthin zu laden, damit vor empfehlungswürdigen und katholischen Personen, die Ihr ausgewählt haben würdet, zu hören sei, was er mir heimlich und hinter meinem Rücken vorwirft, und damit dies ihrem aufgeklärten Urteil unterworfen sei, [so daß man] entweder [wisse], ob er mich zu Unrecht mit einer solchen Anklage belastet, oder ob ich es bin, der schuldig ist, derartige Dinge zu schreiben gewagt zu haben.[87]

Seltsam ist, daß Abaelard in jenem *Brief an einen Freund*, der in Wirklichkeit die Geschichte seines Lebens ist, kein Wort über den Schritt, den er hier unternimmt, und über diese Fehde mit Roscelin sagt. Er erklärt lediglich, daß die anderen Meister sahen, wie sich ihre Schulen leerten, »was ihren Neid

und ihre Feindschaft gegen mich erregte«. »Alle«, fügt er
hinzu, »bemühten sich darum, mich zu verunglimpfen, aber
vor allem zwei machten sich meine Entferntheit zunutze, um
gegen mich vorzubringen, daß nichts dem Ziel des klösterlichen Gelübdes mehr entgegengesetzt sei, als beim Studium
weltlicher Bücher haltzumachen, und daß ich es mir anma-
ßen würde, einen Lehrstuhl der Theologie ohne die Mitwir-
kung eines Theologen zu besteigen. Sie wollten erreichen,
daß mir die Ausübung jeglicher Lehrtätigkeit verboten
würde, und sie drängten die Bischöfe, die Erzbischöfe, die
Äbte, mit einem Wort all die Personen, die einen Namen in
der kirchlichen Hierarchie hatten, unablässig in diese Richtung«.[88] Ein wenig später benennt er die zwei Gestalten, die
darauf versessen sind, ihn zugrunde zu richten, nämlich seine
zwei Rivalen von früher: Alberich von Reims und Lotulf, den
Lombarden. Von Roscelin ist nicht die Rede.

Es ist jedoch klar, daß Abaelard im vorliegenden Fall das
Feuer eröffnet; und sein Brief wird um so verständlicher,
wenn man weiß, daß der Inhalt seiner Abhandlung in der Tat
den Nominalismus Roscelins angreift. Durch das berühmte
Argument der Mauer und des Hauses, das Abaelard in seinen
späteren Werken übernehmen und entwickeln wird, kann
man sich eine Idee vom Gegenstand ihrer Auseinandersetzungen machen: Für Roscelin sind die Teile eines Ganzen,
wie die Arten, lediglich Wörter. So ist die Mauer nur ein Wort,
da das Haus selbst nichts anderes ist als Mauer, Dach und
Fundament. Abaelard widerlegt ihn, indem er aufzeigt, daß,
»wenn man sagt, das Haus sei Mauer, Dach und Fundament,
dies nicht bedeute, daß es jeder von diesen Teilen für sich
genommen sei, sondern daß es alle drei vereint und zusammen genommen sei... So existiert jeder Teil, bevor er das
Ganze bildet, in dem er enthalten sein wird.« Und dann
entwickelt Abaelard sein eigenständiges System, dem man
später den Namen Konzeptualismus gegeben hat und das aus
der Art und der Gattung einen zusammenfassenden Begriff
macht, den die Vernunft durch Vergleich und Abstraktion zu
bilden fähig ist; die Menschheit, die menschliche Art zum

Beispiel, faßt eine Menge einander gleichartiger Einzelwesen zusammen:»Diese ganze Menge nennen die philosophischen Autoritäten, obwohl sie wesensmäßig vielfach ist, eine Art, ein Universale, ein Wesen, genau wie ein Volk, obwohl es aus mehreren Personen zusammengesetzt ist, *ein* Volk genannt wird... Die Menschheit, die die Wesenheiten der verschiedenen Einzelmenschen einbegreift, wird in einer einzigen und gleichen Konzeption, in einem und demselben Wesen zusammengefaßt.«[89] Anders gesagt kann der Geist durch sein Abstraktionsvermögen herausschälen, was es an Allgemeinem im Besonderen gibt. Diese Lehre hat Abaelard insbesondere im Verlauf seiner Streitgespräche mit Wilhelm von Champeaux erarbeitet, und er hat sie in seinen Werken dargestellt: zunächst in der *Abhandlung über die Göttliche Einheit und Dreiheit*, die hier zur Debatte stand, dann in den Werken, in denen er den Inhalt dieser Abhandlung aufgegriffen und weiter vertieft hat, insbesondere in der *Einführung in die Theologie* und in der *Christlichen Theologie* sowie in der *Dialektik*, die er für seine Neffen, die Söhne seines Bruders Dagobert, schrieb und mehrmals überarbeitete.[90]

In diesem Jahr 1121 kann man, wie es scheint, die Tatsachen folgendermaßen rekonstruieren: Abaelard weiß, daß er der Gegenstand von Angriffen ist, die von mehreren Seiten auf ihn zukommen, und dies sowohl wegen des Erfolgs seiner Lehrtätigkeit, als auch wegen der in seinem Werk verfochtenen Thesen. Diese Thesen wecken eben durch die Tatsache, daß sie eine eigenständige Lösung für das Problem der Universalien empfehlen, das Mißtrauen der kirchlichen Autoritäten, die einem Problem gegenüber empfindlich geworden sind, das, wie man gesehen hat, schon der Gegenstand alter Streitigkeiten war und das vor allem den Zorn der Anhänger jeder der sich feindlich gegenüberstehenden Schulen erregt, also den Zorn der Realisten – der Schüler von Wilhelm von Champeaux – und den der Nominalisten – vor allem den des alten Roscelin, der zweifellos nahe daran ist, diese Art eines ehemaligen Schülers, einen Gedanken zu widerlegen, mit dem er ihn genährt hat, als Verrat zu betrachten. Man darf glauben, daß von allen, die ihn solchermaßen angreifen, Roscelin der Gehässigste ist. Auf jeden Fall ist er es, gegen den Abaelard sich verteidigen zu müssen glaubt; aus diesem Grund hält dieser es für geschickt, ihm zuvorzukommen und die Offensive zu eröffnen, indem er selbst Roscelin vor den Bischof von Paris lädt.

Man erkennt hier wieder den jungen Strategen, der sein Lager auf dem Berg der heiligen Genoveva wie auf einer Anhöhe errichtete, von der aus er den Feind überwachen konnte. In Abaelard gibt es im übrigen eine Art versteckter Aggressivität, die uns namentlich der *Brief an einen Freund* enthüllt, und auch einen Hang zur Berechnung: Ob es darum geht, eine Schule zu eröffnen oder darum, in das Privatleben Fulberts einzudringen, er geht nach Art eines Schachspielers vor, der seine Bauern so aufstellt, daß er den Gegner zu dem falschen Schritt bringt, der es ihm selbst zu siegen erlaubt. Sein Brief an den Bischof von Paris stellt sehr wahrscheinlich ein Manöver dieser Art dar. Abaelard, der das Gefühl hat, in den Augen der kirchlichen Autoritäten verdächtig zu sein, kommt allen zuvor, und dabei ist es seinerseits geschickt, ein derart verdächtiges Individuum wie Roscelin anzugreifen, dessen offenkundig ketzerische Philosophie als solche verdammt worden ist, und der mit einem schlechten Ruf behaftet ist. Er versäumt übrigens nicht, die Schwächen seines alten Meisters bloßzustellen:»Dieser Mensch hat es gewagt, einen verleumderischen Brief gegen den hervorragenden Herold Christi, Robert von Arbrissel, zu schreiben, und er machte sich bei dem Erzbischof von Canterbury, Anselm, diesem großartigen Lehrer der Kirche, so verhaßt, daß er, der Schamlose, der sich zum König von England geflüchtet hatte, schändlich des Landes verwiesen wurde; um ein Haar hätte er dort das Leben verloren. Er will nur einen Kameraden in der Schande haben, damit er sich seiner eigenen Schande tröste, indem er die guter Leute ansieht.«

119

Die Antwort ließ nicht auf sich warten. Sie sollte nieder-
schmetternd sein; nicht genug damit, daß Abaelard die gewünschte Konfrontation nicht erreichte, sondern Roscelin
antwortete auf seinen Brief auch noch mit einer langen Epistel, von der man lediglich einige Stellen zu zitieren braucht,
um den Ton deutlich zu machen: »Du hast Briefe verschickt,
die voller Angriffe gegen mich sind und die wie der Unrat
stinken, mit dem sie angefüllt sind, Briefe, in denen du meine
Person als mit vielfältigen Schandmalen, ähnlich den Haut-
geschwüren eines Leprakranken, befleckt schilderst... Es ist
nichts Erstaunliches daran, wenn du dich in schmählichen
Sätzen gegen die Kirche ergehst, du, der du dich so offensichtlich durch deine Lebensart als Gegner der Kirche offenbart
hast. Und es ist wahr: Wir haben entschieden, dir deine
Anmaßung zu verzeihen, denn du handelst nicht als besonne-
nes Wesen, sondern beherrscht von der unermeßlichen
Größe deines Schmerzes; wie der Schaden unheilbar ist, der
deinem Körper angetan wurde, für den du so leidest, genauso
ist der Schmerz untröstbar, der dich treibt, dich mir entgegen-
zustellen.« Es folgt eine unmöglich zu zitierende Passage, die
aus grauenhaften Wortspielen und obszönen Vergleichen mit
dem Stachel der Biene und der Zunge der Schlange besteht.
Roscelin geht dann dazu über, jeden der Punkte im Brief
Abaelards zu besprechen. Sichtlich nicht ohne eine gewisse
Unsicherheit verteidigt er sich, einst Robert von Arbrissel und
Anselm von Canterbury angegriffen zu haben, und er prote-
stiert heftig gegen eine Beschuldigung der Ketzerei, von der er
behauptet, seit langem reingewaschen zu sein:

Niemals habe ich meinen eigenen Irrtum oder den eines anderen
verteidigt; ganz im Gegenteil steht außer Zweifel, daß ich nie
ketzerisch gewesen bin; da du in deinem schmutzigen Geist und
wie wenn du deine Worte gegen mich ausspeien würdest, hast
laut werden lassen, daß ich ehrlos und beim Konzil verurteilt
worden sei, werde ich durch die Zeugenschaft jener Kirchen, bei
und unter denen ich geboren und erzogen und unterwiesen
worden bin, beweisen, daß dies falsch ist; und da du ja, obwohl
du von dort weggegangen bist, Mönch von Saint-Denis zu sein

scheinst, werde ich dorthin kommen, um mich mit dir zu messen; und habe keine Angst, du wirst von meiner Ankunft in Kenntnis gesetzt werden, denn tatsächlich wird es dein Abt sein, der mich dir ankündigt, und ich werde dort auf dich warten, solange es dir beliebt. Und falls du dich – was du nicht zu tun verfehlen wirst – als ungehorsam gegenüber deinem Abt erweist, dann werde ich dich überall, wo immer du dich auf Erden verstecken magst, zu suchen und zu finden wissen. Und wie ist es möglich, daß du erzählst, daß ich von der ganzen Welt verstoßen worden sei, da doch Rom, das Haupt der Welt, mich gerne empfängt, mir noch lieber zuhört und, nachdem es mich gehört hat, meinen Ansichten sehr gern folgt? Und die Kirche von Tours, und die von Loches, wo du, der Geringste meiner Schüler, dich zu meinen Füßen, den Füßen deines Meisters, niedergelassen hast, und die Kirche von Besançon, in der ich Kanoniker bin, sind sie außerhalb der Welt angesiedelt, sie, die sie mich alle verehren und empfangen und die, in ihrem Wunsch zu lernen, mit Freuden annehmen, was ich sage? ...

Einen langen Abschnitt des Briefes widmet er dann dem Versuch, zu beweisen, daß seine Lehre über die Dreifaltigkeit keineswegs häretisch ist, daß der Verdacht der Ketzerei nur auf Begriffsverwirrungen beruhte. Worauf der hartnäckige Greis mit noch mehr Verbissenheit auf die Geschichte Abaelards zurückkommt, eine, so sagt er, »von Dan bis Beerseba« bekannte Geschichte, von der er aber nichtsdestoweniger unermüdlich die schlimmsten Einzelheiten in Erinnerung ruft, um den Wert der Sinnesänderung Abaelards und seines Eintritts ins Kloster in Zweifel zu ziehen. »Da ich es von denen, die deine Mitbrüder sind, gehört habe, behaupte ich, daß du bei deiner allabendlichen Rückkehr ins Kloster das Geld, das du von allen Seiten für die Falschheiten, die du lehrst, zusammengetragen hast, eilends und jede Scham mit Füßen tretend zu deiner Hure bringst und daß du so die Ausschweifungen von einst schamlos vergütest.« Die Schlußfolgerung schließlich ist eines solchen Schreibens würdig: »Da bei dir das entfernt worden ist, was den Mann ausmacht, muß man dich nicht Peter, sondern Peter den Unvollständigen nennen. Und das Siegel, mit dem du deine ekelerregen-

den Briefe selber verschlossen hast, das im Bild zwei Köpfe, den eines Mannes und den einer Frau, trägt, bezeugt gut die Schmach des unvollständigen Menschen. Wie könnte man bezweifeln, daß jener, der nicht davor zurückschreckt, seinen Brief mit diesen beiden vereinten Köpfen zu versehen, nicht noch von Liebe durchdrungen ist?« »Ich hätte«, fügt er hinzu, »noch vieles zu deiner Schande diktieren können, was wahre und offenbare Dinge sind, aber da ich es mit einem unvollständigen Menschen zu tun habe, werde ich das begonnene Werk auch unvollständig lassen.«[91]
Damit endet der Brief; bei genauerer Überlegung versteht man, daß Abaelard es vorgezogen hat, nicht davon zu sprechen: Gegenüber gewissen Niederträchtigkeiten ist Schweigen geboten. Dieser Brief ist das einzige Werk Roscelins, das wir als Ganzes besitzen; von seinen anderen Werken haben wir nur Auszüge, die durch die Widerlegung, die Anselm von Canterbury gegen sie verfaßt hat, erhalten geblieben sind, so daß das einzige Schriftstück, das uns direkt überliefert worden ist, das Bild eines Greises mit unflätigem Maulwerk vermittelt. Es ist im übrigen wahrscheinlich, daß Roscelin wenig später starb. Wie kann man sich sonst erklären, daß er beim Konzil von Soissons nichts von sich hat hören lassen? Und das war für Abaelard ein Grund mehr, dieses häßliche Schreiben, das er unvorsichtigerweise herausgefordert hatte, mit Schweigen zu übergehen.

Jene, die Bücher schreiben: Fürchten sollen sie den vielfachen Richter,
denn die Menge ist's, die ihnen als Richter droht.[92]

Der Brief von Roscelin wird als Auftakt zu den verschiedenen Katastrophen angesehen, die das Jahr 1121 für Abaelard kennzeichnen würden.

Wir haben keine andere Quelle, um die Einzelheiten über
seine Verurteilung in Soissons beim Konzil eben dieses Jahres
zu erfahren, als den Bericht von Abaelard selbst in dem *Brief
an einen Freund.* Dieser Bericht ist, wenn auch vielleicht
einseitig, nichtsdestoweniger dramatisch genug, damit der
Leser die verschiedenen Phasen jenes Konzils wiedererleben
kann, ohne von der recht schwierigen Natur der Diskussionen, von denen Abaelard uns berichtet, allzusehr gestört zu
werden, Diskussionen, die auf uns oft wie Haarspaltereien
wirken, so sehr erscheint uns ihr Gegenstand von unseren
heutigen Sorgen entfernt.
Abaelard schreibt die Verantwortung für das gegen ihn versammelte Konzil einzig der Eifersucht seiner beiden Mitschüler Alberich und Lotulf zu: »Seit dem Tod unserer gemeinsamen Meister, Wilhelm und Anselm, maßten sie sich
die Alleinherrschaft an und wollten sich gleichsam in ihr Erbe
teilen. Sie unterrichteten alle beide in Reims. Sie brachten es
bei ihrem Erzbischof Raoul durch allerhand Einflüsterungen
in der Tat soweit, daß man unter Beiziehung des Bischofs von
Präneste, Conon, der damals päpstlicher Legat in Frankreich
war, eine dürftige Versammlung unter dem stolzen Namen
eines Konzils in Soissons abhielt und mich einlud, mein
vielbesprochenes Buch, das ich über die Dreifaltigkeit verfaßt
hatte, dorthin mitzubringen.«
Abaelard begibt sich folglich mit dem umstrittenen Werk
nach Soissons. Feindlicher Empfang: Wo er vorbeikommt,
beschimpft ihn die Menge laut und wirft ihm Steine nach; die
Bevölkerung von Soissons war vor seiner Person und vor
seiner Lehre gewarnt worden; alle Welt dachte, daß es sich
hier um einen gefährlichen Irrlehrer handelte, der in seinen
Schriften und seinen Worten behauptete, daß es drei Götter
gäbe. Diese Heftigkeit in bezug auf den Ketzer kommt uns in
unserer Zeit der religiösen Freiheit übertrieben vor, aber uns
scheint, daß man diese schnelle Reaktion des einfachen Volkes recht leicht verstehen oder zumindest nachempfinden
kann, wenn man sie auf Gebiete überträgt, die dem heutigen
Leben näher sind. Für das Volk jener Zeit ist der Glaube an

die Dreifaltigkeit etwas genauso Wesentliches, wie es zum Beispiel in den Ländern Osteuropas lange die Zustimmung zur marxistischen Lehre war. Und hat man nicht in unserem 20. Jahrhundert gesehen, wie diese Lehren sich einer ganzen Nation so massiv aufdrängen, daß sie sogar wissenschaftliche Tatsachen außer Gefecht setzen? So haben die politischen Mächte der UdSSR im Bereich der Vererbungslehre die Theorien von Lissenko denen von Mendel vorgezogen und allgemein durchgesetzt; das hat sich im 20. Jahrhundert zugetragen, also in einer Zeit außerordentlichen wissenschaftlichen Fortschritts, in einer Zeit auch, in der die Wissenschaft für viele das ersetzt, was früher Religion, Moral, philosophische Suche etc. waren. Stellen wir uns einen Anhänger der Mendelschen Theorien oder irgendeinen nicht linientreuen Menschen vor, der sich vor fünfzig Jahren in einer Kolchose oder einer Stadt der UdSSR vorstellt, und wir werden besser verstehen, wie es möglich war, daß Abaelard mit Steinwürfen empfangen wurde, weil man ihn beschuldigte, behauptet zu haben, daß es drei Götter gäbe.

Gleich bei seiner Ankunft bringt Abaelard sein Werk zum päpstlichen Gesandten Conon von Urrach, den Bischof von Präneste. Er erklärt sich bereit, »seine Lehre entweder zu korrigieren oder Wiedergutmachung zu leisten«, sofern sich darin irgendein ketzerischer Lehrsatz finde. Der Gesandte ersucht ihn, wahrscheinlich etwas verlegen, sein Werk auch dem Erzbischof von Reims, Raoul le Vert, sowie seinen beiden Anklägern zu unterbreiten, was Abaelard nicht ohne Bitterkeit berichtet: »Unsere Feinde sind unsere Richter«, zitiert er seufzend die Bibel.

Das Konzil nimmt jedoch, anders, als man hätte glauben können, seinen Verlauf, ohne daß die Rede von seinem Werk ist. »Nachdem [Alberich und Lotulf] das Buch in allen Richtungen durchgeblättert und gründlich untersucht hatten und nichts fanden, das sie bei den Verhandlungen gegen mich vorzubringen gewagt hätten, schoben sie die Verdammung, nach der sie lechzten, bis zum Ende des Konzils auf.«[93] In der

Zwischenzeit bietet Abaelard dem Sturm die Stirn und spricht in der Öffentlichkeit, sei es in den Kirchen, sei es vielleicht sogar, wie es zu jener Zeit üblich ist, auf den öffentlichen Plätzen, und setzt sich, wie er sagt, dafür ein, »die Grundlagen des katholischen Glaubens in der Weise seiner Schriften zu begründen« – also das Dogma zu kommentieren und dabei seine Fähigkeiten der Beweisführung in den Dienst des Glaubens zu stellen –, und dies so gut, daß die Meinung sich nach und nach zu seinen Gunsten wendet: Er ist nicht nur kein Ketzer, sondern er bringt sogar, was das Mysterium der Dreifaltigkeit angeht, neue Beweise bei. Das Volk – das damals, wie man sieht, unmittelbaren Anteil an den religiösen Ereignissen nimmt – und die Kleriker beginnen sich zu fragen, was es mit diesem seltsamen Ketzer auf sich hat, der eine untadelige Lehre predigt, und wie es kommt, daß das Konzil seinen Lauf nimmt, ohne daß sein Fall geprüft würde. »Sind vielleicht die Richter zu der Einsicht gekommen, daß sie selber irren, nicht er?« Alberich versucht vergebens, ihn bei privaten Gesprächen bei einem Fehler zu ertappen; es gelingt ihm nicht, ihn zu überführen.

»Am letzten Tag des Konzils, vor der Eröffnung der Sitzung, hatten der Legat und der Erzbischof mit meinen Gegnern und einigen anderen Personen eine lange Beratung darüber, was in Anbetracht meiner Person und meiner Bücher zu tun sei; denn um dieser Sache willen war ja das Konzil hauptsächlich berufen worden.«[94] Woraufhin einer der Prälaten, der im Konzil einen Sitz innehat, das Wort ergreift. Es handelt sich um Gottfried von Lèves, den Bischof von Chartres; er ist eine der sehr großen Gestalten jener Zeit. Er hat die Bischofswürde von Chartres damals seit fünf Jahren inne, und er wird sie dreißig Jahre lang sein eigen nennen, denn er stirbt erst 1148; ihn überlebt sein hervorragender Ruf der Weisheit und Heiligkeit. Für Abaelard ist er der treue Freund, jener, den er immer an seiner Seite finden und der immer versuchen wird, ihn vor sich selbst zu schützen, ihm die Schwierigkeiten zu ersparen, die ihm seine Unvorsichtigkeit einträgt. Ist er es etwa, an den Abaelard denkt, wenn er die Person des »*Freundes*« beschwört? Um der Freundschaft ein Loblied zu singen, hatte er kräftige Worte:

Von allen Gaben Gottes ist ein Freund die größte,
höher als allen Reichtum muß man ihn stell'n.
Keiner ist arm, mit solchem Schatz gerüstet,
der um so wertvoller, als selten er ist.[95]

Und eine lange Folge distichischer Verse feiert so die Freundschaft. Außer dem hypothetischen »Freund«, an den sich der *Brief* wendet, in dem er seine Mißgeschicke erzählt, sieht man kaum, auf wen sonst er anspielen könnte. Ein Gelehrter hat die Mutmaßung angestellt, daß eines der sehr schönen *Planctus*[96] Abaelards, das er gegen Ende seines Lebens geschrieben hat und das den Freund in der Person des David feiert, auf diese beharrliche Freundschaft, auf diesen beständigen Schutz, den ihm der Bischof von Chartres angedeihen ließ, anspielen würde.

Abaelard läßt ihn in seinem Bericht selbst zu Wort kommen; seine Rede ist voller Gerechtigkeit und voller Sympathie für den Angeklagten:

Euch allen, Ihr Herren, die Ihr hier versammelt seid, ist es wohlbekannt, daß das allumfassende Wissen dieses Menschen und seine Überlegenheit in allen Gebieten der Gelehrsamkeit, mit denen er sich beschäftigt hat, ihm zahlreiche Anhänger eingebracht haben, daß er den Ruhm seiner und unserer Meister hat erblassen lassen, und die Zweige seines Weinstocks sind, wenn ich mich so ausdrücken darf, von Meer zu Meer gerankt. Wolltet ihr nun, was ich nicht glauben kann, einen solchen Mann ungehört verurteilen, so würdet ihr mit einem derartigen Urteil, selbst wenn es seinen guten Grund hätte, sicherlich viele Leute vor den Kopf stoßen, und es würde nicht an solchen fehlen, die für ihn Partei ergreifen würden; zumal sich in der Schrift, die er vorgelegt hat, nichts findet, was einer offenen Ketzerei ähnlich wäre. Denken wir an das Wort des Hieronymus: »Stets hat die Tüchtigkeit den Neid zum Begleiter« und daran, daß, wie der

Dichter sagt,»der Blitz die höchsten Gipfel trifft«... Beliebt es
Euch aber, nach Recht und Brauch mit ihm zu handeln, so möge
seine Lehre oder sein Buch hier öffentlich vorgetragen werden
und ihm selbst soll gestattet sein, auf die Fragen, die man ihm
vorlegt, Rede und Antwort zu steben, um dann, falls er überführt
wird, entweder zum Widerruf bewogen oder zum Schweigen
gebracht zu werden...

Aber die Gegner Abaelards protestieren lauthals: die Diskussion mit ihm aufzunehmen bedeutet, der Niederlage entge-
genzugehen.»Seine Argumente und seine Scheinbeweise
würden über die ganze Welt triumphieren.« Ohne Zweifel
erinnerte sich Alberich seiner privaten Gespräche, in deren
Verlauf er die Beweisführungen Abaelards nicht hatte niederzwingen können. Gottfried schlägt dann eine andere, sehr
weise Lösung vor: Sie sind zuwenig zahlreich (dieses Konzil
von Soissons hat wahrscheinlich höchstens um die zwanzig
Kleriker vereint), um in einer so schwerwiegenden Angelegenheit über eine Verurteilung entscheiden zu können. Man
möge Abaelard folglich nach Saint-Denis zurückbringen,
man möge dort ein wirkliches Konzil, eine Versammlung von
über die Frage gut unterrichteten Doktores einberufen, die
eine vertiefte Überprüfung seines Werkes vornehmen sollen.
Der päpstliche Gesandte, der im vorliegenden Fall sichtlich
peinlich berührt war, stimmt eilends zu, und jeder erhebt sich,
um die Messe hören zu gehen, mit der die Sitzung des Konzils
beginnt.
Aber das war nicht im Sinn der Rivalen Abaelards.»Nun fiel
ihnen ein, daß für sie alles verloren wäre, wenn mein Prozeß
außerhalb ihres Sprengels geführt würde, wo sie kein Recht
mehr auf einen Sitz hätten, und da sie der Rechtsprechung
wenig trauten, überzeugten sie den Erzbischof, daß es für ihn
eine große Schande wäre, wenn die Sache einem anderen
Tribunal überantwortet würde.« Dann gingen sie zum päpstlichen Gesandten und bestanden auf einer sofortigen Verurteilung.
Conon von Urrach war kein Theologe und schätzte die Trag-

127

weite der Auseinandersetzung schlecht ein. In seinem Innersten kam der Deutsche langsam zu dem Urteil, daß der französische Klerus sich einesteils aus gefährlichen Diskutierern und zum anderen Teil aus ebenso gefährlichen Hitzköpfen zusammensetzte. Besser verließ man sich auf den, der die volle Autorität in der kirchlichen Provinz besaß: den Erzbischof von Reims; aber der Erzbischof ließ sich vom Willen Alberichs und Lotulfs leiten. Gottfried von Lèves verstand, daß die Partie verloren war.

Da er das Ergebnis dieser Intrigen ahnte, benachrichtigte er mich und ermahnte mich eindringlich, auf eine offenbare Mißhandlung nur mit um so größerer Sanftmut zu antworten. Diese offensichtliche Mißhandlung könne ihnen, so sagte er, nur schaden und sich zu meinem Vorteil wenden... So suchte er mich zu trösten, indem er selbst mit dem Weinenden weinte.

Abaelard wurde, sobald die Sitzung eröffnet war, zum Konzil vorgeladen. »Ohne Untersuchung, ohne Prüfung zwang man mich da, mein Buch mit eigener Hand ins Feuer zu werfen.« Die Versammlung blieb stumm. Einer der Gegner Abaelards, der wahrscheinlich vom Bedürfnis getrieben war, sein Verhalten zu rechtfertigen, nahm das Wort, um einen ketzerischen Lehrsatz zu berichten, den er in dem verurteilten Werk gefunden haben wollte. Mehr war nicht nötig, um zwischen den Mitgliedern des Konzils eine Diskussion zum Ausbruch zu bringen. Einer unter ihnen, den Abaelard »einen gewissen Thierry« nennt, übernahm feurig seine Verteidigung und schrie, wobei er die Worte entlehnte, die die Heilige Schrift dem jungen Daniel in den Mund legt, der die keusche Susanna verteidigt: »Seid ihr von Israel wirklich solche Narren, daß ihr einen Sohn Israels verdammt, ehe ihr die Sache erforschet und gewiß werdet!?« Da schritt der Erzbischof ein und wollte schließlich Abaelard das Wort geben: »Es wäre gut, daß dieser unser Bruder seinen Glauben vor der ganzen Versammlung bekenne, damit er je nach den Umständen gebilligt oder beanstandet oder verbessert werde.« Dies hieß,

128

den Philosophen endlich zufriedenzustellen und zu erlauben, wovor sich seine Feinde fürchteten:»Als ich mich erhob, um meinen Glauben zu bekennen und darzulegen mit der Absicht, die mir eigene Art des Ausdrucks vor ihnen zu entfalten, sagten meine Gegner, daß ich nichts anderes zu tun brauche, als das Glaubensbekenntnis des Athanasius zu sprechen.« Wie man weiß, handelt es sich um ein Glaubensbekenntnis, das insbesondere die trinitarische Lehre der Kirche zum Ausdruck bringt und das die Überlieferung gemeinhin dem großen Bischof von Alexandria zuschrieb; dieses heute noch im klösterlichen Offizium enthaltene Bekenntnis des Athanasius war damals Bestandteil der dem durchschnittlichen Christen bekannten Texte.»Das erstbeste Kind hätte es genauso gut aufsagen können wie ich«, bemerkt Abaelard, und er sieht die Tatsache, daß seine Gegner ihm den schriftlichen Text bringen, wie wenn ihm der Inhalt nicht bekannt wäre, als zusätzliche Erniedrigung an.»Ich las, so gut ich zwischen Schluchzen, Seufzen und Weinen konnte.«

Das Konzil wurde alsbald aufgelöst. Man hatte entschieden, daß Abaelard zur Buße im ganz in der Nähe gelegenen Kloster von Saint-Médard, dessen Abt in der Versammlung zugegen gewesen war, eingesperrt würde. Sicherlich teilte dieser nicht die Gefühle der Rädelsführer, denn Abaelard erklärt selbst:»Der Abt indessen und seine Mönche, die nicht anders glaubten, als daß ich nun für immer bei ihnen bleiben werde, nahmen mich mit Freuden auf und bemühten sich vergeblich, mich durch möglichst liebevolle Behandlung über mein Schicksal zu trösten.« Er war zu tief verletzt. Sein Leid beschreibt Abaelard in quälenden Worten:

Äußerster Schmerz, Beschämung, tiefe Verzweiflung – was ich damals alles empfand, wüßte ich heute nicht auszudrücken. Ich stellte die Pein, die meinem Körper zugefügt worden war, den Qualen meiner Seele gegenüber und wähnte mich einer der unglücklichsten Menschen. Verglichen mit der gegenwärtigen Schmach erschien mir der frühere Verrat gering, und ich beklagte die Verstümmelung meines Körpers weniger als die Entehrung meines Namens.

Es wäre ein Irrtum, hierin nur die Klage eines verletzten Hochmuts zu sehen. Abaelard ist bis in sein Innerstes getroffen, da es ihm, der all die Kräfte seines Geistes dem Dienst seines Glaubens gewidmet hat, nicht gelungen ist, sich verständlich zu machen, ein Mißverständnis zu zerstreuen, das aus dem offensichtlich schlechten Willen seiner Gegner entstanden war, und da er sich von der Ungerechtigkeit in jenem Punkt geschlagen sieht, der ihm am meisten am Herzen liegt. »Dieser Verfolgung, die mich jetzt bedrängte, war ich zum Opfer gefallen, obwohl mich nichts anderes als die lauterste Absicht und die Liebe zu unserem Glauben zum Schreiben gedrängt hatte.« Er hat die barbarische Bestrafung, die ihn getroffen hatte, akzeptiert, weil sie eine echte Bestrafung für einen in ihm vorhandenen Fehler war. Hier dagegen handelte es sich um eine Bestrafung ohne Fehler, und dies in einem Bereich, dem sein ganzes Leben verschrieben war. Gelegentlich des Zynismus fähig, war Abaelard dennoch genauso ein Mensch des Gefühls, und der Schrei dieser verletzten Sensibilität kommt in einem ergreifenden Zwiegespräch zum Ausdruck:

O Gott, der Du gerecht richtest, mit welcher Galle in der Seele, mit welcher Bitterkeit des Geistes wagte ich es, mich aufzulehnen und in meiner Raserei wider Dich zu murren, wobei ich oft diese Klage des seligen Antonius wiederholte: »*Jesu bone, ubi eras?* O guter Jesus, wo warest Du?«[97]

Nur durch den zeitlichen Abstand bekommt diese so liebevolle Klage ihre ganze Tiefe, denn als Abaelard sie schreibt, weiß er nicht, daß diese seine Klage erst das Vorspiel zu der Tragödie ist, mit der sich sein Leben vollenden wird.

Jemand scheint allerdings etwas davon vorausgeahnt zu haben. Im burgundischen Lande, unter den Türmen der großen Abteikirche von Cluny, geht ein Mann mit sich zu Rate. Noch vor ein paar Wochen war Peter von Montboissier einfacher Prior des Priorats von Domène in der Dauphiné. Nachdem er vom Tod des Abts von Cluny, Hugo II., erfahren hat, macht er sich, wie alle Prioren des Ordens, auf den Weg zur Mutterabtei. Glaubt man einer zeitgenössischen Chronik, so hat er kaum den Kapitelsaal betreten, in dem die Mönche versammelt sind, »als alle aufstehen, zu ihm hinstürzen, ihn vom Fleck wegschaffen und, wie es die Regel will, zum Abtstuhl führen und sich ihm unterwerfen.«[98] Peter, dem man bald darauf den Beinamen »der Verehrungswürdige« geben wird, ist fortan Abt von Cluny; er ist noch keine dreißig Jahre alt. Er herrscht über mehr als eintausendfünfhundert Klöster, Kirchen oder Priorate, denn »die unermeßlichen Scharen der Mönche haben«, nach seinen eigenen Worten, »fast alle Lande Frankreichs übersät« – und dies zum großen Teil unter dem Einfluß von Cluny, dem Ausgangspunkt des religiösen Erwachens, das das 11. Jahrhundert geprägt hatte und das sich im 12. Jahrhundert behauptet. Jener Mann, der während mehr als dreißig Jahren über dieses Klostervolk herrschen wird, ist ein unscheinbarer Mensch von zarter Gesundheit, an dem nichts zu sein scheint, das die Aufmerksamkeit auf sich zieht, wenn nicht seine außerordentliche Fähigkeit zur Anteilnahme: »Allen erschien er liebenswürdig«, schrieb jener, der während eines ganzen Lebens sein Gefährte war, der Mönch Raoul von Cluny; »durch seine eigene Güte war er zum Gemeingut aller geworden«.
Peter den Verehrungswürdigen erreichte die Kunde vom Konzil zu Soissons; er erfuhr von der Verurteilung Abaelards. Und dieser Mann, den seine neue Verpflichtung überlasten oder zumindest ganz in Anspruch nehmen könnte, richtet an den Philosophen einen der ersten Briefe seiner Amtszeit als Abt. Die Geschichte Abaelards kennt er, so wie alle sie kennen; mehr als viele andere hat er ihr seine Aufmerksamkeit geschenkt, denn er hatte, noch in ganz jungen Jahren, von

Heloise reden hören, hatte sich für sie interessiert, und das Drama dieser beiden Lebenswege hatte ihn ohne jeden Zweifel erschüttert. Er hat die Verzweiflung Abaelards erahnt, das Unverständnis, auf das er stößt, die Einsamkeit, in der nach und nach eingeschlossen zu werden er Gefahr läuft:

Warum, lieber Freund, auf solche Weise von Schule zu Schule irren? Warum abwechselnd Schüler und Lehrer werden? Warum durch so viele Worte und um den Preis so vieler Strapazen das suchen, was Ihr, wenn Ihr wollt, durch ein Wort und ohne Mühe finden könnt?

Und da er sich an einen Philosophen wendet, dem daran gelegen ist, sich auf die antike Weisheit zu stützen, zeichnet er im Abriß ein Bild von den Errungenschaften dieser Weisen, Errungenschaften, die plötzlich durch die Ankunft der himmlischen Weisheit selbst transzendiert werden:

Die Weisen des Altertums haben sich in der Suche nach dem Glück aufgezehrt; sie haben mit großer Anstrengung versucht, den Eingeweiden der Erde das Geheimnis zu entreißen, das sich ihren Bemühungen entzog. Daher die Entdeckung der Künste, daher die vieldeutigen Beweisführungen, daher all die Sekten, unendlich an Zahl und fortwährend im Streit miteinander: Für die einen lag das Glück in der Sinnenlust, für die anderen in den Tugenden der Seele; andere wieder suchten es über dem Menschen, wieder andere widerlegten diese Theorien, indem sie neue erfanden. Während sie so irregingen, weil sie dem menschlichen Geist ein Licht abverlangten, das nur Gott ihnen hätte geben können, betrachtete die Wahrheit sie aus der Höhe des Himmels; sie hatte Mitleid mit ihrem Elend; sie erschien auf Erden. Um sich allen sichtbar zu machen, nahm sie fleischliche Gestalt an, den sündigen Menschen gleich, teilte ihre Leiden und sprach zu ihnen: »Kommet zu mir, ihr alle, die ihr beladen seid, und ich werde euch erquicken...« Auf diese Weise und ohne die Hilfe der platonischen Gedankengänge, der Streitgespräche der Akademie, der Spitzfindigkeiten des Aristoteles, der Meinungen der Philosophen wird uns hier gleichzeitig der Sitz und der Weg der Glückseligkeit geoffenbart...

Und seine Ermahnung wird noch drängender:

Warum Eure Zeit damit verlieren, Euch wie ein Komödiant in Szene zu setzen, wie ein Tragöde zu deklamieren, wie die Kurtisanen herumzuspielen?... Eilt dorthin, mein Sohn, wohin Euch der göttliche Meister ruft... Begebt Euch auf den Weg der geistigen Armut... Ihr werdet dann ein wahrer Philosoph Christi sein... Ich werde Euch aufnehmen wie einen Sohn... Die Hilfe von oben wird uns nicht ermangeln, wir werden den Feind besiegen: Wenn wir ihn besiegt haben, werden wir gekrönt werden, und wir werden als wirkliche Philosophen das Ziel der Philosophie, nämlich die allerseligste Ewigkeit erreichen.

Peter der Verehrungswürdige öffnete Peter Abaelard die Pforten von Cluny. Aber sein liebevoller Wink blieb ohne Antwort. Peter schrieb einen zweiten, kürzeren, drängenderen Brief. Vergeblich. Die Verletzung war zu frisch gewesen. Und ohne Zweifel war der Philosoph noch nicht bereit, jenes »Ja« auszusprechen, das die Loslösung von sich selbst, von der eigenen Wahl, von den persönlichen ehrgeizigen Wünschen bedeutet. Was er um jeden Preis brauchte, war ein Sieg. Philosoph Christi, ja, doch nur gemäß dem von ihm selbst gewählten Weg. Und dieser Weg war nicht der der Entsagung. Zumindest noch nicht.

Gottfried von Lèves hatte recht gehabt, zu Sanftmut und Unterwerfung zu raten. Der Aufenthalt Abaelards in Saint-Médard de Soissons erscheint in seinem Leben wie ein Hafen der Gnade. Es dauert nicht lange, bis die Urheber seiner Verurteilung sich gegenseitig die Verantwortung dafür zuschieben. Was den päpstlichen Legaten, Conon von Urrach betrifft, so begriff er nach und nach, daß man ihn dazu gebracht hatte, eine Ungerechtigkeit zu begehen, und er erging sich in herber Kritik am französischen Klerus, dessen Vertreter immer bereit seien, sich aus wahrhaft unerklärlichen Gründen gegenseitig zu zerfleischen. Nach einiger Zeit

hob er die Verurteilung öffentlich auf und gestattete Abaelard, zur Abtei von Saint-Denis zurückzukehren. Wenn der
Philosoph die ergreifende Geschichte vom Konzil zu Soissons
erzählt, gibt er seinen ehemaligen Studienkollegen von Laon,
Alberich und Lotulf die alleinige Verantwortung dafür. Ihm
zufolge hat einzig ihre Eifersucht die ganze Geschichte ausgelöst; sie sind es, die, angetrieben von persönlicher Rivalität,
seine Verurteilung wollten und schließlich erreichten. Es gibt
nichts Zäheres und Giftigeres als die Eifersucht alter Studienkameraden: Das ist eine Erfahrungstatsache, die man
jeden Tag bestätigt finden kann. Bei genauerem Hinsehen,
und da es sich nicht um die einzige derartige Begebenheit im
Leben Abaelards handelt, offenbart die Episode jedoch mehr
als nur einfache persönliche Rivalität; sie bringt eben jenes
Mißverständnis ans Tageslicht, um das sich ein ganzes Leben
drehen wird; und für uns, denen der geschichtliche Abstand
zugute kommt, geht das Mißverständnis über Abaelard selbst
hinaus; im Drama eines Menschenlebens zeichnet sich hier
eine ganze historische Entwicklung ab. Und genau das macht
Abaelard zu einer fesselnden Persönlichkeit: Er, der Held
eines Liebesromans ohnegleichen, ist auch – im Bereich des
Denkens – Träger eines Keimes, der mehr als ein Jahrhundert
brauchen wird, um zur Reife zu kommen, und dessen Bedeutung vor unserer heutigen Epoche kaum in aller Klarheit
beurteilt werden konnte.
Abaelard hat sich selbst mit aller wünschenswerten Deutlich-
keit eingeschätzt, wenn er erklärt, daß er sich beim Konzil von
Soissons erhoben habe, »um seinen Glauben zu bekennen
und darzulegen mit der Absicht, die *ihm eigene Art* des
Ausdrucks [vor den Konzilsteilnehmern] zu entfalten«. Sein
Glaube steht außer Frage; er wird es bei manch einer Gelegenheit beweisen. Hier und da konnte er in seinen Werken
Thesen aufstellen, die nach Ketzerei rochen – ihre Diskus-
sion, die allein für die Geschichte der religiösen Lehren[99] von
Interesse ist, kann in diesem Buch keinen Platz finden. Im
übrigen hat Abaelard niemals gezögert, seine Werke dem
Urteil der Kirche zu unterstellen, noch, dieses Urteil anzu-

nehmen; nichts ist in ihm vom starrsinnigen Ketzer. Und eine eingehendere Prüfung, die in unserer Zeit von verschiedenen Gelehrten der Philosophiegeschichte[100] unternommen wurde, hat es erlaubt, manche schnellen Schlußfolgerungen geradezurücken, die, den Neigungen ihrer Urheber entsprechend, mal zu seinem Tadel, mal zu seinem Ruhm vorgebracht wurden. Es scheint jedoch, daß schon einer seiner Zeitgenossen, nämlich Otto von Freising, das rechte Wort getroffen hat, wenn er erklärt, daß Abaelard *non caute*, »ohne Bedacht«, Theologie und Dialektik miteinander vermische.[101]

Die »eigene Art« Abaelards, jene, auf die er anspielt, wenn er vom Konzil von Soissons berichtet, besteht darin, sich bei der Annäherung an Wahrheiten des Glaubens der logischen Beweisführung zu bedienen. Für den Gläubigen ist, zur Zeit Abaelards genauso wie zur unsrigen, der Abstand zwischen dem Bereich der Logik und dem des Glaubens unermeßlich, beide Bereiche sind eigentlich unvergleichbar, was offensichtlich nicht bedeutet, daß der Mensch sich den Gebrauch von Vernunft und Logik untersagen muß, um die Glaubenswahrheiten zu erhellen: das haben alle Kirchenlehrer seit den apostolischen Zeiten getan. Zur Zeit Abaelards ist die religiöse Meinung – was damals heißt: die Meinung der Allgemeinheit – besonders empfindsam, was diese Frage der Beziehungen zwischen Vernunft und Glauben angeht. Etwa dreißig Jahre vorher hatte ein so bedeutender Philosoph, wie es Anselm von Canterbury war, eine herausragende Synthese der Beziehungen zwischen Vernunft und Glauben vorgestellt, die damals als zwei gleich wertvolle und dem Menschen zur Verfügung gestellte Quellen der Erkenntnis betrachtet wurden; man kennt seinen berühmten, den Heiligen Augustinus aufgreifenden Satz: »Ich suche nicht zu verstehen, um zu glauben, sondern ich glaube, um zu verstehen«; wenn für ihn der Glaube an erster Stelle steht, sofern er sich auf offenbarte gegebene Tatsachen stützt, schmälert das in nichts die Notwendigkeit, sich zu bemühen, vernunftmäßig zu begreifen, was man glaubt. »Wer nicht glaubt«, sagt er, »wird nichts erproben, und wer nichts erprobt, wird nicht verstehen, und so sehr es vortrefflicher ist, die Erfahrung einer Sache zu machen als von ihr zu hören, so sehr wird das Wissen desjenigen, der erprobt, die Erkenntnis desjenigen, der hört, übertreffen.« Anders gesagt ist der Glaube für ihn wesentlich, weil er innere Erfahrung ist und weil nichts diese Art der Erkenntnis ersetzen kann; aber andererseits, so fügt er hinzu,»erhebt sich der Geist durch die Dialektik [zu verstehen als: logische Verstandestätigkeit] bis dorthin, wo er die Wonne des Herrn erahnt.«[102]

Eben gerade weil Abaelard von seiner Natur her Dialektiker ist, wird durch ihn ein neuer Schritt in dieser vernunftmäßigen Ergründung der Glaubenswahrheiten vollzogen. Sein gesamtes Werk ist folglich dem gewidmet, die logische Verstandestätigkeit in den Dienst der Lehre zu stellen. Denn seine Tätigkeit als Denker und Lehrer wurde selbstverständlich durch das Konzil von Soissons nicht beendet. Wenn auch sein Werk *Von der Einheit und der göttlichen Dreiheit* ins Feuer geworfen worden war, ist ihm doch nichts dringender, als die darin enthaltenen Ideen im folgenden Werk, *Einführung in die christliche Theologie*[103], sofort wieder aufzugreifen und zu vertiefen. Und da er nichts von seinem Kampfgeist verloren hat, nimmt er sich verschiedene Meister, die die »heiligen Wissenschaften« lehren, einen nach dem anderen vor, wobei er sie zwar nicht ausdrücklich beim Namen nennt, aber in einer Art auf sie und ihren jeweiligen Herkunftsort hinweist, daß dadurch für seine Zeitgenossen alles völlig offen zutage lag. So spricht er von einem Meister, der sich in der Gegend von Bourges befindet: dies ist der zukünftige Bischof von Poitiers, Gilbert de la Porrée, der im Gegensatz zu Roscelin einen vollkommenen Realismus lehrte; ein anderer, aus der Gegend von Anjou, ist ein gewisser Meister Ulger, dessen Ruf zu jener Zeit groß war; ein weiterer, aus Burgund, ist ohne Zweifel Gilbert l'Universel; und Abaelard wird heftig, wenn er darlegt:»Auch gibt es noch einen anderen dieser Sorte in Frankreich«; hier handelt es sich um Alberich von Reims:»Er behauptet von sich, der einzige Meister der göttli-

chen Wissenschaft zu sein, und ergeht sich in wilden Reden
über das, was er bei anderen gefunden hat...; er ist dabei – ich
habe es ihn selber sagen hören – soweit gegangen zu erklären,
daß Gott sich selbst gezeugt habe, da der Sohn vom Vater
gezeugt worden ist. Und dieser mehr als jeder andere vom
Dünkel erfüllte Mensch nennt all jene ketzerisch, die solches
nicht kundtun...«[104]

In einem anderen Werk, dem er den Titel *Christliche Theologie* gibt, betont Abaelard das, was seinen eigenen Worten
nach seine innerste Absicht ist: sich der Dialektik – der
»Herrin aller Verstandestätigkeit« –, also der rationalen Beweisführung, zu bedienen, um die religiöse Wahrheit in den
Augen der Ungläubigen zu begründen. »Und da sie uns vor
allem mit philosophischen Begründungen bedrängen, haben
wir diese unsererseits ebenfalls hauptsächlich gebraucht, Begründungen, die, wie ich glaube, nur jener ganz verstehen
kann, der sich lange in das Studium der Philosophie und vor
allem der Dialektik vertieft hat. Es war nämlich notwendig,
unseren Gegnern mit den gleichen Beweismitteln Widerstand zu leisten, die sie selbst anerkennen, denn man kann
niemanden überzeugen oder widerlegen, wenn dies nicht
durch [die Beweismittel] geschieht, die er anerkennt.«[105] In
diesem letzten Werk nimmt Abaelard besonders zwei Brüder
aus Chartres, Bernard und Thierry, aufs Korn, die leidenschaftliche Platoniker waren. Er selbst vertritt das aristotelische Denken, und dieses erneute Duell zweier philosophischer Systeme der Antike ist bewegend, wenn man sich in die
historischen Bedingungen zurückversetzt, unter denen es
stattfindet. Zwei Richtungen stehen einander gegenüber,
zwei Versuche, die christliche Offenbarung und die Meister
des antiken Denkens miteinander zu vereinbaren: die Schule
von Chartres einerseits, die sich auf Platon stützt (»die Gottheit ist die wesentliche Form aller Dinge ... der Heilige Geist
entspricht dem, was Platon die Weltseele nannte ...«), Abaelard andererseits, der sich auf die Logik des Aristoteles stützt.
Nun entdeckt er deren Grundlagen aber zu einer Zeit wieder,

als man im Abendland erst einen kleinen Teil des aristotelischen Werkes besitzt. Seine Versuche einer Synthese wirken wie ein vorzeitiger Entwurf jenes Werkes, das sich im darauffolgenden Jahrhundert erfüllen wird: die meisterliche Synthese eines Albertus Magnus oder eines Thomas von Aquin; aber in der Zwischenzeit wird sich eine Tatsache von entscheidender Bedeutung in der Geschichte des abendländischen Denkens ereignet haben: die durch das arabische Denken vermittelte Rückkehr des Aristoteles auf die Bühne des Abendlands. Averroës oder, wenn man lieber will, Ibn Ruschd wird 1126 geboren, das heißt zu dem Augenblick, als Abaelard das Wesentliche seines Werkes verfaßt. Zu dieser Zeit kennt man im Abendland erst Bruchstücke des aristotelischen Werkes, das *Organon* oder auch die Zitate, die der Philosoph Porphyrius und danach Boethius von ihm anführen. Später erst und nach und nach werden durch Übersetzungen weitere Werke jenes Mannes bekannt werden, den man als den Philosophen schlechthin betrachten wird. Das Denken Abaelards geht also gewissermaßen der allmählichen Wiederentdeckung der anderen Werke des Aristoteles voraus. Es ist eine Skizze der großen *Summae*, in denen die scholastische Philosophie Gestalt annehmen wird. Schon die *Einführung in die Theologie* ist eine *Summa*; das ist kein Kommentar der Heiligen Schrift mehr, sondern ein Traktat, das in drei, von da ab klassisch werdende, Abschnitte aufgeteilt ist: der Glaube, die Sakramente, die Nächstenliebe. Die Ausarbeitung der Methode zeigt sich noch deutlicher in einem anderen Werk Abaelards, dem Werk, das zu seiner Zeit wahrscheinlich die größte Bedeutung hatte und dem er den Titel *Sic et non*, »Ja und Nein« gibt.

Von allen Werken Abaelards ist das *Sic et non* vielleicht dasjenige, das seine Zeitgenossen am meisten beunruhigt hat. Es ist auch jenes, das ihm in den Augen der Nachwelt den Ruf des Skeptikers eingetragen hat; und im übrigen ist es typisch für die gedanklichen Vorgehensweisen seines Autors. Der Titel weist gut auf das Wesen dieser Abhandlung hin: das

Ja und das Nein, das Für und das Wider; zu einer bestimmten Anzahl von Fragen – genau hundertachtundfünfzig –, die den Glauben und das Dogma angehen, stellt Abaelard einen methodischen Katalog der Widersprüche auf, die man in der Heiligen Schrift und bei ihren fähigsten Kommentatoren, den Vätern und Lehrern der Kirche, feststellen kann – bei all jenen, die man damals »die Autoritäten« nennt, weil sie in der Tat in den Dingen des Glaubens die Autorität darstellen. Im *Sic et non* wird die Vernunft den Autoritäten gegenübergestellt: ein Standpunkt von unleugbarer Kühnheit. Man versteht, daß Abaelard bei seinen Schülern Begeisterung ausgelöst hat: Er hat überhaupt nichts vom mittelmäßigen Kommentator, der sein Geschick darauf verwendet, die peinlichen Situationen zu vermeiden; wenn es darum geht, eine Frage zu erhellen, läßt er nichts im dunkeln, flieht er keinerlei Widerspruch. Wenn sich nun auch unter den aufgeworfenen Themen recht banale befinden, so sind die meisten doch das, was man brennende Fragen nennen würde; sie haben den Glauben zum Gegenstand und bleiben für Gläubige aller Zeiten von Wert, oder sie betreffen das, was die Kirche des 12. Jahrhunderts hauptsächlich beschäftigt hat. Es wird genügen, die erste und bedeutungsvollste dieser Fragen zu zitieren: »Daß der Glaube auf der menschlichen Verstandestätigkeit aufgebaut sein muß – und das Gegenteil.« Es folgt eine Auflistung von Zitaten: jene, die nachweisen, daß das Fundament des Glaubens sich den vernunftmäßigen Beweisen entzieht, und jene, die im Gegenzug aufzeigen, daß der Gläubige sich bei der Beweisführung der geoffenbarten Wahrheiten seiner Vernunft bedienen darf und soll.

Die so verstandene Schrift könnte in der Tat das Werk eines Skeptikers sein, der sich den Spaß macht, abwechselnd Beweisgründe »dafür« und Beweisgründe »dagegen« aufeinanderzuschichten ohne anderes Ziel als das, die einen mit Hilfe der anderen aufzuheben. Die Absicht Abaelards ist eine ganz andere. Er hat sich ausführlich im Vorwort zum *Sic et non* dazu geäußert: Sein Werk ist das eines Forschers, der von der Dialektik Gebrauch macht, um zu einer unbestreitbaren

Wahrheit zu gelangen; er will zeigen, daß die verschiedenen
Schriften bezüglich ein- und derselben Frage gegensätzlich,
aber nicht widersprüchlich sind; anstatt sich aufzuheben,
lassen sie verschiedene Ansichten zur Geltung kommen, und
die Bemühung des Logikers wird darin bestehen zu analysieren, in welcher Hinsicht sie einander entgegengesetzt sind,
um diese Gegensätzlichkeit zu überwinden: »Da bei einer
solchen Vielzahl von Texten gewisse Aussagen der Heiligen
nicht nur voneinander abzuweichen, sondern einander sogar
zu widersprechen scheinen…, müssen wir in Anbetracht
unserer Schwäche glauben, daß eher wir der Gnade ermangeln, sie zu verstehen, als sie ihrer ermangelt haben, um sie zu
schreiben.« Und dann entwirft er eine ganze Methodik, die
den Weg zu einer Textkritik eröffnet, wie man sie heutigen-
tags versteht: Die Unterschiedlichkeiten können oberfläch-
lich sein, sie können ihren Ursprung in den verschiedenen
Bedeutungen haben, die ein- und derselbe Begriff aufweist,
sie können von einem einfachen Abschreibfehler herrühren,
einem durch Nachlässigkeit oder Unwissenheit veränderten
Manuskript. Aber die Ursache kann auch tiefer liegen: So
kommt es vor – und dies war der Fall beim Heiligen Augustinus –, daß der Autor sein Denken von einem Werk zum
anderen genauer dargelegt und entwickelt hat, so daß zwei
unterschiedliche Texte in Wirklichkeit zwei Stufen seines
Vordringens zur Wahrheit darstellen. Oder Abweichungen
rühren daher, daß bezüglich ein- und derselben Frage ein
Text auf den Regelfall, ein anderer auf die Ausnahme anspielt. Wenn die Gegensätzlichkeiten unauflösbar scheinen,
muß man die Texte in eine Rangfolge bringen, um so vor-
zugsweise nur den zu berücksichtigen, dessen Befugnis am
besten abgesichert erscheint. Zum Abschluß verkündet Abaelard, daß ein einziger Text frei von jeglichem Irrtum ist: die
Bibel. »Wenn hier etwas unsinnig erscheint, ist es nicht
erlaubt zu sagen: der Autor dieses Buches hat die Wahrheit
nicht gekannt, sondern entweder ist dann das Manuskript
fehlerhaft, oder der Übersetzer hat sich getäuscht, oder du
selbst bist es, der nicht versteht.«

Ein solches Werk stellt in der Geschichte des kritischen Denkens einen entscheidenden Schritt dar. Es zeugt von einem anspruchsvollen und die Bequemlichkeit verachtenden Denken, von einem großen Bemühen um Genauigkeit in der Analyse, auch von einem unermüdlichen Eifer:»Der erste Schlüssel zur Weisheit«, sagt er,»ist beharrliches und ständiges Fragen... Durch den Zweifel kommen wir zur Suche, durch die Suche erkennen wir die Wahrheit.«[106] Ein derartiger Lehrplan ist gut dazu angetan, eine Jugend zu begeistern, die in ihrer Suche nach Wahrheit anspruchsvoll ist und jede falsche Vorsicht verachtet, bei der man sich aus Angst, eine anerkannte Wahrheit in Gefahr zu bringen, mit künstlichen Ausgleichsversuchen oder ausweichenden Kommentaren zufrieden gibt.

Das *Sic et non* legte die Grundlagen für eine Methode, die die der gesamten scholastischen Philosophie sein wird; Abaelard hat diese Methode nicht geschaffen, sondern er hat ihr ihr verstandesmäßiges Fundament gegeben; er hat, wie bemerkt worden ist,»das Verfahrensgesetz der gesamten mittelalterlichen, philosophischen und theologischen Spekulation aufgestellt«.[107] Die verschiedenen Abhandlungen des Thomas von Aquin stellen in genau derselben Weise die unterschiedlichen Meinungen über ein bestimmtes Thema symmetrisch nebeneinander, um aus scheinbaren Widersprüchen eine unbestreitbare Schlußfolgerung zu ziehen. Das ganze Schulwesen hat von da an ein Fundament: die Lesung, das Studium, das dazu führt, den tieferen Sinn eines Textes – das, was man damals die *sententia* nennt –, freizulegen, und dies dank der *disputatio*, des Streitgesprächs, das analysiert, vergleicht, in Frage stellt, um diesen Sinn in seiner ganzen Fülle offenzulegen. Man ermißt den tiefen Einfluß, den unser Philosoph ausübt, wenn man sieht, wie bestimmte Fragen, die er in dieser Weise gestellt hat, nahezu unverändert in Büchern auftauchen, die – wie zum Beispiel das Buch der *Sentenzen* des Petrus Lombardus – klassische Lehrbücher des mittelalterlichen Studenten sein werden: dies gilt für seine zweite

Frage, die an einen Gegenstand rührte, der für den Gläubigen von entscheidender Bedeutung ist, da es um die Definition des Glaubens selbst geht:»Daß der Glaube nur die nicht sichtbaren Dinge betrifft – und das Gegenteil.«[108] Abaelard trägt die Texte zusammen, die den Bereich des Glaubens abstecken: *Fides est de non visis*, der Glaube gilt den unsichtbaren Dingen; und seine Beweisführung, die in der Folge von allen Scholastikern aufgegriffen wird, führt zu der Feststellung, daß bei den Erscheinungen, die den Sinnen zugänglich sind, oder bei den Wahrheiten, zu denen man durch die alleinige Kraft des Verstandes gelangen kann, nicht der Glaube, sondern einfach die verstandesmäßige Erkenntnis erforderlich ist; der Glaube seinerseits behandelt genau das, was den Sinnen entgeht und was der sich selbst überlassene Verstand nicht hätte erkennen können:»Eines ist es, zu verstehen oder zu glauben, ein anderes ist es, das Augenscheinliche zu erkennen und wahrzunehmen; der Glaube ist ein Annehmen von nicht sichtbaren Dingen, das Erkennen eine Erfahrung der Dinge an sich, dadurch, daß sie uns gegenwärtig sind.«[109]

Aber Abaelard zog in seinem Werk keine abschließenden Schlußfolgerungen. Er legte die gegensätzlichen Thesen dar, ohne eine Synthese aufzustellen. Wie wir gesehen haben, sollte sein Werk erst recht lang nach seinem Tod seine Vollendung finden und Früchte tragen. Auch war das *Sic et non* dazu angetan, ihn in den Augen seiner Zeitgenossen verdächtig erscheinen zu lassen. Was uns betrifft, so ist es von all seinen Werken jenes, das uns am besten erlaubt, dieses immer in Bewegung befindliche Denken, diese ihm ganz eigene Haltung beharrlichen Fragens zu würdigen; dieser unaufhörlich forschende Meister muß für die Jugend, die ihm zuhörte und die er in dieser, von ihm die fortwährende Inquisition genannten, Methode schulte, faszinierend gewesen sein. Inquisition: der Begriff ist für uns mit zuviel Schuld beladen, um uns nicht hochschrecken zu lassen; aber man muß diesen juristischen Sinn, der eine Institution in Erinnerung ruft, die im 13. Jahrhundert, im Jahr 1233, unter ganz bestimmten geschichtlichen Bedingungen geboren wurde, vergessen, um bei Abaelard jene ursprüngliche Bedeutung des Begriffs wiederzufinden, die jedem Menschen während der gesamten Feudalzeit geläufig ist: Erkundung, Befragung, Erforschung. Das Denken Abaelards, so, wie es sich aus seinen verschiedenen Werken herausschält, erscheint erst in seiner ganzen Bedeutung, wenn man es unter diesem Blickwinkel sieht und vor dem Hintergrund der Entwicklungen betrachtet, zu denen es im Laufe der Jahrhunderte führen wird; er ist wirklich einer der Väter der Scholastik und folglich dieser Methoden vernunftmäßiger Erkenntnis, die die Entwicklung des abendländischen Denkens stark prägen werden, und dies so sehr, daß sie jede andere Erkenntnisweise ausschließen werden; immer noch auf derselben Linie folgend, nämlich der des aristotelischen Denkens, wird Descartes dieser Entwicklung einen neuen Impuls geben, indem er an den Anfangspunkt seiner Methode nicht mehr die Erkundung oder die Befragung, sondern den Zweifel stellt, und indem er die Wahrheit auf die Evidenz (auf das, was von außen sichtbar ist) zurückführt. Wir haben es hier mit einer Geistesströmung von einer erstaunlichen Fruchtbarkeit zu tun; es war unserem 20. Jahrhundert vorbehalten, ihre Lücken und Grenzen aufzudecken, und dies zum einen dank der Entdeckungen der Tiefenpsychologie, die in beunruhigender Weise das ganze Vertrauen bedroht, das man einst der schlußfolgernden Vernunft entgegenbrachte, und zum anderen wegen der wissenschaftlichen Entwicklung selbst, die zu der Anerkenntnis führt, daß zum Beispiel der Gebrauch der Phantasie sogar dem Menschen der Wissenschaft nützlich sein kann, da die Forschungsinstrumente, über die er verfügt und die über alles hinausgehen, was man bislang in der Geschichte der Welt gekannt hat, ihn Bereiche ahnen lassen, die noch jenseits seiner Fähigkeiten zu Analyse und Beobachtung liegen.

Abaelard war also, nachdem einmal die auf ihm lastende Verurteilung aufgehoben worden war, nach einem kurzen Aufenthalt in Saint-Médard de Soissons in seine Abtei von Saint-Denis zurückgekehrt – ohne jede Freude, muß man sagen.»Dort waren fast alle Brüder von früher her meine Feinde.«[110] Es steht außer Zweifel, daß die meisten von ihnen ein mit der Regel wenig in Einklang stehendes Leben führten, außer Zweifel auch, daß Abaelard nicht für das gemeinschaftliche Leben geschaffen war. Früher oder später mußte ein Streit ausbrechen; und eben dies geschah bereits nach einigen Monaten. Der Anlaß dazu erscheint uns ziemlich unbedeutend.»Eines Tages stieß ich beim Lesen auf eine Stelle in Bedas *Auslegung der Apostelgeschichte*, in der der Autor behauptet, daß Dionysius der Areopagit Bischof von Korinth, nicht von Athen gewesen sei. Diese Meinung verdroß die Mönche von Saint-Denis sehr, die sich damit schmeicheln, daß der Gründer ihres Ordens, Dionysius, eben genau der Areopagit sei.« Mit dem äußerst sicheren Instinkt, den er dafür besaß, sich Feinde zu machen, hatte Abaelard eine alte, schlecht verheilte Wunde berührt, deren Entstehung in die Zeit der Karolinger zurückreichte. Drei Jahrhunderte früher hatte nämlich der Abt Hilduin, der Hofkaplan Ludwigs des Frommen, der die Abtei mehr als vierzig Jahre (814–855) geleitet hatte, sich bemüht zu beweisen, daß drei Persönlichkeiten identisch seien: jener Dionysius, Mitglied des Areopags, der, nach der *Apostelgeschichte*, vom Heiligen Paulus bekehrt worden war; dann der erste Verkünder des Evangeliums in der Pariser Gegend, dessen sterbliche Überreste unter dem Hauptaltar der Abtei ruhten; schließlich der Autor von *Über die himmlische Hierarchie* – eine einigermaßen geheimnisvolle Persönlichkeit, die man heute noch in Ermangelung eines besseren den Pseudo-Dionysius nennt; das älteste Manuskript seines Werkes, das ins Abendland gelangte, war der Abtei anvertraut und von eben diesem Abt Hilduin vom Griechischen ins Lateinische übersetzt worden. Aber er war offenbar als Historiker nicht so fähig wie als Linguist. Der Versuch, die drei Personen gleichzusetzen, war noch zu seinen Lebzeiten angefochten worden. Die Mönche von Saint-Denis verteidigten ihn dafür um so verbissener. Es ist dies eine Zeit, in der der Stolz über die eigene Herkunft sehr stark empfunden wird – ein Wesenszug, der zudem allen Zeiten gemeinsam ist, die unsere nicht ausgenommen: Man braucht sich nur den Raumbedarf in den Archivverwaltungen zu vergegenwärtigen, den die genealogischen Nachforschungen beanspruchen, die von Leuten unternommen oder erbeten werden, die vom – im übrigen sehr berechtigten – Wunsch beseelt sind, ihre Ahnen zu kennen. Zur Zeit Abaelards ist dies Privatleuten genauso wie den verschiedenen Gruppen oder Institutionen ebenfalls ein sehr großes Anliegen; das drückt sich auf ganz unterschiedliche Weise aus: in der Sorgfalt, mit der die Abteien ihre Jahrbücher führen, aber auch in dem Nachdruck, mit dem die Goldschmiede erklären, daß sie ihre Statuten dem Heiligen Eligius selber verdanken, und mit dem die Schuster dasselbe vom Heiligen Crispin behaupten. Und wird man nicht sogar erleben, daß einige Klöster soweit gehen, falsche Urkunden auszustellen, um zu beweisen, daß sie ihre Sonderrechte von Karl dem Großen, ja sogar von Chlodwig haben?

Dionysius den Areopagiten in der Abtei von Saint-Denis in Frage zu stellen hieß, den Sturm herausfordern. Er brach auch alsbald los:

Ich zeigte einigen der umherstehenden Brüder jene Stelle des Beda, die gegen uns sprach. Sie aber erklärten in höchster Entrüstung den Beda für einen Erzlügner und beriefen sich auf ihren Abt Hilduin als auf einen zuverlässigeren Zeugen. Dieser habe lange Zeit in Griechenland selbst Forschungen gemacht und dann den wahren Sachverhalt in einer Lebensbeschreibung des Dionysius ganz unanfechtbar dargestellt.

Dazu aufgefordert zu sagen, wer seiner Meinung nach in der Angelegenheit mehr Autorität habe, Beda oder Hilduin, verschlimmert Abaelard seinen Fall, weil er für Beda Stellung nimmt! Das gab einen schönen Aufruhr im Kloster:

Sie erhoben ein wütendes Geschrei: dies sei der offenkundige Beweis, daß ich schon immer die Geißel des Klosters gewesen sei; am ganzen Land werde ich zum Verräter, indem ich es seines höchsten Ruhmestitels beraube, da ich leugne, daß der Areopagit ihr Schutzpatron sei.

Eilends unterrichtete man den Abt, der die Streitigkeit sehr schlecht aufnahm:

Vor versammeltem Konvent erteilte er mir einen scharfen Verweis und drohte, er wolle mich unverzüglich vor den König schicken, damit mich die Strafe treffe, die dem gebühre, der den Ruhm und die Ehre des Königreichs antaste. Inzwischen, bis zu der Zeit, da er mich dem König vorführen wollte, ließ er mich unter strenge Aufsicht stellen.

Im buchstäblichen Sinn des Wortes ist dies eine Staatsaffäre: Abaelard hatte das in Zweifel gezogen, was wir heutzutage einen Helden der Nation nennen würden. Trotzdem wäre man erstaunt, den König wegen einer so unbedeutenden Angelegenheit einschreiten zu sehen, wenn man nicht wüßte, was das Königtum zur Zeit Abaelards ist. Wirkliche Macht übt Ludwig der VI. nur im Bereich seiner Krondomäne aus; sie zieht sich mühsam von Orléans nach Senlis hin, Paris dazugenommen, wo ihm nur das Schloß gehört; in bezug auf das übrige Königreich besitzt er kaum mehr als eine rein moralische Lehnsherrlichkeit über Feudalherren, von denen die meisten weit größere Rechte und Einkünfte genießen als er; zum Ausgleich nimmt dieser König persönlichen Anteil an allem, was sein Lehen betrifft, und Saint-Denis gehört zu diesem Lehen. Unter all den Abteien, die sich auf der Krondomäne erheben, genießt sie sogar seine liebevollste Fürsorge – sie ist die Perle seiner Krone. Er hat dort den größten Teil seiner Kindheit verbracht und erklärt jedem, der es hören will, daß dies der Ort ist, wo er sterben will. Der Abt würde wahrscheinlich auch keine Mühe haben, ihn davon zu überzeugen, streng gegen Abaelard vorzugehen – gegen diesen Menschen, dessen skandalöses Leben schon Anlaß zum Gerede gegeben hat, der wegen Ketzerei verurteilt wurde und jetzt den guten Ruf der königlichen Abtei schädigt, was fast eine verbrecherische Majestätsbeleidigung ist.

Abaelard hielt es für besser, nicht auf den königlichen Urteilsspruch zu warten. Mit der Hilfe einiger vom Mitleid ergriffener Brüder entwich er in der darauffolgenden Nacht und flüchtete sich auf die Ländereien des Grafen Theobald von Champagne. Dort hatte er vorher gelehrt – in eben dem Priorat von Maisoncelles-en-Brie, das er nur auf Grund seiner Verurteilung durch das Konzil von Soissons hatte verlassen müssen. Er wurde dort wohlwollend aufgenommen.»Der Graf selbst war mir nicht ganz unbekannt; auch hatte er mit großer Teilnahme von meinem mannigfachen Unglück gehört.« Abaelard wohnte zunächst direkt im Schloß von Provins, in jenem alten Palais der Grafen von Champagne, von dem noch heute in der Nähe der Kirche von Saint-Quiriace einige Überreste (ein jetzt unterirdischer Saal mit einem Teil der romanischen Kapelle) erhalten sind, und das schon damals von dem befestigten Hauptturm überragt wurde, dem eine Laune der klassischen Zeit, die so viele unserer mittelalterlichen Mauern in römische verwandelte, den Namen»Cäsarsturm« gegeben hat.

Gesetzt den Fall, daß König Ludwig VI. dem Philosophen wirklich gegrollt hatte, den Ruhm von Saint-Denis geschädigt zu haben, ging Theobald von Champagne dennoch kaum ein Risiko ein, als er ihm Asyl gewährte. War er nicht einer dieser Vasallen, die viel reicher und mächtiger als der König, ihr Lehnsherr, waren? Durch das komplizierte Spiel der Erbschaften und der Bündnisse zwängten die Ländereien, die er nach und nach auf sich versammelte, die kümmerliche königliche Domäne buchstäblich ein. Er beherrschte nicht nur die Champagne, das heißt die Grafschaften von Troyes und Meaux, die von den Ufern der Aisne bis zum Armançon reichten, sondern auch die Grafschaften von Blois und Chartres, welche seine Mutter gerade, im Jahr 1122, abgetreten hatte, weil sie in der Abtei von Marcigny den Schleier nahm; dies war die berühmte Gräfin Adelheid von Blois, die leibliche

Tochter von Wilhelm dem Eroberer, eine von diesen energischen weiblichen Persönlichkeiten, denen man damals so häufig begegnet. Von den meisten Dichtern ihrer Zeit – Balderich von Bourgueil, Gottfried von Reims, Hildebert von Lavardin – besungen, hatte sie während der Abwesenheit ihres Gatten Étienne zweimal hintereinander annähernd allein die Verwaltung seiner Domäne übernommen; er hatte mit Gottfried von Bouillon an einem Kreuzzug teilgenommen und war danach ein zweites Mal ins Heilige Land gezogen, wo er starb. Theobald stand im Augenblick, als er diese Erbfolge antrat, unter dem Schock eines Ereignisses, das seine ganze Familie betrübt hatte – das heißt, den Hof von England und den von Champagne und Blois zugleich: unter dem Schock des Schiffsuntergangs der *Blanche-Nef* im Jahr 1120, den er machtlos an der Seite seines Onkels Heinrich I., dem König von England, miterlebt hatte. Die ganze blühende Jugend des anglo-romanischen Adels war dort infolge eines Manövrierfehlers, bei dem das Schiff auf ein Riff aufgelaufen war, ums Leben gekommen: unter anderem Mathilde, die mit dem Grafen von Chester verheiratete Schwester Theobalds, und seine zwei Vettern Wilhelm und Richard, die mutmaßlichen Erben des Throns von England. Diese Tragödie hatte auf ihn eine derartige Wirkung ausgeübt, daß er eine Zeitlang entschlossen war, der Welt den Rücken zuzukehren, um dem Beispiel seiner Mutter zu folgen und ins Kloster einzutreten. Der Kanoniker Norbert, der Gründer der Prämonstratenser, dem er seine Absicht eröffnete, brachte ihn davon ab: Er solle im weltlichen Geschehen verbleiben und ein Beispiel dafür geben, was ein Baron an der Spitze einer lehnsherrschaftlichen Domäne vollbringen kann, der die Gerechtigkeit und die Frömmigkeit über alles stellt. In der Tat sollte Theobald in den dreißig Jahren, die er sein riesiges Gebiet verwaltete, das Beispiel eines frommen Fürsten geben; er tat das Gute und achtete auf die Notleidenden, die er, wie man sagt, persönlich besuchte. Wenn er in seinem Schloß weilte, ging er – so erzählt man – jeden Tag die Füße eines Leprakranken waschen, der in einer Hütte gegenüber dem Schloß wohnte;

eines Tages, nachdem er lange fort gewesen war, ging er den armen Kerl besuchen und erwies ihm den gewohnten Dienst. Als man ihn nun aus der Hütte kommen sah, erstaunten sich die Nachbarn, denn der Leprakranke war schon seit längerem gestorben. Da begriff Theobald, daß es die Füße Unseres Herrn selbst waren, die er gewaschen hatte; der Herr hatte den Platz des Ärmsten eingenommen. Diese und viele andere kleine Geschichten derselben Art gingen nach seinem Tod über ihn um.

Zu dem Zeitpunkt, als Abaelard ihn um Asyl bat, befand sich Theobald also selbst mitten in einer religiösen Krise. Er bot Abaelard eilends die Gastfreundschaft an; einige Wochen später sollte er persönlich bei Adam, dem Abt von Saint-Denis intervenieren. Inzwischen war Abaelard im Priorat von Saint-Ayoul, das zum Kartäuserkloster von Moutiers-la-Celle in der Nähe von Troyes gehörte, aufgenommen worden. Der Prior, der früher mit ihm in Beziehung gestanden hatte, zeigte sich ihm gegenüber sehr freundschaftlich, aber es mußte endgültig geregelt werden, wohin der Philosoph sich zurückziehen sollte. Abaelard zählte auf die Vermittlung des Grafen von Champagne, um die Genehmigung zu erhalten, sich einen Zufluchtsort auszusuchen, der ihm entsprechen würde. Aber der Graf wie der Prior stießen von seiten des Abtes Adam und der Mönche, die ihn begleiteten, auf einen blinden Starrsinn. »Sie sagten sich, daß ich in eine andere Abtei überwechseln wolle, was für sie eine große Schande gewesen wäre. Denn sie betrachteten es als ein Ruhmesblatt, daß ich gerade ihr Kloster allen anderen vorgezogen hatte, und sie sagten, daß es ihnen sehr zur Unehre gereichen würde, wenn ich sie verließe, um anderswohin zu gehen.« Eine vertrackte Situation, wie man sieht. Abaelard ist ein Ruhmesblatt, auf das sie nicht verzichten wollen, aber auch ein Störenfried, den sie nicht ertragen können. Ohne auf Bitten, noch auf Argumente zu hören, drohte der Abt, ihn zu exkommunizieren, wenn er sich nicht wieder in seine Abtei eingliedere, und er drohte mit demselben für den Prior von Saint-Ayoul, falls dieser darauf beharre, ihm Asyl zu gewähren.

Jeder war folglich völlig ratlos, als jener Abt Adam, nach Saint-Denis zurückgekehrt, gerade zum rechten Zeitpunkt einige Tage später, am 11. Januar 1122, starb; am darauffolgenden 12. März wurde Suger gewählt, um ihn an der Spitze der Abtei zu ersetzen. Abaelard, der verstand, daß seine Situation so bald wie möglich geregelt werden mußte, wandte sich nacheinander an den Bischof von Meaux, dann an den königlichen Günstling, Étienne de Garlande, und erhielt nach der Vermittlung des Grafen von Champagne die Unterstützung des Königs selbst. Man schloß im Beisein Ludwig VI. und seiner Berater ein Abkommen. »Man erteilte mir die Erlaubnis, mich an einen Ort meiner Wahl unter der Bedingung zurückzuziehen, daß ich mich nicht in die Abhängigkeit von irgendeiner anderen Abtei begeben würde.« Abaelard blieb Mönch, nominell dem Kloster von Saint-Denis verbunden, aber er war frei, sich zurückzuziehen, wohin er wollte. Der Schutz des Grafen von Champagne war zu wertvoll, um daran zu denken, sich anderswo als innerhalb seines Herrschaftsbereichs niederzulassen.

So begab ich mich in eine einsame Gegend im Gebiet von Troyes, die mir von früher bekannt war. Nachdem mir einige Leute ein Stück Land geschenkt hatten, errichtete ich dort aus Schilfrohr und Dachstroh eine Art Hauskapelle, die ich der Heiligen Dreifaltigkeit weihte.[111]

Der Rückzug von Meister Peter ereignet sich im Jahr 1122. Es sind folglich seit dem Zeitpunkt, an dem Abaelard der Geliebte von Heloise geworden ist – wodurch er, ohne es zu wissen, seine »Leidensgeschichte« einleitete – kaum mehr als vier Jahre vergangen. Vom Gipfel des Ruhmes zur tiefsten Erniedrigung: das sollte der Kreis sein, den er in diesen vier Jahren durchlief. Er hatte das Ziel erreicht, das ihm sein Ehrgeiz gesteckt hatte – als Lehrer, weil er den Lehrstuhl erhielt, den er begehrte, als Mann, weil er die Liebe empfing, die er sich wünschte; und eins ums andere war er ins äußerste Unglück gestürzt, war, nach einem Ausdruck jener Zeit, genötigt, »Gnade zu erflehen«, wurde dazu gezwungen, dem Mannsein zu entsagen und selbst zu verbrennen, was er gelehrt hatte. Das Grundstück, auf dem er sich einrichtet, befindet sich fünf oder sechs Kilometer südlich von Nogent-sur-Seine. Dort liegt heute noch eine etwas sumpfige Ebene an den Ufern des Ardusson, des kleinen Flusses, der durch eine Gegend fließt, die kaum hügeliger ist als die eigentliche Ebene der Champagne: ein recht gewöhnlicher Winkel der französischen Landschaft, aber nicht ohne Charme mit seinen Pappeln, seinen Schilfbüscheln und einigen leichten Erhebungen, die den unbestimmten Lauf des Flusses kennzeichnen.

Ein neuer Abschnitt eröffnet sich im Leben des verfolgten Philosophen: Er gelangt endlich zu dem Frieden, zu der Einsamkeit, die ihm während der Stürme der vorangegangenen Jahre als höchste Gnade erschienen sind, ihm, der so sehr den Ruhm, die Ehren, den Erfolg ersehnt hat. »Dort konnte ich, mit einem meiner Freunde verborgen, wahrlich mit dem Herrn ausrufen: ›Und da bin ich geflohen und in der Einsamkeit geblieben.‹«

Die Einsamkeit. Petrarca, der über die Zeiten hinweg eine Art geistiger Freundschaft mit Abaelard gepflegt hat, schrieb in großen Buchstaben das Wort *solitudo* (Einsamkeit) an den Rand des Manuskripts vom *Brief an einen Freund*, das ihm gehörte. Man kann mit ihm, wie Abaelard es selber getan haben dürfte, lange dieser Eroberung der Stille nachsinnen, die ihm die Felder, die einsamen Wälder, die sumpfigen Ufer des Ardusson erleichterten.

Aber nein, Abaelard konnte nicht lange Zeit einsam bleiben. Die Einsamkeit ist völlig unvereinbar mit seinem inneren Wesen, das – wie wir gesehen haben – das des Meisters, des Lehrers ist; er braucht es, es ist für ihn lebenswichtig, von der Menge der Schüler umgeben zu sein. Wünschte er sich wirklich die Einsamkeit? Es mag sein, daß er seine Mitmen-

151

schen nach den schmerzlichen Konflikten des Konzils von Soissons nicht mehr ertragen konnte; er mag auch vor dem Gemeinschaftsleben mit Mönchen geflohen sein, auf die seine Ermahnungen keine Wirkung hatten; aber die Einsamkeit als solche hatte für ihn keinen Sinn. Und heiter führt er in seinem *Brief an einen Freund* ohne Übergang seinen Bericht fort, indem er die Menge der Studenten beschreibt, die in die Einöde des Ardusson einfällt. »Kaum war mein Zufluchtsort bekannt geworden, strömten von überallher die Schüler herbei, wobei sie Städte und Schlösser verließen, um in einer Einöde zu wohnen; sie gaben geräumige Wohnsitze für kleine Hütten auf, die sie mit eigenen Händen bauten, köstliche Gerichte für wilde Kräuter und derbes Brot, weiche Betten für Stroh und Moos, Tische für Rasenbänke.« Hinter all diesen gefälligen Gegensatzpaaren muß man sehen, daß sich in der Tat an den Ufern des Ardusson bald eine kleine Stadt erhob. Man kann sich heutzutage recht leicht eine Vorstellung davon machen, denn wir sehen genauso das Leben im Freien in all seinen Formen wiedererstehen wie auch junge Leute zusammenströmen, um als Gruppe einer Tagung zu folgen oder an Exerzitien oder an einem Arbeitscamp in einem Benediktinerkloster oder einem Kibbuz teilzunehmen. Man kann sich folglich ohne allzu große Mühe dieses Lager aus reetgedeckten Schilf- oder Lehmhütten vorstellen, in denen ein ganzes Volk von jungen Leuten Zuflucht findet, die begierig das Wort von Meister Peter hören wollen. Er konnte es sich nicht länger versagen zu unterrichten, und im übrigen hätte ihn nötigenfalls der Mangel an Geld dazu gezwungen. Mit den Worten des biblischen Gleichnisses erklärt er: »Zur Landarbeit hatte ich nicht die Kraft, und ich schämte mich zu betteln.« Er eröffnet also wieder eine Schule. Als Gegenleistung für den Unterricht geben sich seine Schüler alle erdenkliche Mühe, um ihm das Lebensnotwendige zu beschaffen. Man sieht sie bauen, einige Stücke Land bearbeiten, die kleine Gemeinschaft, die sie bilden, mit Vorräten versorgen und sich bald in kühnere Bauvorhaben stürzen, denn die Hauskapelle, die Abaelard mit eigenen Händen gebaut hat,

genügt ihnen nicht mehr. Sie errichten eine richtige Kapelle
»in Massivbauweise«: in Stein und Holz, und damals gibt ihr
Abaelard, als er sie weiht, ihren Namen: der Paraklet.[112] Hatte
er hier nicht die Zuflucht, den Trost, die Gabe des Heiligen
Geistes gefunden?

Außer dem Bericht, den Abaelard selbst uns gibt, verfügen wir
über keine einzige Beschreibung der Schule des Paraklet. Nur
ein kleines, in seiner Form übrigens reizendes Gedicht erinnert uns an die ausgelassene Jugend, die sich um Abaelard
drängt. Es stammt von einem englischen Studenten namens
Hilarius, der nicht ohne Humor beklagt, daß der Meister
seine Lesungen abgebrochen hat: Ein Diener hatte ihm den
Hinweis gegeben, daß einige der Schüler sich Beschäftigun-
gen hingaben, die außerhalb der Ordnung lagen, und da hatte
er entrüstet die Kurse abgebrochen.

Durch den Fehler eines abscheulichen Tölpels
schloß der Meister die Schule zu...
Ach! wie grausam war für uns der Bote,
als er gesagt: Brüder, geht weg von hier,
nehmt Wohnung drüben in Quingey,
sonst »liest« der Mönch nicht mehr für euch.

Und der Refrain hebt in Französisch jede Strophe scharf
hervor:»Mit uns tut der Meister nicht recht«[113] – nicht recht
tut der Meister mit uns. Hilarius fragt sich, was er machen
wird:

Warum zögerst du?
Warum gehst du nicht weg, um in der Stadt zu wohnen?
Dich hält zurück, daß die Tage kurz sind,
der Weg ist lang und dein eig'nes Gewicht ist dir Last.

Und dann ergeht er sich in Klagen über die Quelle der Logik,
die zu fließen aufgehört hat, über die wissensdurstigen Schüler, die auf ihrem Durst sitzenbleiben, und das trostlose

153

Schauspiel, das ein Oratorium bietet, das zu einem »Plorato-
rium« (nicht zu übersetzendes Wortspiel; etwa: zu einem Ort
der Tränen; *Anm.d.Übers.*) geworden ist.
Blieb die Episode ohne Folgen? Oder war sie im Gegenteil
ausschlaggebend für die Entscheidung, die Abaelard fällen
würde, den Paraklet zu verlassen? Das Studentenmilieu war
damals genauso wie heute eine stürmische Welt. Die Bedingungen, in denen sie sich im Paraklet befanden, waren nicht
dazu geschaffen, eine strenge Disziplin zu wahren. Nachdem
der erste Schwung vorbei war, dürften in diesen behelfsmäßi-
gen Lagern nicht wenige Saufgelage, in diesen Schilfhütten
nicht wenige verdächtige Ausgelassenheiten stattgefunden
haben – Früchte der leichten Eroberungen unter den Bauers-
töchtern der Umgebung. Abaelard wollte wohl zumindest
seiner Verantwortung enthoben sein, indem er die Schüler
aufforderte, im Dorf anständige Unterkünfte zu finden. Er
selbst verrät die Episode mit keinem Wort.
Ein wenig später findet man den Engländer Hilarius in Angers
wieder, wo er seine Studien abschließt. Denn der im Paraklet
erteilte Unterricht ist nicht von langer Dauer. Warum eigentlich? Abaelard äußert sich nur recht verschwommen zu diesem
Thema. Seinen Reden nach entfachte sein Erfolg aufs neue die
Eifersucht jener, die er »seine Nebenbuhler« nennt – ohne
Zweifel seine alten Studienkollegen Alberich und Lotulf. »Je
beträchtlicher der Zustrom [der Studenten] war, je unerbittli-
cher die Entbehrungen waren, die sie sich, die Vorschriften
meiner Lehre befolgend, auferlegten, desto mehr sahen das
meine Rivalen als Ruhm für mich und Schande für sich.
Nachdem sie alles getan hatten, um mir zu schaden, mußten
sie zu ihrem Leidwesen erkennen, daß sich die Angelegenheit
zu meinen Gunsten wendete...« »Alle Welt ist ihm nachge-
laufen ..., nichts haben wir ausgerichtet mit unseren Verfolgungen, ja, wir haben seinen Ruhm nur noch größer gemacht.
Wir gedachten, die Leuchte seines Namens zu verlöschen, und
wir haben sie nur heller angefacht.«
In einem Gedicht jener Zeit, das Hugues Primat zu verdanken
ist, der ein Kleriker und berühmter »Vagant«[114] war, erkennt

154

man ein Echo der Rivalitäten zwischen der Lehre Abaelards und der Alberichs von Reims; Hugues preist überschwenglich die Schule von Reims, die nicht, wie so viele andere, vom Lärm der Streitgespräche und der Beweisführungen der Dialektiker widerhallt, sondern die der Zufluchtsort der heiligen Wissenschaft ist; man findet dort:

...weder die Sieben Künste des Martianus
noch die Bände des Priscianus, noch die eitlen Schriften
der Poeten,
sondern die Geheimnisse der Propheten.
Nicht liest man hier viele Poeten,
sondern den Heiligen Johannes und die Propheten.
Nicht Eitles wird hier stets gelehrt,
sondern die Wahrheit wird geehrt.
Nicht Sokrates ruft man an voll Eitelkeit,
sondern die heilige Dreifaltigkeit.

Abaelard dagegen greift er an; nicht, daß dieser genannt würde, aber er kennzeichnet ihn klar genug, wenn man weiß, daß der Name Gnathon, den er ihm gibt, jener des Schmarotzers im *Eunuch* von Terenz ist.

O ihr, die ihr nach der Lehre dürstet,
die ihr zur Quelle gekommen seid,
um Jesum Christum zu hören,
werdet ihr diesem Halunken lauschen?
In dieser heiligen Zusammenkunft:
werdet ihr da diesem Gnathon lauschen?
Würdig, verlacht und verachtet zu werden,
wagst du es, hier zu verweilen?
Kehr unter die Kapuze des Mönches zurück,
nimm wieder das Gewand, das dich gekleidet hat...[115]

Der Ton ist scharf genug, um jeden Zweifel an der Heftigkeit der Angriffe auszuschließen, die gegen Abaelard geführt wurden. Dieser klagt Alberich und Lotulf an, gegen ihn das

Mißtrauen, dann sogar die Feindseligkeit zweier Personen geschürt zu haben, die er nicht beim Namen nennt, aber in denen man leicht zwei Persönlichkeiten erkennt, deren Einfluß damals seinen Höhepunkt erreicht hat:»Der eine von ihnen rühmte sich, dem Leben der regulierten Chorherren, der andere, dem der Mönche einen neuen Aufschwung gegeben zu haben.«[116] Es ist kein Zweifel daran möglich, daß es sich um Norbert, den Gründer der Prämonstratenser, und um Bernhard von Clairvaux handelt.

Und hier wird es immer schwieriger, den Bericht Abaelards, so wie er sich darstellt, zu akzeptieren und seinen Standpunkt zu übernehmen. Wenn man notfalls und mangels besserer Überprüfungsmöglichkeiten seine Meinungen in bezug auf einen Anselm von Laon oder einen Wilhelm von Champeaux für annehmbar halten kann, so kann man ihm unmöglich darin folgen, wie er das Werk eines Norbert oder eines Bernhard in besagten Worten zusammenfaßt: Der eine wie der andere haben unbestreitbar etwas anderes getan als sich »zu rühmen«; sie haben die Reformen durchgeführt, die ihre Zeit erforderte, der eine, indem er den Klerus der Kathedralen und der Pfarreien wieder zum gemeinschaftlichen Leben zurückführte, der andere, indem er mit neuer Strenge die Regel des Heiligen Benedikt wieder aufleben ließ. Ihren Einfluß braucht man nicht zu beweisen, ihre Heiligkeit ebenfalls nicht. Abaelard bringt sich selbst in eine peinliche Lage, wenn er in bezug auf sie von »sich rühmen« spricht und hinzufügt:»Diese Männer liefen predigend in der Welt herum, verketzerten mich mit der Unverfrorenheit, die ihnen eigen war, und machten mich, wenigstens für den Augenblick, bei weltlichen und geistlichen Obrigkeiten verächtlich. Ja, sie sprengten über meinen Glauben und über mein Leben so abenteuerliche Gerüchte aus, daß selbst achtungswerte Freunde sich von mir abwandten und auch diejenigen, welche mir ihre Freundschaft bis auf einen gewissen Grad erhielten, doch aus Furcht vor jenen nicht den Mut hatten, dieselbe irgendwie zu bekennen.«

Anders gesagt, ist sein Mißgeschick das Ergebnis einer Verleumdungskampagne. Worin gründen solche Verdächtigungen? Wir finden keine Spur von Verleumdung in dem, was heute sowohl von Norbert wie von Bernhard an Predigten oder Briefen erhalten ist. Allenfalls war möglicherweise die Vermutung berechtigt, daß die an Hugo von St.-Viktor gerichtete Abhandlung, die den Titel *De baptismo* trägt, Abaelard zugeschriebene Irrtümer aufgriff, ohne daß dieser beim Namen genannt wurde. Allerdings sind sowohl das Werk Norberts wie das Bernhards sicher nicht vollständig auf uns gekommen und es ist möglich, daß die Biographen, willentlich oder nicht, einige Episoden ihres Lebens übergangen haben. Aber man darf sich auch fragen, inwieweit Abaelard nicht das Opfer seiner selbst ist. Mit Sicherheit ist in ihm eine gewisse Unbeständigkeit vorhanden – und auch ein mit dem Alter wachsendes Mißtrauen gegenüber seinen Mitmenschen. Durch seine Mißgeschicke hat er den Geschmack des Unglücks kennengelernt, und da er trotz seiner Bekehrung auf sich selbst bezogen bleibt, sieht er leicht Feinde in den anderen. In den Kapiteln des *Briefs an einen Freund* kann man im übrigen das Fortschreiten dieser Art von Hypochondrie verfolgen, denn auch wenn man seine Urteile über andere bezweifeln darf, so ist man überrascht über die bewundernswerte Klarheit, mit der er sich selbst analysiert. Schon als er aus Saint-Denis flieht, erklärt er, daß er sich in seiner Verzweiflung vorstellte, »daß die ganze Welt gegen ihn verschworen sei«.[117] Das gleiche widerfährt ihm aufs neue im Paraklet: »Gott ist mein Zeuge: so oft ich vernahm, daß eine Versammlung von Männern der Kirche einberufen wurde, fürchtete ich schon, es geschehe zum Zweck meiner Verurteilung.« Die Erinnerung an das Konzil von Soissons genügte sicher, um einen derartigen Verdacht zu rechtfertigen, aber vielleicht trug auch seine eigene Geisteshaltung dazu bei, daß sich in ihm diese Furcht festsetzte, die anfing, in Verfolgungswahn überzugehen; man darf sich fragen, ob er seine Befürchtungen nicht leichter hätte überwinden können, wenn er sich weniger Gedanken um seine eigene Person gemacht hätte.

Fest steht, daß, begründet oder nicht, seine Ängste groß genug waren, um ihn dazu zu veranlassen, den Paraklet zu verlassen. Er selbst beschreibt im einzelnen und auf ergreifende Weise die etwas ausgefallenen Pläne, die die Angst in ihm entstehen ließ:»Ja oftmals – Gott weiß es – kam ich in meiner Verzweiflung auf den Gedanken, das Gebiet der Christenheit überhaupt zu verlassen und zu den Heiden zu gehen, um mir für welchen Preis auch immer das Recht zu erkaufen, bei den Feinden Christi in Ruhe christlich zu leben. Ich sagte mir, sie würden um so eher geneigt sein, mich bei sich aufzunehmen, als mein Christentum ihnen wegen der Verfolgungen, die ich von Christen erlitt, verdächtig erscheinen mußte; vielleicht würden sie aus demselben Grund auch meinen, sie könnten mich zu ihrem Götzendienst bekehren.«[118]

In diesem Augenblick erreicht ihn eine überraschende Neuigkeit: Die Mönche einer weit entfernten, in der Bretagne gelegenen Abtei im Bistum von Vannes, haben ihn zum Abt gewählt. Es handelte sich um Saint-Gildas-de-Rhuys, das nicht sehr weit von eben dem Ort gelegen war, von dem Abaelard herstammte. Vielleicht hatte dieser Umstand zusammen mit der Berühmtheit, deren er sich erfreute, den Ausschlag für die Wahl der Mönche gegeben. Auf jeden Fall scheint es, daß Abaelard – wie er sagt, niedergedrückt von den Beleidigungen, mit denen man ihn überhäufte – diesem Ruf eilfertig entsprochen hat. Vielleicht verursachte ihm seine Schule mehr Sorgen, als er zugeben will. Vielleicht war er auch nicht wenig geschmeichelt von der Idee, eine Abtei zu leiten: Er bekam dadurch vom Kanon her gesehen denselben Rang wie Suger in Saint-Denis oder Bernhard in Clairvaux. Aber ach! Seine Hoffnungen sollten auf harte Gegebenheiten stoßen: »Ein unmenschliches Land, eine unbekannte Sprache, eine rohe und unkultivierte Bevölkerung und Mönche mit offenkundig jeder Beschränkung abholden Lebensgewohnheiten.«[119]

158

Saint-Gildas ist heute im Sommer ein liebenswerter Ferienort, wo sich Massen von Sommerfrischlern um das sehr schöne Heiligtum drängeln, das seine nüchterne Architektur und seine herrlichen Kapitelle aus der Zeit Abaelards bewahrt hat; sie sind wahrscheinlich heute noch so, wie er selbst sie gesehen hat. Aber in der Einsamkeit und den Stürmen des Winters, in dieser flachen, kaum bewaldeten Landschaft, wo die vereinzelt an der Küste liegenden Felsen von den Jahrtausenden und von dem langsamen und unerbittlichen Ansteigen des Ozeans zeugen, kann man ohne Mühe diesen Eindruck von Entferntheit, von »Am-Ende-der-Welt-Sein« nachempfinden, den der Brief von Abaelard beschwört. Die Bretagne, die sich noch in unseren Tagen so stark von allen anderen Gegenden Frankreichs abhebt und die für uns ihren eigentümlichen Charakter bewahrt hat, galt im 12. Jahrhundert als eine – zumindest nahezu – wilde und unzugängliche Gegend. Die Autorität des Lehnsherrn – dies wird bald der Bruder des Königs von England, Heinrich Plantagenet, dann sein Sohn sein – über die örtlichen Grundherren bleibt mehr oder weniger theoretisch. Die Klöster jedoch sind dort zahlreich, und die romanische Kunst strahlt bis in jenen Granit hinein, der sich dem Meißel des Steinmetz so hartnäckig widersetzt. Aber es steht außer Zweifel, daß die Reformbewegung erst die Randgebiete des bretonischen Landes – das Gebiet von Nantes und seine Umgebung – erreicht hat.

Die Ankunft Abaelards in Saint-Gildas hat zu einer Anekdote Anlaß gegeben, die man sich noch im darauffolgenden Jahrhundert erzählte.[120] Einmal in der Gegend angekommen, habe Abaelard seine Pferde und sein persönliches Gepäck in der letzten Herberge gelassen, um sich zu Fuß, mit einem armseligen Überwurf bekleidet, zum Kloster zu begeben; man habe ihn dort rüde empfangen und im Gästetrakt mitten unter den liederlichen Kerlen und Landstreichern schlafen lassen, denen damals jedes Kloster Obdach bot. Am Tag darauf kam er wieder, aber diesmal mit allem Drum und Dran, mit Pferden und Dienern; man schwärmte um ihn herum und führte ihn, wie es seiner Würde als Abt entsprach, in den Kapitelsaal, wo sich sogleich seine Mönche versammelten. Und dort beschämte er sie sogleich, indem er sagte, daß, wenn Christus arm und barfüßig zu ihnen gekommen wäre, man ihn schlecht empfangen hätte; ihre gute Gastfreundschaft gelte nicht der Person, sondern ihren Kleidern, ihren Pferden und ihrem Gepäck. Étienne de Bourbon, der Autor, der uns diese Erzählung übermittelt hat, lebte um die hundert Jahre später als Abaelard, und es ist möglich, daß seine kleine Geschichte eine reine Erfindung ist. Sie gibt jedoch den reformerischen Eifer wieder, von dem Abaelard beseelt war und der wohl hinreichend Teil seiner Persönlichkeit war, um sich in ihn betreffenden Volkserzählungen niederzuschlagen. Nun hätte dieser Eifer wohl kaum ein besseres Wirkungsfeld finden können als in der Abtei von Saint-Gildas-de-Rhuys.

Der Landesfürst, der über eine unbegrenzte Macht verfügte, hatte die Abtei schon lange unter sein Joch gezwungen, wobei er die Unordnung ausnutzte, die im Kloster herrschte. Er hatte sich all der zur Domäne gehörigen Ländereien bemächtigt und bürdete den Mönchen maßlosere und härtere Abgaben auf als die, mit denen selbst die Juden überhäuft waren. Die Mönche lagen mir wegen ihrer täglichen Bedürfnisse in den Ohren, denn die Gemeinschaft besaß nichts, was ich hätte verteilen können, und so unterhielt jeder von seinem beigebrachten Erbteil sich und seine Konkubine mit Söhnen und Töchtern. Nicht genug damit, daß sie mir Kummer bereiteten, stahlen und schleppten sie alles fort, was sie bekommen konnten, um mich in Verlegenheit zu bringen und mich entweder dazu zu zwingen, die Regeln der Disziplin zu lockern oder mich zurückzuziehen. Da aber das ganze Land in seiner Barbarei in der gleichen Gesetz- und Zuchtlosigkeit steckte, gab es niemanden, dessen Hilfe ich hätte erbitten können. Es gab keinerlei Beziehung zwischen ihrem und meinem Leben. Draußen waren es der Fürst und seine Gefolgschaft, die mich fortwährend bedrängten; drinnen stellten mir die Brüder dauernd Fallen.

Ein erschreckendes Bild, das Abaelard vielleicht dramatisiert, aber es kann zutreffend gewesen sein. Mit einem Jahrhundert

Verspätung sieht man hieran, was sich in recht zahlreichen Abteien, Pfarrgemeinden oder Kapiteln vor der Gregorschen Reform abgespielt hatte: Die lokale Macht eignete sich die Güter des Klerus an, und, was schwerer wiegt, sie beherrschte diesen Klerus, der von den Launen des Burggrafen abhing. Die Kirche hat so am Ende der Karolingerzeit eine Periode tiefer Krise durchlaufen, die im 10. Jahrhundert noch durch den verheerenden Zustand eines Papsttums verschlimmert wurde, das moralisch völlig zerrüttet und in die Hände der römischen Familie der Theophylakten gefallen war, die die Päpste nach ihrer eigenen Laune hervorbrachten. Die Reform von Cluny hatte einen ersten Schritt bedeutet, und die Päpste des 11. Jahrhunderts gingen, als das religiöse Erwachen stärker wurde, unter Anregung jenes Mönchs Hildebrand, der der Papst Gregor VII. werden sollte, nach und nach daran, die Kirche von dieser Hypothek zu befreien, die die weltliche Macht auf ihr lasten ließ; eine weltliche Macht, die die kirchlichen Pfründe nach ihrem Geschmack verteilte, den Klerus der Pfarrgemeinden ernannte und über die Abteien herrschte. Allem Anschein nach hat sich zu dem Zeitpunkt, als Abaelard seine Aufgabe als Abt übernimmt, die Reformbewegung noch nicht auf die Bretagne ausgewirkt. Die Mönche führen ein ausschweifendes Leben, die Launen der örtlichen Lehnsherren bestimmen das Gesetz, alles muß reformiert werden, sowohl im Geistigen wie im Weltlichen. Wie in Saint-Denis wird Abaelard, der diesmal die volle Machtbefugnis besitzt, um sich Gehör zu verschaffen, versuchen, ein geregeltes Leben einzuführen, das dem klösterlichen Ideal etwas mehr entspricht. Aber wenn er auch den Eifer des Reformators hat, so hat er doch nicht das Zeug dazu. Es ist erstaunlich, wenn man bedenkt, daß zum selben Zeitpunkt Suger – angespornt durch Bernhard von Clairvaux – in seiner Abtei die Reform durchführte, die sich Abaelard selbst gewünscht hatte. Abaelard hat dazu nicht die Kraft. »Welche Ängste mich Tag und Nacht im Körper und im Geiste quälten, wenn ich mir die Zuchtlosigkeit der Mönche, die zu regieren ich unternommen hatte, vor Augen hielt, weiß ein jeder. Zu versuchen, sie zu dem geregelten Leben zurückzuführen, zu dem sie sich verpflichtet hatten, bedeutete, mein Leben aufs Spiel zu setzen; ich machte mir diesbezüglich keinerlei Illusionen. Für eine Reform nicht alles zu tun, was ich vermochte, hieß andererseits, auf meinen Kopf die ewige Verdammnis herabzurufen.« Hier wäre ein Mensch der Tat nötig gewesen; Abaelard aber hatte mehr Begabung für das Reden als für das Handeln. Einige Abschnitte seines Briefes lassen das Gefühl des Entsetzens ganz lebendig werden, das ihn in diesem fremden Land ergreift, das so weit weg ist von all dem, was bis dahin seine vertraute Umgebung war mit Schülern und Studenten, mit denen man diskutiert, argumentiert und die man belehrt: und das noch dazu in einer wilden Gegend, die im absoluten Gegensatz zu den wohlausgewogenen Landschaften der Ile-de-France oder der Champagne steht,»am Gestade des Ozeans mit seiner furchterregenden Stimme, verbannt ans äußerste Ende einer Erde, die mir jede Möglichkeit versagte, weiter weg zu fliehen.« Fliehen ist von nun an sein einziger Wunsch, und das ist nicht dazu angetan, seine naturgegebene Unbeständigkeit zur Ruhe kommen zu lassen. Dies ist nicht mehr die Einsamkeit der Ufer des Ardusson, dies ist die Verlassenheit, und zwar die Verlassenheit in einer großartigen, aber feindseligen Landschaft, für die er, der Mann der Städte und der Schulen, nicht gebaut ist.

Nun: Eine Gelegenheit zu fliehen sollte ihm gegeben werden.

Abaelard wohnte vermutlich seit zwei oder drei Jahren in Saint-Gildas (er war 1125 gewählt worden, ist aber wahrscheinlich erst einige Monate später in der Abtei angekommen), als ihn beunruhigende Neuigkeiten erreichten: Heloise und ihre Gefährtinnen waren von Argenteuil verjagt und in verschiedene Abteien versprengt worden.

Was genau war geschehen? Die Geschichtswissenschaftler haben die Tatsache verzeichnet, ohne ihre Ursachen auf wirklich befriedigende Weise erhellen zu können. Das Kloster von Argenteuil stand bei seiner Gründung zur Zeit von Pippin dem Jüngeren in Abhängigkeit von der Abtei von Saint-Denis. Unter Karl dem Großen war es davon losgelöst worden, um ein Nonnenkloster zu werden, dessen Äbtissin Theodrada die Tochter des Kaisers war; im einzelnen war vereinbart worden, daß nach ihrem Tod das Priorat von Argenteuil wieder in die königliche Abtei eingegliedert werden würde, und der Abt Hilduin, von dem schon die Rede war, hatte dieses Versprechen der Wiedereingliederung seinerseits vom Sohn des Kaisers, Ludwig dem Sanftmütigen, dessen Hauskaplan er war, bestätigen lassen. Argenteuil war jedoch in den Händen seiner einander ablösenden Äbtissinnen geblieben; es war folglich seit ungefähr dreihundert Jahren ein Frauenkloster, als Suger zum Abt von Saint-Denis gewählt wurde. Er hat selbst erzählt, wie er in seiner Jugend mit Feuereifer die Urkunden des Klosters durchblätterte und über die Ordnungswidrigkeiten und die Nachlässigkeiten erstaunt war, die das Studium der Dokumente sichtbar machte. Nachdem er erst einmal an die Spitze von Saint-Denis gestellt war, sollte er den Eifer eines Verwalters entfalten, der genauso sachkundig war wie versessen darauf, die Rechte und Privilegien, um die man seine Abtei unter seinen Vorgängern gebracht hatte, zur Geltung zu bringen. Er selbst hat in einem uns überlieferten Werk[121] die Ergebnisse seines Tuns schriftlich festgehalten, indem er stolz vermerkt, daß jener Boden, der früher sechs Saum Weizen einbrachte, heute fünfzehn einbringt, daß er in Vaucresson, das ein brachliegender Ort, ein Schlupfwinkel von Räubern war, den Boden mit dem Pflug hat roden, Bauernhöfe, Kirche und Häuser hat bauen lassen und daß der Ort heute sechzig Siedler beherbergt, das heißt neu untergebrachte Bauernfamilien, etc. Nun hatte er, nach der Feststellung, daß das Priorat von Argenteuil früher ein Teil des Besitzes der Abtei gewesen war, eilends darauf Bezug genommen und Botschafter nach Rom geschickt, die die alten Gründungsurkunden dorthin brachten, um beim Papst Honorius die Rechte geltend zu machen und in dieser Angelegenheit eine kirchenrechtliche Untersuchung zu erbitten.

All dies wäre recht einfach, wenn der Wortlaut einer Urkunde, die aus dem Jahr 1129 stammt und von dem Gesandten des Papstes, Matthäus von Albano, ausgestellt ist, nicht ein trübes Licht auf die ganze Angelegenheit werfen würde. »Jüngst erörterten wir«, sagt der Text, »in Paris im Beisein unseres sehr hohen Herrn Ludwig, des Königs von Frankreich, zusammen mit unseren Brüdern, den Bischöfen Renaud, Erzbischof von Reims, Étienne, Bischof von Paris, Gottfried, Bischof von Chartres, Gozlin, Bischof von Soissons, und zahlreichen anderen die Frage der Reform der heiligen Ordnung [verstehen wir darunter: die Reform der Klöster], wobei wir die verschiedenen Abteien Galliens durchgingen, in denen der Eifer erkaltet war; plötzlich erhob sich in der Hauptversammlung ein Geschrei über die Schmach und die Ehrlosigkeit eines Argenteuil genannten Nonnenklosters, in dem eine kleine Anzahl von Klosterfrauen sich zur Schande ihres Ordens in lästerlicher Weise betrug und seit langem die ganze Umgebung durch ihr zuchtloses und ärgerniserregendes Benehmen verunreinigte.«

Natürlich zog Suger sogleich die Urkunden über die Rechtsansprüche von Saint-Denis auf das Priorat aus der Tasche; und man entschied auf der Stelle, daß die königliche Abtei in seinen Besitz zurückkehren, daß man die Nonnen vertreiben und sie durch Mönche ersetzen würde. Eine päpstliche Bulle bestätigte später diese Wiedereingliederung; sie stellte klar, daß es dem Abt Suger obliege, darauf zu achten, daß die aus Argenteuil vertriebenen Nonnen in Klöstern untergebracht würden, die einen guten Ruf hatten, und zwar, wie der Papst sagte, »aus Angst, daß eine von ihnen vom rechten Wege abkomme und durch ihre Verfehlung zugrunde gehe«.

So wurden die Nonnen von Argenteuil infolge einer ehrenrührigen Anklage vertrieben, und diese Anklage wiegt, was unsere Geschichte betrifft, um so schwerer, als Heloise damals Priorin von Argenteuil ist und demnach im Kloster, nach der Äbtissin, die höchste Stellung innehat. Selbst wenn sie nicht an den Zügellosigkeiten, deren das Kloster beschuldigt wird, beteiligt war, trägt sie zumindest einen Teil der Verant-

164

wortung dafür. Sicherlich ist die Tatsache, daß diese unver-
hoffte Anklage und die Ansprüche Sugers zeitlich zusam-
menfallen, ein wenig zu auffällig, als daß man die Bezichti-
gungen ohne Vorbehalt akzeptieren könnte. Aber andererseits – und das ist für uns beunruhigend – stellt man nirgends
fest, daß diese Anklage angefochten worden wäre – sogar von
Abaelard nicht. Er, der sich immer bereit zeigt, gegen jede
Verleumdung Einspruch zu erheben, der sich nicht davor
gefürchtet hat, offen die Zügellosigkeiten der königlichen
Abtei zu der Zeit, als er dort lebte, anzuprangern, läßt kein
Wort über diese Skandale um Argenteuil verlauten, die den
Absichten Sugers äußerst gelegen kamen. Heloise erwähnt
sie genausowenig, und ein derartiges Stillschweigen in bezug
auf eine so schwerwiegende Frage ist für uns schon ein Grund
zum Nachdenken. Der *Brief an einen Freund* berichtet einfach:»Es begab sich, daß der Abt von Saint-Denis die früher
seiner Gerichtsbarkeit als Nebenhaus unterstehende Abtei
von Argenteuil zurückforderte, in der sie, die viel eher meine
Schwester in Christo als meine Gattin ist, den Schleier genommen hatte; er erhielt die Abtei und vertrieb grausam die
Nonnenkongregation, deren Priorin sie war.«
Wahrscheinlich werden wir also niemals wissen, was an
diesen Anklagen wahr und was falsch war. Man kann höchstens sagen, daß das Verhalten von Heloise und ihre Gefühle,
soweit diese in ihren Briefen offenbar werden, sie über jeden
Verdacht stellen.
Was Abaelard betrifft, so kannte er nur eine einzige Sorge:
Heloise irrte von nun an ohne Bleibe herum. Nun ließ ihm,
seit er sich in Saint-Gildas befand, ein Gedanke keine Ruhe.
Seine Hauskapelle des Paraklet war leer und verlassen geblieben:»Die äußerste Armut des Ortes genügte kaum für
den Unterhalt eines Pfarrverwesers.« Die Vorsehung bot ihm
eine Lösung an. Als er Heloise und ihre Gefährtinnen »sich
durch das Exil in alle Winde zerstreuen« sah, »verstand ich,
daß dies eine mir vom Herrn gebotene Gelegenheit war, für
mein Oratorium zu sorgen. Ich kehrte also dorthin zurück, lud
Heloise mit den Nonnen ihrer Gemeinschaft ein, zu kommen,

und setzte sie, sobald sie angelangt waren, in den Besitz des Oratoriums und seiner Nebenhäuser. Und diese Schenkung wurde, dank der Zustimmung und Verwendung des Landesbischofs, von Papst Innozenz II. ihnen und ihren Nachfolgerinnen durch ein Privilegium für alle Zeiten bestätigt.« Étienne Gilson findet wunderbare Worte über diese Schenkung von Abaelard an Heloise: »Man könnte leicht zwanzig tragischere Augenblicke aus seiner schmerzlichen Laufbahn zitieren, doch«, so schreibt er, »bin ich nicht sicher, daß man einen fände, der einen tiefer ergreift … Er hat nichts mehr auf Erden als das elende Stück Boden, das ihm ein Wohltäter geschenkt hat, sowie dieses armselige Oratorium und die wenigen Hütten, welche Schüler für ihn gebaut haben. Kaum weiß er, daß Heloise ohne Schutz herumirrt, da kommt er aus der tiefsten Bretagne herbeigeeilt und gibt ihr das wenige, das er hat, als unbeschränktes Eigentum und unwiderrufliche Schenkung, eine unbeschreiblich schöne und dieses Mal ganz reine Geste, deren Gefühlsreichtum man nur ahnen kann.«[122] Er bekundet hier wirklich »die Liebe des Priesters für seine Kirche«, die Nächstenliebe des benediktinischen Abtes für eine Schwester in Christo und auch die Zärtlichkeit des Ehemannes für seine Frau.

Und diese Geste der Großzügigkeit eröffnet ihm auch gleich eine glückliche Aussicht: Wird er, der Herumirrende, der Gehetzte, endlich den »Ort seiner Ruhe« finden? Warum nicht im Paraklet bleiben? Warum sollte er nicht der Abt dieses neuen Klosters werden, dessen Äbtissin vor Gott seine Frau ist? An der Wende zum fünfzigsten Lebensjahr angekommen, sieht Abaelard die Jahre des Alters sich abzeichnen; seine ehrgeizigen Wünsche von einst: er mußte sie genauso erbarmungslos opfern wie die körperlichen Genüsse. Überall ist er auf die Feindseligkeit seiner Mitmenschen, auf Verfolgung, auf Unverständnis gestoßen:

Man spricht den Weisen unmenschlichen Geist zu,
unfähig wie man ist zu wissen, was ihr Herz erleidet.[123]

Schlimmer noch: Sein Leben ist ein Fehlschlag,»unfruchtbar
für ihn wie für die anderen«; der Beweis dafür ist seine
Unfähigkeit, den geringsten Einfluß auf jene Mönche von
Saint-Gildas auszuüben, deren Abt er ist. Aber hier, im
Paraklet, im Rahmen dieser Gründung, die sein eigenes
Werk ist, in diesem Oratorium, das er im Schilffeld hat
erstehen lassen, warum nicht hier seine Aufgabe als Priester,
als Abt, als Lehrer ausüben? – endlich die Aufnahme und die
Zuhörerschaft finden, die er braucht, die vergangenen Nöte
vergessen, indem er sich inmitten eines Ordens niederläßt,
der ihm das Überleben verdankt?

Das Wohlgefallen, mit dem Abaelard in dem *Brief an einen
Freund*[124] diesen Plan entfaltet, bezeugt, daß es sich um einen
lange gehegten Traum handelt. An guten Gründen fehlt es
ihm nicht: Da ist vor allem die Pflicht, für den materiellen
Unterhalt der Gemeinschaft zu sorgen, die große Mühe hat,
in dieser Abgeschiedenheit zu leben:»...alle Nachbarn
machten mir lebhafte Vorwürfe, daß ich dem Kloster in seiner
Not nicht in dem Maße beistünde, in dem ich könnte, ja
müßte, da ich doch in meiner Predigt ein leichtes Mittel dazu
hätte.« Hatte der Heilige Hieronymus nicht ebenso gehan-
delt, als er Paula und ihre Gefährtinnen in Bethlehem untergebracht hatte? Und die Apostel, und Christus selbst, hatten
sie nicht Frauen bei sich, die ihnen bei ihrer Verkündigungs-
tätigkeit hilfreich zur Seite standen und an ihrer apostolischen Arbeit teilhatten? Das schwache Geschlecht kann nicht
auf die Hilfe des starken verzichten. Und im übrigen: Ist er,
Abaelard, nicht gegen jeden Argwohn gefeit? Er, der, wie
Origenes, ein Eunuch ist, kann er sich nicht, wie dieser, der
Unterweisung jener Frauen widmen, die dank ihm Zuflucht
im Paraklet gefunden haben?»Da ich unter den Mönchen
nichts Gutes mehr tun konnte, könnte ich vielleicht ein wenig
Gutes für sie vollbringen?«
Man weiß eigentlich nicht, wodurch Abaelard gezwungen
wurde, nach Saint-Gildas zurückzukehren. Er selbst weist
nur vage auf»die Feinde« hin, deren»böswillige Unterstel-

lungen« ihn zwangen, seinen Traum aufzugeben, sich von diesem, seinem Herzen von nun an doppelt so teuren Land an den Ufern des Ardusson loszureißen.

»Dem, was der reine Geist der Nächstenliebe mich zu tun drängte, legte die Schlechtigkeit meiner Feinde die gemeinsten Beweggründe unter; ich sei eben noch immer im Banne sinnlichen Verlangens und könne den Verlust der einstigen Geliebten nicht verschmerzen.« Man wäre versucht, hier an den Brief von Roscelin zu erinnern, der ihn anklagt, Heloise den Preis der »Ausschweifungen von früher« zu bezahlen; aber es ist wenig wahrscheinlich, daß Roscelin 1131 noch am Leben gewesen ist; und sein Brief liegt sichtlich früher als die erste Verurteilung Abaelards, die zehn Jahre vorher stattgefunden hat.

Vielleicht gab es eine Ermahnung vom Bischof von Troyes, zu dessen Diözese der Paraklet gehörte, oder vielleicht vom Bischof von Vannes, dem Saint-Gildas unterstand, oder vielleicht wurde sich Abaelard seinerseits bewußt, daß seine Besuche die Gefahr mit sich brachten, der entstehenden Gemeinschaft zu schaden. Auf jeden Fall mußte er sich, todunglücklich, wieder auf den Weg in die Bretagne machen. Aber sein Werk – dies müssen wir feststellen – sollte ihn überleben. Die Geste der Großzügigkeit, durch die das Kloster ins Leben gerufen worden war, sollte sich sogar über alle Hoffnungen hinaus als fruchtbar erweisen, denn die auf diese Weise gegründete Abtei des Paraklet würde die Jahrhunderte überdauern und bis zur Revolution weiterbestehen. Erst 1792 wurde das Kloster, nachdem die Nonnen überallhin zerstreut worden waren, verkauft; und die aufeinander folgenden Aufkäufer nationalen Eigentums (der Haushälter des ortsansässigen Pfarrers, dann ein Notar, dann ein Pariser Trödler) begannen, es abzureißen. In der Zwischenzeit hatte die Abtei das Schicksal der Klöster im 17. und 18. Jahrhundert geteilt; nachdem sie ein wenig zum Erbgut der Familie von La Rochefoucauld geworden war, die herkömmlicherweise seit der Einsetzung von Marie de La Rochefoucauld de Chaumont im Jahre 1599 ihre Äbtissinnen stellte, erfuhr sie den nahezu völligen Verfall, der im 17. und 18. Jahrhundert für die Klöster und für das klösterliche Leben im allgemeinen typisch ist. Immerhin ist der Paraklet, diese Gründung Abaelards, zusammen mit dem *Briefwechsel* sein sicherster, am wenigsten bestrittener Erfolg. Seine philosophischen Schriften sind verurteilt worden; trotz des Einflusses, den sie ausübten, sind sie wenig bekannt geblieben; keine von ihnen ist übersetzt worden; sein, zum Teil verlorengegangenes, dichterisches Werk schätzen nur die wenigen Gelehrten, die es studiert haben. Die Nonnen im Paraklet dagegen haben einander nach seinem Tod sechshundert Jahre lang abgelöst, um, wie wir sehen werden, nach der Regel zu leben, die er ihnen gegeben, und um die Hymnen zu singen, die er für sie komponiert hatte. Aber Abaelard sollte von diesem Erfolg nur die Anfänge sehen. Der ihm zukommende Teil war der Mißerfolg – der unbarmherzige Mißerfolg, der noch durch seine Veranlagung, sein eigenes Dasein zu dramatisieren, verstärkt wurde.

Er kehrte wieder nach Saint-Gildas zurück. In der Abtei hatte sich während seiner Abwesenheit nichts gebessert, im Gegenteil; die Mönche sind wahrhafte Wüteriche, die, wenn man ihm Glauben schenkt, sogar nicht vor Mordversuchen zurückschrecken:

O wie oft suchten sie mich durch Gift aus dem Weg zu schaffen, wie man es dem Heiligen Benedikt bereitet hat... Da ich mich gegen ihre Versuche vorsah, indem ich, so gut ich konnte, überwachte, was man mir zu essen und zu trinken gab, so suchten sie mich beim Meßopfer zu vergiften, indem sie eine gifthaltige Substanz in den Kelch mischten. An einem anderen Tag, als ich nach Nantes gekommen war, um den kranken Grafen zu besuchen, und dort bei einem meiner leiblichen Brüder untergebracht war, wollten sie mich mit Hilfe eines Giftes durch einen der Diener meines Gefolges loswerden, denn sie rechneten zweifelsohne damit, daß ich weniger wachsam gegen diese Art von Anschlägen war; allein der Himmel fügte es so, daß ich die Speise, die mir bereitet worden war, nicht anrührte. Ein Mönch aus der Abtei, den ich mitgenommen und der ahnungslos davon gegessen hatte, starb auf der Stelle; der Bruder, der bediente, wurde wegen seines Gewissens und wegen des unleugbaren Sachverhalts von Entsetzen gepackt und ergriff die Flucht.

Um das Unglück voll zu machen, geschah es, daß Abaelard bei einer seiner Reisen (er erzählt selbst, daß er so wenig wie möglich in der eigentlichen Abtei wohnte und sich mit einer kleinen, ihm treuen Anzahl von Mönchen meist in Prioraten aufhielt) vom Pferd fiel und sich die Nackenwirbel brach – ein Unfall, von dem er sich lange nicht erholte. Er versuchte, die gefährlichsten seiner Mönche zu zwingen, die Abtei zu verlassen. Auf seine inständigen Bitten hin wurde sein von jeher treuer Freund Gottfried von Lèves, der Bischof von Chartres, von Papst Innozenz II. zum päpstlichen Gesandten ernannt, um ihm zu helfen, die Ordnung wiederherzustellen. Die Mönche indessen, so sagt er,»gaben keine Ruhe; jüngst war ich, nach der Vertreibung jener, von denen ich gesprochen habe, in die Abtei zurückgekommen, um mich den Brüdern anzuvertrauen, die ich weniger fürchten zu müssen glaubte: Ich fand sie noch schlimmer. Hier ging es nicht mehr um Gift; sie bedrohten mich mit dem Schwert, und nur unter dem Geleit eines angesehenen Herren der Gegend konnte ich das nackte Leben retten.«

Hier hört der *Brief an einen Freund* auf; Abaelard endet mit einigen Betrachtungen, die ihm die Heilige Schrift und auch der Heilige Hieronymus eingegeben haben, Hieronymus, »als dessen Erben ich mich«, wie er sagt,»der Verleumdungen und des Hasses wegen betrachte. Der Christ kann nicht hoffen, ohne Verfolgungen zu leben: Wollen wir also die Prüfungen mit um so mehr Vertrauen ertragen, je ungerechter sie sind... Gottes höchste Güte läßt nichts Unrechtes geschehen, und alles, was der göttlichen Ordnung widerspricht, führt er selber zu einem guten Ende.« So ermahnt er den Freund, an den sich sein Brief wendet, seinem Beispiel zu folgen und »nicht nur mit dem Munde, sondern auch mit dem Herzen« zu sagen:»Dein Wille geschehe«...

170

4 Heloise

Parce continuis
deprecor lamentis
nec, qua vincularis,
legem amoris
nimium queraris.

Die ewigen Klagen:
Laß sie zur Ruhe kommen.
Hör auf, nachzutrauern
den Banden der Liebe,
die dich gefesselt hielten.[125]

Der Brief, den Ihr, mein Freund, einem Freunde zum Trost
geschrieben, ist, wie der Zufall es wollte, jüngst in meine Hände
gekommen... Ich bezweifle, daß irgend jemand, ohne zu weinen, den Bericht über derartige Prüfungen zu lesen oder zu
hören vermag. Je lebhafter und eingehender Eure Schilderun-
gen sind, desto lebhafter ist das Gefühl des Schmerzes, das sie
aufs neue in mir wecken.

So drückt sich Heloise aus. Der *Brief an einen Freund* ist
»durch Zufall« in ihre Hände gefallen. Damals zirkulieren
Manuskripte wie in späteren Zeiten Gedrucktes: Man liest sie
unter Freunden vor, man schreibt sie ab; die Geschwindigkeit
ihrer Verbreitung erstaunt uns oft. Der *Brief* dürfte recht
schnell in den gebildeten Kreisen, den Schulen und Klöstern
bekannt geworden sein. Hatte Abaelard im übrigen nicht die
Absicht, durch diesen Brief die Aufmerksamkeit wieder ein
wenig auf seine Person zu lenken? Man hat diese Vermutung
geäußert, und es ist wahrscheinlich. Er hatte sich damals –
vielleicht zu seiner Familie – zurückgezogen und bereitete

171

seine Rückkehr nach Paris vor, wo man ihn von neuem auf dem Berg der Heiligen Genoveva wird lehren sehen, nachdem er aller Wahrscheinlichkeit nach inzwischen seine wenig begehrenswerte Stellung als Abt aufgegeben hatte. Nun hatte er, indem er sich mit der Geschichte seines eigenen Lebens auseinandersetzte, ohne es zu wissen eine Saite angeschlagen, die lange nachklingen wird. Dieser *Brief an einen Freund* sollte eine Antwort auslösen, die den Empfänger überraschen würde: nämlich den ersten Brief von Heloise; dies ist der Beginn ihres Briefwechsels. Zum zweiten Mal in dieser Geschichte vernimmt man die Stimme von Heloise. Beim ersten Mal hatte sie diese ihre Stimme – wie man sich erinnern wird – in völlig unerwarteter Weise gegen den Plan einer Ehe zwischen sich und Abaelard erhoben. Dieses Mal ist ihr Eingreifen etwas anders: Es ist ein Schmerzens- und Empörungsschrei; es ist der Anspruch der Frau, die ihren Platz an der Seite ihres Gatten innehaben will – und sei es, um seine Leiden zu teilen – und die nicht duldet, aus dem Umkreis seines Lebens und seiner Sorgen verbannt zu sein; es ist schließlich der Schmerz der leidenschaftlich Liebenden, die das Ende nicht akzeptiert hat, das einer Liebe auferlegt wurde, die zu erinnern für sie immer noch, nach Jahren, den Rahmen ihres täglichen Lebens ausmacht.

Der Brief von Abaelard war ein Bericht; der von Heloise ist ein so heftig ausgestoßener Schrei, daß er heute noch, trotz der dazwischenliegenden Jahrhunderte, trotz der Sprachgewohnheiten einer anderen Zeit und trotz der Mängel der Übersetzungen den Leser erschüttert – ein Schmerzensschrei zunächst angesichts der Leiden Abaelards: da sind »die Verfolgungen, die Ihr von seiten Eurer Lehrer zu erdulden hattet, und die ruchlose Schandtat, die man an Eurem Leibe verübt hat, endlich die verabscheuungswürdige Mißgunst und Gehässigkeit, mit der Eure Studienkameraden Alberich von Reims und Lotulf, der Lombarde, Euch verfolgt haben«; und da sind auch die Erniedrigung durch das Konzil von Soissons, die sowohl in Saint-Denis wie später im Paraklet erlittenen

Nachstellungen; und schließlich zur Krönung des Ganzen die Gewalttätigkeiten »dieser ruchlosen Mönche, die Ihr Eure Söhne nennt«. Der Bericht solch äußerster Nöte erschüttert die ganze »kleine Herde« des Paraklet, die von nun an um jenen bangt, der ihr Wohltäter und geistiger Vater ist, da sie jeden Tag darauf gefaßt sein muß, die Nachricht von seinem Tod zu erhalten. Aber in dieses Gefühl der Anteilnahme mischt sich eine nicht weniger schmerzliche Bestürzung: So hat Abaelard – ob der unbekannte Freund, dem er die lange Folge seiner Leiden geschildert hat, nun erfunden war oder nicht – für sich oder für die Öffentlichkeit jene Geste vollzogen, die Heloise zu Recht von ihm hätte erwarten dürfen: Er hat einen Brief geschrieben! Sie hat sich im Innersten verletzt gefühlt, einen Brief von Abaelard zu lesen, der nicht ihr zugedacht war. Und ihr eigenes Schreiben sollte kein anderes Ziel haben, als für sich zu fordern, was er für andere getan hat: Was auch immer ihm zustößt, will sie »seine Leiden und seine Freuden teilen«, sei es, um ihm seine Last zu erleichtern, wenn sie ihn niederdrückt, sei es, um – seinem Ausdruck gemäß – zu erfahren, daß »der Sturm sich gelegt hat«.

Und im Versuch zu überzeugen tritt die Logikerin wieder in Erscheinung – denn ihr Brief ist über den Schrei der Leidenschaft hinaus genausosehr ein großartiges und glühendes Plädoyer.

Wie zu erwarten, beginnt sie mit der Antike: »Wie angenehm ist es doch, die Briefe eines abwesenden Freundes zu empfangen; Seneca lehrt uns dies durch sein eigenes Beispiel«; und dann führt sie den *Brief an Lucilius* an.

Nun hat Abaelard dem Wunsch eines Freundes entsprochen, indem er ihm gegenüber die Freundschaftsschuld beglich: Hat er nicht schwerwiegendere Gründe, den Wunsch zu erfüllen, den sie, Heloise, ihrerseits zum Ausdruck bringt? – Zunächst einmal im Namen ihrer Gefährtinnen:

Die Verpflichtung, die Ihr gegenüber uns eingegangen seid, ist weitaus dringender, denn wir sind nicht bloß Eure Freundinnen, sondern die opferbereitesten aller Freundinnen, nicht bloß Gefährtinnen, sondern Töchter; ja, dies ist der Name, der uns angemessen ist, es sei denn, es gäbe einen, der noch süßer, noch heiliger wäre.

Dies ist das Argument, das sie, zunächst mit einer merkwürdigen Vorsicht, ausführt: Sie und ihre Gefährtinnen haben eine Gründung inne, die das Werk Abaelards ist. Er hat es in einer »einst nur von wilden Tieren und Räubern besuchten Einöde, die nie eine menschliche Wohnstatt gekannt, nie ein Haus gesehen hatte«, buchstäblich aus dem Boden gestampft. Die wenigen Nonnen, die heute dort in recht ungesicherter Weise leben, schulden ihm alles. An ihm ist es,»diesen Weinstock zu pflegen«, den er mit eigenen Händen gepflanzt hat, anstatt mit widerspenstigen und aufrührerischen Mönchen umsonst seine Zeit zu verlieren:»Ihr widmet Euch Euren Feinden; denkt daran, was Ihr Euren Töchtern schuldet.«
Und schließlich – und hier verrät sie sich; die Logikerin weicht der Ehefrau –, hat er nicht ihr, Heloise gegenüber, eine Schuld zu begleichen? Der Tonfall wird hier sublim, Vorwürfe und Gefühlsausbrüche vermengen sich; dies ist die Sprache der Liebe selbst:

Ihr wißt es wohl, daß Ihr mir verpflichtet seid: Ist es doch das Sakrament der Ehe, das uns verbunden hält, ein um so engeres Band für Euch, als ich Euch immer im Angesicht des Himmels und der Erde mit einer Liebe ohne Grenzen geliebt habe ... Ihr, Ihr allein, der Ihr meines Leidens Grund seid, könnt mich nun auch trösten. Ihr allein macht mich traurig, nur Ihr könnt mir auch die Freude wiedergeben oder mir ein wenig Erleichterung bringen.[126]

Und hier erinnert sie dann, indem sie kontrapunktisch den Brief Abaelards aufgreift, an die Umstände ihrer Liebesgeschichte. Nach der männlichen Fassung haben wir hier die Darstellung des gleichen Ereignisses, so wie eine Frau es erlebt hat, und man kann nicht umhin, darin eine Dichte, eine Tiefe festzustellen, die der Bericht Abaelards bei weitem nicht erreicht. Dies rührt daher, daß er sich in dieser Liebe selbst gesucht hat, während Heloise auf Anhieb über sich selbst hinausgewachsen ist. Sie ist »jene, die sich ausschließlich Euch geschenkt hat«.[127] Ihre Eindrücke sind von solch lebendiger Kraft, daß wir den Bericht der Ereignisse eher ihrem Brief als dem Abaelards entnehmen mußten. Es ist unmöglich, besser als sie es getan hat, zu sagen, was in ihrem Leben das Auftauchen des Meisters, des Philosophen bedeutet hat, dessen Ruf dem eines Königs gleichkam, dessen dichterische und musikalische Befähigung die aller Zeitgenossen in den Schatten stellte, dessen körperliche Schönheit und umfassende Intelligenz ihn zu einem unvergleichlichen Menschen und, für die Frauen, zum Ebenbild des Verführers machten. »Welche Gefühle für Euch mich schon immer beseelt haben, Ihr allein, die Ihr es erfahren habt, könnt dies beurteilen.« Und Heloise nimmt ihre ersten Vorwürfe mit gesteigerter Heftigkeit wieder auf, denn der Tonfall des Briefes, der sich zunächst innerhalb nüchterner Beweisführung hält, erreicht hier die Leidenschaft:

Nur das eine sagt mir, wenn Ihr es könnt, warum Ihr nach unserem gemeinsamen Eintritt ins Kloster, den Ihr allein entschieden habt, mich derart vernachlässigt und vergessen habt, daß ich weder Deine Gegenwart noch Deine Worte fand, um meinen Mut wieder zu stärken, noch einen Brief von Dir erhielt, um mich in meinem Fernsein zu trösten. Sagt es mir, ich wiederhole es, wenn Ihr es könnt, oder ich werde meinerseits sagen, was ich denke und was auf den Lippen aller Welt ist. Begierde mehr als Zärtlichkeit hat Euch mit mir verbunden, mehr die Hitze der Sinne als die Liebe, und das ist der Grund, warum alle Bekundungen der Liebe, zu denen Euch die Begierden anregten, sich plötzlich verflüchtigten, als diese erloschen.

Und nach diesem Vorwurf, dem grausamsten, den man Abaelard als Mann, als Gatten oder Geliebtem machen konnte, kehrt sie wieder zur Zärtlichkeit zurück: »Bedenkt doch – ich flehe Euch an –, daß das, worum ich bitte, ein so Geringes und Leichtes ist; da ich nun einmal Eurer Gegenwart beraubt bin, soll die Zärtlichkeit Eurer Sprache – ein Brief kostet Euch so geringe Mühe – mir wenigstens die Süße Eures Abbilds wiederbringen.«[128] Dies wäre ein äußerst geschickter Zug, wenn es nicht im höchsten Maße weiblich wäre. Und sicherlich hat man einige Mühe sich vorzustellen, daß die darauf folgenden Zeilen von einer der immerwährenden Keuschheit geweihten Nonne, einer Äbtissin herrühren: »[Mein Herz] mag nirgendwo ohne Euch sein, aber, ich bitte Euch inständig darum, laßt es bei Euch geborgen sein; und es wird wohlgeborgen bei Euch sein, wenn es Euch gütig findet, wenn Ihr Liebe mit Liebe vergeltet, Großes mit Kleinem, Opfer mit Worten.«[129]

Es scheint jedoch, daß Heloise beim Schreiben dieser Worte der Abstand bewußt war, den ihr Schleier, ihre Weihe und die Abaelards zwischen ihnen geschaffen hatte, denn am Schluß ihres Briefes kommt sie wieder darauf zurück, sich auf Gott zu berufen; allerdings bietet ihr auch das Gelegenheit zu einem Schachzug weiblicher Geschicklichkeit: »Im Namen Dessen also, dem Ihr Euch geweiht habt, im Namen Gottes selbst, gebt mir, ich flehe Euch an, Eure Gegenwart zurück, so sehr es möglich ist, indem Ihr mir einige Zeilen des Trostes sendet; wenn Ihr es nicht wegen mir tut, so tut es wenigstens, damit ich aus Euren Worten neue Kräfte schöpfe und dadurch dem Dienste Gottes mit mehr Eifer obliege.«[130]

Für Abaelard muß der Schock heftig gewesen sein. Jahrelang war er einem einsamen Weg gefolgt, nahezu dem, der vor der Begegnung mit Heloise der seine gewesen war. Er hatte das Leben des abgeschiedenen Denkers, des Mönchs geführt; und dieser letztgenannte Begriff hatte für ihn wieder seinen etymologischen Sinn angenommen, denn sowohl in Saint-Denis wie in Saint-Gildas war er allein gewesen, unfähig, sich einzufügen. Der Brief von Heloise versetzte ihn gänzlich in die »Dialektik des Ehepaars« zurück. Sicher hatte er durch die Schenkung des Paraklet seine Fürsorge ihr gegenüber auf die handgreiflichste und großzügigste Weise bewiesen. Er hatte sogar einige Zeit in Betracht gezogen, dort selbst zu bleiben und bei derjenigen, die seine Ehefrau war, die Rolle des Vaters und des Priesters – die einzige, die ihm fortan erlaubt war – zu übernehmen. Und es war kein geringes Opfer für ihn gewesen, darauf zu verzichten. Aber hier hatte er selbst plötzlich, ohne es zu wollen, den Ausbruch eines Gefühls herausgefordert, das er seinerseits nicht mehr kannte: eine überströmende, leidenschaftliche, grenzenlose Liebe. Der Brief von Heloise offenbarte ihm jäh einen Abgrund des Leidens – all diese Jahre des Schweigens, verlebt unter dem Schleier der makellosen Ordensschwester, die von ihren Gefährtinnen für würdig befunden worden war, zur Priorin und dann zur Äbtissin ernannt zu werden; all diese Begegnungen im Paraklet, in deren Verlauf Heloise stumm geblieben war hinsichtlich dessen, was ihre einzige Sorge war; schließlich all diese Gefühle in ihrem Herzen, die sie für sich behalten hatte: der Schmerz, den sie empfunden hatte, als sie sah, daß Abaelard sie nach seiner Verstümmelung als erste das Ordensgewand anlegen ließ, wie wenn er daran gezweifelt hätte, daß sie, in eben dem Augenblick, wo es für sie als Frau von ihm nichts mehr zu erwarten gab, trotzdem ganz ihm gehören würde; und vor allem diese vollkommene, absolute Liebe, die sie ihm geweiht hatte. Mit einem Schlag offenbarte sich zwischen ihnen ein Abstand, den er nicht einmal geahnt hatte: Wie sehr fühlte er sich auf den Pfaden der menschlichen Liebe übertroffen! Um wieviel stärker war diese Tag für Tag gewahrte Treue, war dieses, trotz der Scherben der Vergangenheit und der Dürrezeiten der Gegenwart unversehrt und rein gebliebene Herz als seine, Abaelards Reaktionen, den vor allem sein eigenes Schicksal beschäftigte, sein verlorener Ruhm, die erlittenen Erniedrigungen, die ertragenen körperlichen Nöte!

Der Brief von Heloise – Schrei der Leidenschaft – war auch ein eindringlicher Wink, die Zweisamkeit wieder aufzunehmen, auf einer anderen Ebene die Verflechtung des Paares wiederzufinden. Dieses Etwas in ihr, das für immer unbefriedigt bleiben würde, opferte sie gerne, und ebenso wie sie früher im Übermaß ihrer Liebe den Namen der Geliebten, ja

177

sogar der Konkubine dem des Eheweibs vorgezogen hatte, beanspruchte sie heute das, wozu ihr der Titel des Eheweibs das Recht gab, und verlangte, wenn Abaelard schon nicht seine Liebe körperlich kundtun konnte, daß er zumindest mit seinen Augen klar in die ihren blickte, daß ihre Blicke sich aufs neue begegneten. Dies war ihr Recht, das sie geltend machte, das Recht des zurückgesetzten Eheweibs, auf das sie sich eben wegen des völligen Gehorsams, den sie dem Ehemann gegenüber gezeigt hatte, berufen konnte.

Und tatsächlich sollte die Zweisamkeit wieder beginnen, aber auf einer ganz anderen Ebene als Heloise erwartet hatte. Denn Abaelard, der bei so vielen Gelegenheiten schwach und wenig klarsichtig gewesen war, wußte dieses Mal einer Situation zu begegnen, die er nicht vorausgesehen hatte.

Der Brief von Heloise war ebenso gewandt wie leidenschaftlich. Die Antwort Abaelards steht ihm in nichts nach; gewandter noch versucht er, die Leidenschaft, von der er weiß, daß sie ihm gilt, auf den Weg hinzulenken, der der seine ist, denn wenn Heloise ihn auch auf den Pfaden der menschlichen Liebe übertroffen hat, ist er ihr auf dem Weg der Gottesliebe voraus.

Überrascht war er gewesen, und er gibt es zu. Er war nicht auf diesen Ausbruch der Leidenschaft gefaßt, den für ihn nichts im Verhalten von Heloise hat voraussehen lassen, und so empfänglich er auch für Huldigungen sein mochte, so besorgt er auch um die Aufmerksamkeit war, die seine Person auf sich ziehen konnte, so sehr er schließlich Heloise verbunden war, so wenig waren es diese Huldigungen, diese Aufmerksamkeit, diese Verbundenheit, die er sich wünschen konnte. Beim Lesen seiner Antwort ermißt man ganz, wer Peter Abaelard in diesem Abschnitt seines Lebens ist, und wie bedingungslos bei ihm die Annahme des Leides und der Erniedrigung gewesen ist: denn dies ist nicht mehr nur der Ton eines Mannes, dem die Lust hinfort untersagt ist, sondern vielmehr der eines Menschen, der sich entschlossen in den Dienst Gottes gestellt hat.

Zudem ist nicht die Spur von einem Vorwurf in dieser Ant-

178

wort. Abaelard – und dies macht seine Größe aus – stellt sich nicht auf die Ebene der einfachen Moral. Er spielt nicht verletzte Tugend; er hat begriffen, daß die Beschaffenheit der Liebe, die Heloise auf der menschlichen Ebene unter Beweis stellt, in sich wertvoll genug ist, um – im eigentlichen Sinn – eines Tages *bekehrt*, das heißt, zu Jemand Anderem hingekehrt werden zu können. Er hatte einfach diese Bekehrung schon für vollzogen gehalten.

Wenn ich, seit wir der Welt um Gottes willen den Rücken gekehrt haben, an Euch noch kein Wort des Trostes oder des Ansporns gerichtet habe, so ist die Ursache dafür keineswegs meiner Nachlässigkeit zuzuschreiben, sondern Eurer Weisheit, in die ich immer ein unbedingtes Vertrauen gesetzt habe. Ich habe nie gedacht, daß jene, der Gott all die Gaben seiner Gnade erwiesen hat, jene, die selbst fähig ist, mit ihren Worten, mit ihren vorbildlichen Taten Irrenden Klarheit zu bringen, Kleinmütige zu trösten und die Erlahmenden aufzurichten, daß jene irgendeiner dieser Hilfen bedürfe.[131]

Diese wenigen einleitenden Worte genügen, um den Briefwechsel in eine ganz andere »Stimmlage« als die des Briefs von Heloise zu bringen: Man könnte von einem Mißverständnis sprechen, wenn eben nicht jeder Begriff sorgfältig abgewogen und die Wirkung nicht gewollt wäre. Hier zeigt sich, was den Erfolg Abaelards als Lehrer ausmachte, denn man muß hier ganz klar von pädagogischem Gespür sprechen: Der Meister richtet sich an den guten Schüler, und da er weiß, was er von ihm erwarten kann, wendet er sich an das, was in ihm das Beste ist; dies ist keine Rüge, sondern ein durch und durch unterstützender Ansporn. Was hätte Heloise mit den Briefen oder Unterweisungen Abaelards angefangen, da sie selbst sich in den Gesprächen mit den ihrer Obhut anvertrauten Nonnen so voller Glaubenseifer und so voller Umsicht zeigt? Und Abaelard erinnert sie mit wenigen Worten sowohl an ihre Vergangenheit als Priorin wie an ihren gegenwärtigen Stand als Äbtissin. So sind der eine wie der andere, ohne die geringste Anspielung auf den Geliebten und die Geliebte von einst, wieder an ihren wirklichen und gegenwärtigen Platz gestellt: sie, die Äbtissin eines in Gründung befindlichen Klosters, er, der Abt eines Klosters, der nichts für sie tun kann, außer Ermahnungen einzig spiritueller Art an sie zu richten.

Aber da Abaelard zutiefst empfunden hat, welch große Not das Schreiben von Heloise offenbarte, kündigt diese Vorrede keine Absage an, auf sie einzugehen: »Wenn Ihr aber«, fügt er hinzu, »in Eurer Demut anderer Meinung seid und auch in Dingen, die den Himmel angehen, unsere Anleitung und unsere Ratschläge zu brauchen glaubt, so teilt uns mit, über welchen Gegenstand Ihr belehrt sein wollt, und ich werde Euch antworten, soweit der Herr mir die Kraft dazu schenkt.«[132] Die Situation ist dadurch wieder völlig richtiggestellt: Wenn Heloise Briefe erbittet, dann geschieht dies aus Demut; diese Briefe können nur »Dinge, die den Himmel angehen«, zum Gegenstand haben, und die Antworten, die er, Abaelard, nicht zu geben verweigert, können nur Themen betreffen, die den Interessen des einen wie des anderen hinfort angemessen sind, solche also, die ihr geistiges Leben angehen. Von nun an ist kein Irrtum möglich: Die beiden verschiedenen »Stimmlagen«, in denen sich der Briefwechsel abspielt, sind – wie Notenschlüssel auf der Notenlinie – klar vorgegeben.

Alles Weitere des Briefes wäre nach einer derartigen Einleitung nahezu überflüssig, wenn Abaelard nicht – immer in dieser selben Stimmlage – die Heloise besonders am Herzen liegenden Themen ihrer gegenseitigen Beziehung und der Gefahren, denen seine Person damals ausgesetzt ist, erläutern würde: Wenn er in Gefahr ist, so möge sie für ihn beten, denn »die Gebete der Frauen für jene, die ihnen teuer sind, und der Gattinnen für ihre Gatten« sind Gott willkommen. Und hier zählt er der Bibel entnommene Beispiele auf, die die Kraft des Gebetes zeigen, das fähig ist, den Lauf der Dinge zu verändern. Eines dieser Beispiele, das der Tochter des Jephta, ist besonders wichtig; diese Geschichte wird Abaelard zu

einem seiner schönsten Gedichte anregen: dem *planctus* –
was zu dem Wort *Planh* in der Sprache der Troubadoure
werden würde –, der Klage oder Wehklage, die er eben der
Tochter des Jephta in den Mund legt. Man weiß, wie Jephta,
diese Figur aus der Bibel, »nachdem er ein von der Torheit
eingegebenes Gelübde abgelegt hatte, es in noch größerer
Torheit vollzog und seine einzige Tochter opferte«.[133] Als
Sieger einer Schlacht hatte er gelobt, den als Opfergabe
darzubringen, »der als erster aus seiner Haustür heraus ihm
entgegengehen würde«. Nun war es seine Tochter, »die ihm
entgegenging mit Pauken und Reigen«.[134] Für Heloise wie
für Abaelard war diese Anspielung auf das Opfer eines inniggeliebten Menschen, eines unschuldigen Menschen, eines
Menschen, den man als Allerletztes zu opfern geneigt gewesen wäre, glasklar. Sie wird auch in jenem Gedicht weiter
ausgeführt, einem Gedicht, in dem sich die Talente offenbaren, die Abaelard zu seiner Zeit berühmt gemacht haben.
Abaelard erläutert das Thema der Macht des Gebetes und
zeigt dann, daß das Gebet einer Frau gern von Gott erhört
wird: »Schlagt die Schriften des alten und des neuen Testa-
mentes nach und Ihr werdet finden, daß die großen Wunder
der Totenerweckung allein oder vornehmlich Frauen zulieb
geschehen sind, für sie oder an ihnen bewirkt wurden«,[135]
worauf er die Witwe von Nain und die zwei Schwestern des
Lazarus anführt.
Nach diesen allgemeinen Überlegungen wendet er sich
schließlich an sie: »an Euch allein..., an Euch, deren Heiligkeit gewiß bei Gott viel vermag, und die Ihr mir als erste Eure
Hilfe in einem so großen Mißgeschick schuldig seid.«[136] So
sollte die ganze Liebe von Heloise in diesem Gebet enthalten
und zusammengefaßt sein, das er von ihr erbittet und das die
einzige Form des Austauschs ist, den sie künftig untereinander pflegen können. Woraufhin er den Brief abschließt, indem er sie daran erinnert, daß sie im Paraklet, wenn er dort
weilte, die Gewohnheit angenommen hatten, nach den Stun-
dengebeten für ihn, den Gründer ihres Klosters, eine Fürbitte
samt Antiphon und Responsorium zu singen. Und dann gibt

er ihr ein anderes Gebet, dessen Inhalt den gegenwärtigen Umständen besser angemessen ist. »Verlaß mich nicht, o Herr, Vater und unumschränkter Gebieter meines Lebens, auf daß ich nicht falle vor den Augen meiner Feinde, daß mein Widersacher sich nicht meiner Niederlage erfreue... Herr, beschütze deinen Diener, der seine Hoffnung in dich setzt...« Schließlich teilt er ihr seinen größten Wunsch mit, im Falle, daß er sterben würde: »Lasset meinen Leichnam – dies erbitte ich dringend von Euch –, wo er auch begraben sei oder liege, in Euren Friedhof überführen, damit der regelmäßige Anblick meiner Grabstätte unsere Töchter, vielmehr unsere Schwestern in Christo ermuntern möge, ihre Gebete öfter für mich zum Himmel emporzusenden.«[137] Die Aufforderung, über die rein menschliche Liebe hinauszuwachsen, könnte nicht vollständiger sein: »Vor allem anderen bitte ich Euch also darum, die zu lebhafte Fürsorge, in die Euch die Gefahren meines Körpers stürzen, nunmehr ganz dem Heil meiner Seele angedeihen zu lassen.«

> Dies hier ist die wohlvertraute Klage uns'rer Heloise,
> die sie mir und die sie oft sich selber sagt:
> »Wenn ich nicht ohne Reue für die einst begang'nen Sünden
> gerettet werden kann, dann ist keinerlei Hoffnung für mich.
> Denn die einst gemeinsam genoss'nen Sünden waren mir so süß,
> daß ich ihrer gedenkend nur Lust empfinde.«[138]

In der Vorstellung Abaelards war wohl das Zwiegespräch damit abgeschlossen. Ihr Brief war beantwortet, ihre Forderung erfüllt: Mit unendlicher Feinfühligkeit hatte er zurechtgerückt, was ihr verzweifeltes Schreiben an Leid und Leidenschaft offenbarte; der Schrei fand sein Ende im Gebet, und Abaelard besaß genügend Gewalt über die Seele von Heloise, um sie zu überzeugen, treu der Spur zu folgen, die er ihr vorgab. Hatte er ihr im übrigen nicht gezeigt, wie zerbrechlich eben das Leben desjenigen war, den sie liebte, und hatte er nicht die Aufmerksamkeit, die sie seiner Person entgegenbrachte, in eine Blickrichtung gelenkt, die der himmlischen und irdischen Wirklichkeit mehr entsprach? Aber er hatte nicht bedacht, daß er dadurch nur Anlaß zu neuen Beunruhigungen gab, die ihrerseits die Quelle neuer Herzensergüsse waren. Der davon bestimmte Austausch ist so eindringlich, so entscheidend, daß man den Brief von Heloise nun nicht mehr lesen kann, ohne die Antwort, die er ihr von Abaelard einträgt, zu berücksichtigen und umgekehrt, denn wenn die zwei »Stimmlagen« in diesen ersten beiden Briefen nach Abaelards *Brief an einen Freund* absichtlich klar getrennt geblieben sind, muß Abaelard wohl oder übel auf die Ebene von Heloise zurückkehren und den Zweikampf auf dieser Ebene annehmen.

Heloise beginnt damit, einmal mehr ihre im höchsten Grade weibliche Gewandtheit zu offenbaren, indem sie einen Punkt aufgreift, der den Partner verwirren mag; sie ist hier fast Dame von Welt; mit Leichtigkeit beherrscht sie eine Situation, in der viele andere Schwierigkeiten gehabt hätten, und verlangt Auskunft über eine Frage des brieflichen Stiles:

Es befremdet mich, o mein höchstes Gut, daß Ihr gegen den sonstigen Brauch, ja gegen die natürliche Ordnung der Dinge selbst in der Anrede Eures Briefes meine Person vor die Eure zu setzen beliebtet: die Frau vor den Mann, die Gattin vor den Gatten, die Magd vor den Herrn, die Nonne vor den Mönch und Priester, die Diakonisse vor den Abt.[139]

Diese Gewandtheit verbirgt sogar noch eine andere: In der Folge von Gegensatzpaaren stellt sich Heloise unermüdlich Abaelard gegenüber, und diese Haltung der Demut, auf die sie sich beruft, ist wieder eine Art Forderung; was auch immer geschehen mag: sie sind Mann und Frau; was auch immer sich ereignen mag: die Ebene, auf die Abaelard sich zu stellen geweigert hat, ist sehr wohl die ihre. Abaelard macht sich im

übrigen über die wahre Bedeutung dieses Einspruchs keinerlei Illusionen:

Was die, wie Ihr meint, verkehrte Reihenfolge der Namen in der
Anrede meines Briefes betrifft, so stimmt dieselbe, wenn Ihr
näher zuseht, mit Eurer eigenen Ansicht überein. Ist es nicht in
der Tat allgemeine Regel und sagt Ihr es nicht selbst, daß, wenn
man Höhergestellten schreibt, deren Namen vorangestellt werden müssen? Bedenkt, daß Ihr die Höhergestellte seid; Ihr seid
meine Meisterin geworden, da Ihr die Braut meines Meisters
wurdet.[140]

Und Abaelard wird auf diesen, dem Anschein nach unbedeutenden Punkt lange antworten, indem er die Bilder der Heiligen Schrift zur Braut Christi erläutert. »Es stimmt zwar«,
schreibt er, »daß diese Worte sich im allgemeinen auf die
beschauliche Seele beziehen, die im besonderen die Braut
Christi genannt wird. Nichtsdestoweniger bezeugt es das
Gewand, das Ihr tragt, daß sie sich noch ausdrücklicher auf
Euch selbst beziehen.«[141] Und dann greift er ein Bild auf, das
man in den geistlichen Briefen und Gesprächen jener Zeit
recht häufig findet, und ruft aus: »Glücklicher Wechsel des
ehelichen Bundes: unlängst noch Gattin des Elendesten der
Menschen, seid Ihr zu der Ehre erhoben worden, das Lager
des Königs der Könige zu teilen, und diese ausgezeichnete
Ehre hat Euch nicht nur über Euren ersten Gatten gestellt,
sondern über all die Diener dieses Königs.« Die Bilder des
Hohelieds sprudeln hier aus seiner Feder: Während des ganzen 12. Jahrhunderts findet man das wunderbare biblische
Gedicht als Grundlage aller Schriften, die von der Nächstenliebe, der göttlichen Liebe handeln. Heloise fährt fort:

Etwas anderes hat uns erstaunt und bewegt. Euer Brief, der uns
ein wenig Trost hätte bringen sollen, hat unseren Schmerz nur
größer werden lassen; die Hand, die unsere Tränen hätte trock-
nen sollen, hat ihre Quelle zum Überfließen gebracht. Denn wer
von uns hätte in der Tat, ohne in Tränen aufgelöst zu sein, den
Abschnitt am Ende Eures Briefes lesen können, wo Ihr sagt:

»Falls der Herr mich in die Hände meiner Feinde liefert und diese siegreich mir den Tod geben...«? Erspart uns Frauen, die wir bereits so unglücklich sind, derartige Worte: Sie stürzen uns in noch viel tieferes Unglück; nehmt uns nicht vor dem Tode, was unser ganzes Leben ausmacht.

Worauf Abaelard antwortet: »Warum mich tadeln, daß ich Euch an meinen Ängsten habe Anteil nehmen lassen, wenn doch Ihr mich durch Eure eindringliche Fürsorge dazu gezwungen habt!« Sein ganzer Brief hat so das Gepräge einer zumindest scheinbaren Härte, die darauf abzielt, Ausbrüche, die auf der Ebene des Gefühls bleiben, im Licht der Vernunft geradezurücken.

Das Thema von Heloise war: Du sprichst zu uns von deinem Tod, als ob wir dich überleben könnten! »Möge Gott seine demütigen Dienerinnen niemals soweit vergessen, daß Er sie den Verlust von Euch erleben läßt! Möge Er uns nimmermehr ein Leben lassen, das unerträglicher wäre als alle Qualen des Todes!... Schon der Gedanke an Euren Tod ist für uns eine Art Tod.« Und die Antwort Abaelards:

Euch ist der Genuß meiner Gegenwart, selbst einer unbefriedigenden, versagt; deshalb sehe ich nicht, warum Ihr mir die Verlängerung eines solch elenden Lebens eher wünschen solltet als den Tod, der eine Glückseligkeit wäre... Welche Leiden mich außerhalb dieser Welt erwarten, weiß ich nicht, aber ich weiß sehr gut, von welchen ich befreit sein werde... Wenn Ihr mich wahrhaft liebt, werdet Ihr es keineswegs schlecht finden, daß ich mich darum viel sorge. Noch mehr: wenn Ihr Euch von der göttlichen Barmherzigkeit irgend etwas für mich versprecht, dann solltet Ihr mir die Erlösung von den Mühsalen dieses Lebens um so lebhafter wünschen, als Ihr wißt, wie unerträglich sie für mich geworden sind.

Dies hier ist wirklich das Zwiegespräch des Mannes und der Frau, der Logik und des Gefühls. Abaelard zeigt sich fest; er will der Situation Auge in Auge trotzen, und so antwortet er Wort für Wort auf Gefühlsausbrüche, die ihn verärgern:

»Genug dieser Worte, die gleich Schwertern des Todes uns
das Herz durchbohren und die uns in ein Todesleid versetzen,
das viel schmerzhafter ist als der Tod selbst«,[142] hatte Heloise
ausgerufen. – »Aus Gnade: genug dieser Vorwürfe, genug
dieser Klagen, die soweit davon entfernt sind, aus dem Schoß
der Nächstenliebe hervorzugehen...«, antwortet Abaelard.[143]
Heloise hat sich gewünscht, Nachricht von ihm zu erhalten;
sie muß auf sich nehmen, daß solche Nachricht schlecht sein
kann, sie ist es sich schuldig, an seinen Schmerzen wie an
seinen Freuden teilzuhaben; sie kann dagegen nicht wollen,
daß ein Leben länger andauert, das unerträglichen Leiden
ausgesetzt ist. Hier ist es der Stoiker, der spricht.
Bald wird er das Wort dem Theologen überlassen. Tatsächlich hat Heloise in ihrem Brief in ergreifenden Worten die
Mißgeschicke seines Daseins in Erinnerung gerufen: »Hätte
ich nicht, wenn es keine Gotteslästerung wäre, das Recht
hinauszuschreien: Großer Gott, wie grausam bist Du mit mir
in allen Dingen!« Will sie Gott nicht allzusehr anschuldigen?
Ersetzt sie Ihn deshalb, mit Hilfe eines ganz antiken Denkens,
fast sogleich durch Fortuna, das Schicksal? »Den höchsten
Ruhm hat mir das Schicksal durch Euch gebracht und das
tiefste Elend hat es mir in Euch bereitet. Nicht im Guten,
nicht im Bösen hat es Maß gehalten, grenzenlos und gewalt-
sam hat es mir beides beschert..., so daß der Trunkenheit
größter Sinnenfreuden überwältigende Verzweiflung
folgte.«[144]

Als Kinder ihrer Zeit kamen weder Heloise noch Abaelard auf
den Gedanken, ihrer Prüfungen wegen Gott zu leugnen. Sie
hätten sie Ihm übelnehmen können; sie hätten Ihm die
Schuld an ihrem Unglück geben können, und im Grund ist
dies sehr wohl der Standpunkt von Heloise. Gott hat sich
ihnen gegenüber grausam gezeigt. Schlimmer noch, Er hat
sich mit den Logikern, die sie alle beide sind, als unlogisch
erwiesen:

Alle Gebote der Gerechtigkeit wurden an uns in Ungerechtigkeit verwandelt. Während wir die Wonnen einer verstohlenen Liebe genossen, oder – um mich eines weniger anständigen, aber deutlicheren Begriffs zu bedienen – während wir uns der Unzucht hingaben, hat uns die Strenge des Himmels verschont. Als wir aber an Stelle der verbotenen Liebe die erlaubte setzten und das Anstößige unseres freien Liebesverkehrs durch ein ehrbares Ehebündnis gedeckt hatten, da erst hat uns der Herr in seinem Grimm seine gewaltige Hand fühlen lassen.

Dies hat Heloise nicht gutgeheißen. In eben dem Augenblick, in dem sie aufgehört hatten, in ehebrecherischer Weise zu leben, waren sie wie Schuldige heimgesucht worden: »Für Männer, die beim sündhaften Ehebruch überrascht werden, wäre die Marter, die Ihr erlitten habt, als Strafe hart genug gewesen, und was andere durch das Vergehen des Ehebruchs verdient hätten, habt Ihr infolge Eurer rechtmäßigen Ehe erlitten.« Gott hat sich als ungerecht erwiesen. Heloise hat sich ihren Glauben in Gott unversehrt erhalten, aber nicht in den Gott der Liebe. Sie nimmt Ihm eine Mißgunst übel, die sie auf Grund ihres vergangenen Lebens nicht verdient zu haben glaubte. Denn zu ihrer Zeit kann die Auflehnung zur Blasphemie, zum Sakrileg, aber nicht zur Verleugnung führen. Gott bleibt selbst in dem Augenblick gegenwärtig, in dem man ihn beschuldigt. Man bezieht sich immer auf das Absolute, sei es auch, um es zu verfluchen; gleichgültig, in welche Grenzlagen man geraten mag: Der Ausweg kann im Haß oder in der Unfrömmigkeit bestehen, aber nicht im Nichts. Der Mensch kann versuchen, Gott gegenüber listig zu sein, ja sogar, ihn zu bekämpfen: Gott bleibt ihm gegenwärtig. Dies ist – nebenbei bemerkt – sicherlich der Grund, warum Selbstmorde zu jener Zeit so selten sind: weil auch dort, wo jemand im größten Übel oder im größten Elend steckt, ein unausrottbarer Glaube an Gott, das heißt an das Leben vorhanden ist.

Aber Abaelard hat es nicht ertragen können, daß Heloise Gott beschuldigt:

Ich komme nun noch auf Eure alte und ewig sich wiederholende Klage über die Art und Weise unserer Bekehrung zu sprechen; ihr werft sie Gott vor, anstatt, wie es sich ziemte, ihn dafür zu preisen.[145]

Hier erweist er sich als überragend. Er, der am eigenen Leib die Folgen ihrer Taten ertragen hat, der von sich sagen könnte, daß er härter »als Heloise selbst« bestraft worden sei, verwandelt mit einem Wort die Lage, indem er das Bekehrung nennt, was sie beharrlich als Bestrafung bezeichnet. Dies ist nicht mehr die Sprache der Logik, sondern die der Gnade. Allein diese Textstelle würde ausreichen, um den unglaublichen Reichtum einer inneren Entwicklung aufzuzeigen, die auf jenes anfängliche »Ja«, jene willentliche Zustimmung zu dem Schlag, der ihn getroffen hatte, zurückzuführen ist. Und in dieser Textstelle versteht er es, er, der uns hart erschienen war, als er die ein wenig sentimentalen Klagen von Heloise tadelte, auf die zugleich feinfühligste und edelste Weise an die Gefühle zu appellieren:

Euer Trachten geht vor allem dahin, mir zu Gefallen zu sein, sagt Ihr; wenn Ihr aufhören wollt, mich zu quälen – ich sage nicht, wenn Ihr mir zu Gefallen sein wollt –, verwerft diese Gefühle Eurer Seele. Solang Ihr sie hegt, werdet Ihr weder meinen Beifall gewinnen noch mit mir die ewige Seligkeit erlangen können. Werdet Ihr mich ohne Euch dorthin gehen lassen, Ihr, die Ihr Euch bereit erklärt, mir bis in die brennenden Schlünde der Hölle zu folgen? Sehnt mit aller Kraft die Frömmigkeit herbei, und sei es nur, um nicht von mir getrennt zu werden, während ich, wie Ihr sagt, zu Gott eile.[146]

Und mit großer Sanftheit fährt er fort, wobei er sich von neuem an den besten Teil in ihr wendet:

Erinnert Euch dessen, was Ihr über die Umstände unserer Bekehrung gesagt habt, gedenket dessen, was Ihr dazu geschrieben habt. Gott, den man wegen jener Fügung vielfach der Härte gegen mich beschuldigt, habe sich mir vielmehr, wie es ja offenbar ist, gnädig erwiesen in seinem Tun. Laßt Euch seinen

Ratschluß wenigstens im Gedanken daran gefallen, daß er zu meinem Heile gedient hat; ja, nicht bloß zu meinem, sondern gleicherweise auch zu Eurem Heil: das werdet Ihr einsehen, wenn Euer Schmerz Euch erst wieder den Gebrauch des klaren Verstandes gestattet. Bedauert nicht, die Ursache einer so großen Wohltat zu sein, und glaubt, daß Ihr eben damit den Zweck erfüllt habt, zu welchem Ihr vor Gott erschaffen seid.

Und war Gott im übrigen ungerecht gewesen? Abaelard hat keine Mühe aufzuzeigen, daß auch dann, wenn es eine Bestrafung gab, sie der Sünde angemessen war. In der weiteren Beweisführung deutet er unerbittlich wieder auf die Umstände hin, die in ihrer beider Augen die Natur ihrer Handlungen noch merklich schlimmer machte. Er erinnert sie an die Entweihung von Argenteuil: »Unsere Unzüchtigkeit wurde von der Ehrfurcht vor einem Ort, der der Heiligen Jungfrau geweiht ist, nicht aufgehalten. Wären wir keines anderen Verbrechens schuldig, würde nicht dieses hier die schrecklichste der Strafen verdienen? Soll ich jetzt von dem unkeuschen Leben, das wir führten, und von dem Schmutz reden, mit welchem wir uns ohne Scham befleckten, ehe wir den Ehebund geschlossen hatten? Soll ich schließlich an den unwürdigen Verrat erinnern, dessen ich mich gegenüber Eurem Onkel schuldig gemacht habe, ich, sein Gast und sein Tischgenosse, indem ich Euch so schamlos verführte? War sein Verrat nicht gerecht? Muß nicht jedermann zugeben, daß ich mit vollem Recht von dem Manne betrogen wurde, den ich vorher selbst so schändlich betrogen hatte?«[147] Und was sie selbst, Heloise, betrifft: »Als Ihr schwanger wart und ich Euch in meine Heimat habe führen lassen, so wißt Ihr, daß Ihr das heilige Ordensgewand angelegt habt und daß Ihr durch diese unehrerbietige Verkleidung den heiligen Stand beleidigt habt, dem Ihr heute angehört. Seht hierauf, ob die Gerechtigkeit, was sage ich, ob die göttliche Gnade Recht gehabt hat, Euch trotz Euch selbst in den klösterlichen Stand zu versetzen, welchen zu verhöhnen Ihr Euch nicht gescheut habt. Sie hat gewollt, daß das Gewand, das Ihr entheiligt habt,

Euch dazu diene, die Entheiligung abzubüßen, auf daß die Wahrheit zum Heilmittel der Vermummung, und der gottlose Betrug wiedergutgemacht würde.«[148]

Heloise hatte sich in ihrem Brief in Klagen über das Schicksal der Frau ergangen:»Daß doch den größten Männern allezeit von Frauen das Verderben droht.«[149] Sie hatte die Rolle der Eva, der Versucherin gespielt; durch sie war das Paradies verloren, Abaelard aus den Schulen von Notre-Dame vertrieben, der öffentlichen Demütigung ausgeliefert, aus seiner glänzenden Laufbahn herausgerissen worden. Und dann führt sie die Stellen der Bibel an, nach denen die Frau Ursache von Verwirrung und Mißgeschick war: von Eva und Adam über die Frauen des Salomo, die ihn dazu brachten, dem Götzendienst zu verfallen, bis zur Frau des Hiob, die ihn zur Gotteslästerung verleitete; sie gehört zu ihrer Nachkommenschaft, zu ihrer Rasse. So kann man sich gut in Argenteuil oder in der Einsamkeit des Paraklet eine ganze Folge von trüben Grübeleien vorstellen.

In seiner Antwort greift Abaelard diese Selbstanklagen von Heloise auf und führt ihre biblischen Gedankengänge vom Alten zum Neuen Testament, von der Herrschaft des Gesetzes zu der Herrschaft der Gnade. Was bedeutet in ihrem Fall dieser vorgebliche »Fluch« der Frau? Und dann ruft er, auch hier wieder ohne Schonung, die Rolle in Erinnerung, die er, Abaelard, bei ihren Ausschweifungen innehatte: »Ihr wißt, mit welchen Schamlosigkeiten unsere Leiber durch meine zügellose Begierde vertraut geworden waren. Sogar an den Tagen des Leidens unseres Herrn und der größten Feierlichkeiten konnten mich weder Schamgefühl noch Gottesfurcht aus dem Morast herausreißen, in dem ich mich wälzte.« Dies kann man nicht verstehen, wenn man sich nicht in die Gepflogenheiten jener Zeit zurückversetzt, die es wollten, daß man sich zur Fasten- und Passionszeit, an den Quatembertagen und den Vigilien[150] sogar unter Eheleuten jede intime Beziehung untersagte, genauso wie man sich an diesen Tagen feinschmeckerische Gelüste und alles, was der Lust an der Nahrung schmeicheln könnte, verbot – die Enthaltsamkeits-

190

regeln stammen daher. »Ihr wolltet nicht, Ihr leistetet mit allen Euren Kräften Widerstand, Ihr machtet mir Vorhaltungen, und als die Schwäche Eures Geschlechts Euch hätte schützen sollen, benützte ich Drohungen und Schläge, um Eure Zustimmung zu erzwingen. Ich war in solcher Glut für Euch entbrannt, daß ich für diese schändlichen Lüste, deren Name allein mich erröten läßt, alles, Gott und mich selbst vergaß: Konnte das göttliche Erbarmen mich anders retten als dadurch, mir auf ewig diese Lüste zu benehmen? Gott hat sich damals als voll der Gerechtigkeit und des Erbarmens erwiesen, als er den nichtswürdigen Verrat Eures Onkels gestattete. Im Einklang mit der Gerechtigkeit ist das Organ, das gesündigt hatte, auch jenes, das heimgesucht worden ist und das durch den Schmerz den Frevel seiner Freuden gesühnt hat ... Hat mich dieser Verlust nicht um so tüchtiger für alles ehrbare Tun sein lassen, in dem Maße, als er mich vom drückenden Joch der Lüsternheit befreite?«[151] Weit davon entfernt, vom verhängnisvollen Charakter ihres Schicksals bedrückt zu sein, sollen sie sich, der eine wie die andere, freuen, denn was als Schwäche und Verlust in den Augen der Welt erscheinen mag, ist für sie Gelegenheit zu einer Freude und Fruchtbarkeit anderer Art:

Welch unheilvoller Verlust, welch beklagenswerter Schaden, wenn Ihr, den schmutzigen Lüsten des Fleisches hingegeben, mit Schmerzen wenige Kinder zur Welt gebracht hättet, die Ihr jetzt mit Freuden eine zahlreiche Schar für das Himmelreich gebärt. Ein Weib wäret Ihr geblieben wie alle anderen, die Ihr jetzt hoch selbst über den Männern steht, die Ihr Evas Fluch in den Segen der Maria gewandelt habt.[152]

Dies ist, wie man weiß, der damaligen Zeit ein vertrauter Gedanke – daß der Name der Eva sich in den der Maria wandelt – und eine vertraute Denkweise: daß das Evangelium in höchster Weise jene geadelt hat, die, gemäß dem Alten Testament, als Erzeugerin von Leid und Elend betrachtet wird, die schuldig ist, den Menschen in seinen Fall hineinge-

191

rissen zu haben. Diese beiden Pole des Denkens in bezug darauf, wie die Frau betrachtet wird, finden sich bei allen Theologen jener Zeit wieder und sind, allgemeiner gesehen, kennzeichnend für eine Epoche, in der die Frau einen höchst bevorzugten Platz innehatte, wovon alle Formen des Ausdrucks – die Poesie, die Malerei, die Bildhauerei – künden, ob es sich nun um die »sehr hohe Frau« der Troubadoure und der Trouvères[153] oder um die *Thronende Muttergottes* handelt, die bald auf den Tympana der Kathedralen einen beherrschenden Platz einnehmen wird.

Und Abaelard wird zeigen können, daß er ein wirklicher geistiger Meister ist, indem er Heloise von jenem Schuldgefühl befreit, das so heftig auf ihr lastet. Denn sie kommt sich nicht nur schuldig vor (»Möge es dem Himmel gefallen, daß ich wegen dieser Sünde in würdiger Weise Buße tue..., daß ich das, was Ihr einen Augenblick lang in Eurem Fleische erlitten habt, meinerseits, wie es gerecht ist, das ganze Leben lang durch die Bußfertigkeit meiner Seele leide«[154]), sondern sie steht am Rand der Verzweiflung, diesem antichristlichen Gefühl schlechthin, der eigentlichen Sünde des Judas, wenn sie die Vorstellung hat, daß ihre Reue keine Reue sei. Ihr Brief steht in dieser Beziehung in nichts den zynischsten modernen Bekenntnissen nach:

Wenn ich wirklich die Schwäche meines elenden Herzens entblößen muß, so finde ich in mir keine Reue, die geeignet wäre, Gott zu versöhnen. Ich kann mich, wegen der Schmach, die Euch zugefügt worden ist, nicht enthalten, Seine unerbittliche Grausamkeit anzuklagen, und, weit entfernt von dem Versuch, Seinen Zorn durch Bußfertigkeit zu besänftigen, versündige ich mich nur durch mein Murren, mit dem ich mich Seinen Verordnungen widersetze... Kann man, gleichgültig, wie man den Körper kasteit, überhaupt sagen, man tue Buße, wenn die Seele an der Lust zur Sünde festhält und nach den alten Leidenschaften glühend verlangt? Es ist leicht, seine Sünden zu bekennen und sich dafür anzuklagen, leicht ist sogar, seinen Leib äußeren Bußübungen zu unterwerfen; schwer aber ist, seine Seele loszureißen von der Sehnsucht nach den süßesten Genüssen.[155]

Und dies ist wohl das Übel, von dem sie beherrscht wird und das sie in diesem Brief in einer herzzerreißenden Textstelle offenlegt:

In den Lüsten der Liebe, die wir zusammen genossen, fand ich soviel Wonne, daß ich mich weder davon abhalten kann, das Gedenken daran zu lieben, noch kann ich sie aus meiner Erinnerung auslöschen. Wohin ich mich wende: immer stehen sie mir vor Augen und wecken sehnsüchtiges Verlangen. Ihre Truggebilde verschonen mich sogar nicht im Schlaf. Ja, während der Meßfeier, wo das Gebet ganz rein sein muß, wird mein Herz so von jenen wollüstigen Bildern eingenommen, daß meine Gedanken mehr bei ihren Lüsternheiten als beim Gebet weilen. Ich sollte über die Sünden klagen, die ich begangen habe, und seufze jenen nach, die ich nicht mehr begehen kann.

Und sie schließt:

Wenn man meine Keuschheit rühmt, so deshalb, weil man meine Heuchelei nicht sieht.[156]

Abaelard hat zu leiden aufgehört, während Heloise mit ganzem Leib und ganzer Seele den unerträglichen Verlust empfindet, zu dem sie verdammt ist.

Und erneut erweist sich Abaelard hier als ein bewundernswerter geistiger Meister, ein Führer der Seelen. So sehr er sich streng gezeigt hat, wenn die Klagen von Heloise von zuviel Gefühl überflossen, so sehr zeigt er sich gütig und verständnisvoll angesichts dieser Bekenntnisse eines gequälten Gewissens. Nicht mehr die Spur eines Tadels noch der Empörung findet man hier, im Gegenteil: »Was die Zurückweisung betrifft, mit der Ihr dem Lob begegnet, so billige ich sie, denn Ihr zeigt Euch dadurch desselben nur um so würdiger.«[157] Sobald er dann wieder auf das Thema zurückkommt, legt er den positiven Anblick des Kampfes, den sie führt, genauer dar:

193

Allein durch die Wirkung der Strafe, die meinem Körper zugefügt wurde, hat der Herr mit einem Schlag all die Feuer der Begierde, die mich verschlangen, gelöscht. Er hat mich auf ewig vor dem Fall geschützt. Indem er Eure Jugend sich selbst überlassen, indem er zugelassen hat, daß Eure Seele von den Versuchungen der beständigen Leidenschaften des Fleisches heimgesucht wird, hat er für Euch die Krone des Märtyrers vorbehalten. Obgleich Ihr Euch weigertet, es zu hören und wenn Ihr mir auch verbatet, es zu sagen, so ist es trotzdem eine offenkundige Wahrheit: Demjenigen, der unermüdlich kämpft, gebührt die Krone.[158]

Und er bietet Heloise jene mystische Hochzeit an, in der sich Verdienste und Leiden vereinigen:

Ich beklage mich nicht, meine Verdienste schwinden zu sehen, während ich sicher bin, daß die Euren sich mehren, denn in Jesus Christus sind wir nur Einer; durch das Gesetz der Ehe sind wir nur ein Fleisch.

So setzt er den Bildern der Sinnenlust, von denen gepeinigt zu sein sich Heloise beklagt, ein anderes Bild entgegen, jenes einer zum höchsten Wohl der beiden Ehegatten freiwillig auf sich genommenen Pein.
Auch seine Schlußfolgerung steht im Gegensatz zu der von Heloise. Diese schloß mit unumwundener Offenheit:

Gott weiß, daß ich mich bis heute in allen meinen Lebenslagen immer mehr davor gescheut habe, Euch zu kränken als Ihn selbst; Euch wünsche ich viel mehr zu gefallen als Ihm.[159]

Worauf Abaelard antwortet:

Gott selber benutzte diese Wendung der Dinge, uns beide zu sich zu ziehen. Denn hätte Euch nicht schon das Band der Ehe an mich gefesselt, als ich mich aus der Welt zurückzog, hättet Ihr Euch vielleicht durch das Zureden Eurer Angehörigen oder durch die lockende Aussicht auf des Fleisches Lust bestimmen lassen, an der Welt hängen zu bleiben. Seht also, in welchem Ausmaß sich Gott unser angenommen hat.[160]

Was bedeutet das schon, was der eine und der andere gewollt hatte, da Gott sie dorthin führte, wo sie nicht hinwollten.

Abaelard läßt es nicht mit Zureden bewenden. Er ist zu tief in seinem Jahrhundert verwurzelt, um Heloise nicht aufzufordern, sich in ein Bild, ein Antlitz, ein Vorbild hineinzuversetzen; er selbst verglich sich gerne mit Origenes und er kommt in seinem Brief auf diesen Vergleich zurück: Origenes war ein Eunuch; er habe, sagt man, seinen Körper verstümmelt, um den Satz des Evangeliums über jene, die sich »im Hinblick auf das Königreich Gottes« zum Eunuchen machten, wörtlich zu nehmen. Was Heloise betrifft, so erinnert er sie, daß ihr Name einer der göttlichen Namen ist: »Durch eine Art heiligen Omens, das mit Eurem Namen verbunden ist, hat Gott Euch besonders für den Himmel vorgezeichnet; er nannte Euch Heloise, gab Euch also Seinen Namen, der da ist Heloim.« Er schließt, indem er sie inständig darum bittet, für ihn jenes Gebet an den Himmel zu richten, dessen sich Heloise für unwürdig hält, und schreibt – wie er sagt: »eilends« – den Text dazu.

Es ist zu schön, als daß man sich enthalten könnte, es zu zitieren:

O Gott, der du von Anbeginn der Schöpfung, da du aus der Rippe des Mannes das Weib gebildet, das heilige Sakrament der Ehe eingesetzt und es zu unendlicher Ehre erhoben hast, indem du selbst durch den Schoß eines Weibes Fleisch geworden bist und dein erstes Wunder auf der Hochzeit zu Kana getan hast; der du auch meiner Unenthaltsamkeit und Schwachheit die Ehe als Heilmittel nach deinem Wohlgefallen gewährt hast: verschmähe nicht die Bitten deiner Magd, die ich für meine und meines Geliebten Vergehen in Demut vor dein heiliges Angesicht bringe. Vergib, o Allgütiger, der du die Güte selber bist, vergib uns unsere Sünden, so groß und viel sie sind, und laß an der Menge unserer Schulden den Reichtum deiner unaussprechlichen Barmherzigkeit offenbar werden ... Du hast uns vereint, o Herr, und wiederum getrennt, wie und wann es dir gefallen hat. Nun Herr, vollende in deiner großen Barmherzigkeit, was du so gnädig begonnen; die du in der Welt für kurze Zeit auseinander gerissen, vereinige sie mit dir im Himmel für alle Ewigkeit. Denn du bist unsere Hoffnung, unser Erbteil, unsere Sehnsucht, unser Trost, o Herr, gepriesen in Ewigkeit. Amen.

Mit einem Gebet endet also dieser Ausbruch der Liebe, denn den zärtlichen Briefwechsel beschließt Abaelard mit dem 5. Brief. Und schließlich entspricht dies ganz dem Geist jener Zeit. Sieht man nicht die größten Troubadoure ihre Tage in einem Kloster beenden? Bernart von Ventadorn in der Abtei von Dalon, wohin sich auch am Ende seines stürmischen Lebens Bertran de Born flüchtet, Peire d'Avernha in Grandmont und Folquet de Marseille in Thoronet, von wo aus er auf den Bischofssitz von Toulouse überwechseln wird – um nur die Wichtigsten zu nennen.
Und ein weiteres Zeugnis des damaligen Zeitgeists finden wir in den Anreden dieser Briefe. Wäre der Text des Briefwechsels verlorengegangen, hätten sie uns deren Inhalt verraten. Es gibt damals eine Kunst der Sprache. Man wählt die Begriffe so, daß sie für sich selbst sprechen, und dies schließt eine Spracherziehung ein, die bis ins tägliche Leben hinein offenkundig wird: zum Beispiel in der geläufigen Form des Beinamens; so wie ein König von England Beauclerc (etwa: der Schöngeistige) genannt wird, so wird ein anderer Kurzmantel oder Plant-a-Genêt genannt (Ginsterzweig; die Helmzier im Wappen der Familie – *Anm. d. Übers.*). Wie das Wappen auf dem Turnierfeld, wie das Siegel im Schriftlichen, so kennzeichnet der Beiname in der gesprochenen Sprache die Person. Übrigens blieb diese, heute völlig verschwundene Gepflogenheit des Beinamens bis vor gar nicht so langer Zeit in unseren ländlichen Gegenden erhalten; und dieses Merkmal mittelalterlichen Lebens hat auch überlebt, da der Beiname von einst für uns der Familienname geworden ist.
Jene Kunst der Sprache wird, was die Schriften des 12. Jahrhunderts betrifft, von der kraftvollen Prägnanz und dem dichterischen Wert des damals gebräuchlichen Lateins be-

günstigt – das sich, was man nicht zu betonen braucht, weitgehend vom klassischen Latein unterscheidet. Daher kommt es, daß ein Octave Gréard, trotz seines vollendeten übersetzerischen Könnens, die in sich selbst so beredtsamen, so bedeutungsgeladenen Kurzformeln, die namentlich Heloise gebraucht, nicht anders als durch lange Umschreibungen wiederzugeben imstande war.

Die Anrede auf dem ersten Brief von Heloise ist eine Art Meisterwerk; jedes Wort übermittelt den Widerhall einer Episode dieser schmerzhaften Geschichte: *»Domino suo, imo patri; conjugi suo, imo fratri; ancilla sua, imo filia; ipsius uxor, imo soror; Abelardo Heloissa«* – »Ihrem Herrn, ja vielmehr Vater; ihrem Gatten, vielmehr Bruder – seine Magd, nein, seine Tochter; seine Gattin, nein, seine Schwester; ihrem Abaelard – Heloise.« Vom geistigen wie vom konkretesten Blickpunkt aus ist es unmöglich, ihre jeweiligen Standorte mit grausamerer Genauigkeit zu bestimmen.

Aber die Anrede Abaelards ist nicht weniger bedeutungsgeladen: *»Heloisse dilectissime sorori sue in Christo, Abelardus frater ejus in ipso«* – »An Heloise, seine liebste Schwester in Jesu Christo, Abaelard, ihr Bruder in Jesu Christo.« Auf Erinnerungen antwortet Abaelard mit einem Programm: Es ging nicht mehr darum, den Blick fest aufeinander zu richten, sondern gemeinsam in dieselbe Richtung zu blicken. Und dies war obendrein die Definition des Paares: jenes Paares, das sie künftig bildeten. Da aber Heloise eine solche Definition noch nicht annehmen kann, beginnt sie von neuem: *»Unico suo post Christum, unica sua in Christo«*, was man übersetzen kann mit: »An ihren Einzigen nach Christum, die Seinige in Christo.« Um dies jedoch gut zu verstehen, muß man den Sinn jedes Begriffs erläutern: »An denjenigen, der für sie nach Christus alles ist, jene, die ganz die Seine in Christus ist.« Dies heißt Christus annehmen: Heloise und Abaelard glauben beide an Gott; sie gehören einer Zeit an, in der das normale Leben dem Glauben an Christus gemäß geordnet ist; würde man diese grundlegende Gegebenheit nicht anerkennen, ginge man offensichtlich an dem vorbei, was ja die eigentliche Bedeutung dieser Briefe ausmacht, die uns so nahe gehen und die, als Ganzes, so tief menschlich sind, daß ihre Urheber zum Urbild des Liebenden und der Liebenden selbst geworden sind. Aber Heloise will trotzdem unbedingt daran erinnern, daß sie alles für Abaelard sein muß, genauso wie er alles für sie ist. Worauf Abaelard antworten wird: *»Sponse Christi servus ejusdem«* – »An die Braut Christi, der Knecht Christi.«

Ein solcher Austausch vergegenwärtigt uns das Wesen und das Drama des Konfliktzustands, der die Grundgegebenheit des Paares, der »Zwei« ist. Man kann hier nur eine Gesamtheit von Bildern in Erinnerung rufen, die im 12. Jahrhundert üblich sind und die das Thema der Zahl *Zwei* deutlich machen, der »infamen« (im Sinne von: in schlechtem Ruf stehenden) Zahl, die den Gegensatz bedeutet. Am zweiten Tag der Schöpfung taucht die Spaltung, der Bruch auf. »Da machte Gott die Feste und schied das Wasser unter der Feste von dem Wasser über der Feste.« An diesem zweiten Tag sagt Gott nicht, daß sein Werk gut war; Abaelard unterstreicht dies – wie es übrigens alle damaligen Kommentatoren der Genesis tun – in seinem *Exposé über die sechs Tage*, das er auf die Bitte von Heloise hin verfaßt: »Man muß festhalten ..., daß an diesem Tag nicht, wie an den anderen Tagen, gesagt wird: ›Und Gott sah, daß sein Werk gut war‹.«[161] Mit der Spaltung zwischen den oberen und den unteren Wassern tauchen all die kommenden Teilungen, all die Gegensätze, all die »Zweikämpfe« auf. Und in jedem Paar findet sich der ursprüngliche Zweikampf wieder, der augenblicklich gelöst ist, wenn die Gatten »zwei in einem einzigen Fleisch« sind, und der transzendiert ist, wenn das Kind erscheint, das zwei ineinander versunkene Blicke dazu zwingt, sich voneinander loszureißen, um sich, einig in ein- und dieselbe Richtung gewandt, aufeinander einzustimmen und sich wiederzufinden; auf diese Weise kommt der Einklang des Paares zustande. Bei Heloise und Abaelard – und letzterer hat dies sofort verstanden – konnte der Einklang nur soweit einkehren, wie ihr Blick über sie selbst hinausging.

Das ergreifende Duett könnte hier enden. Heloise hat es weiterführen wollen, aber diesmal schickt sie sich darein, ihre Zustimmung zu dem Programm zu geben, das ihr Gatte, der zu ihrem geistigen Meister geworden ist, ihr vorgibt, und so schreibt sie:»*Domino specialiter, tua singulariter*«; was man übersetzen kann mit:»Gott der Gattung nach, Dir dem Einzelwesen nach«. Sie erinnert sich hier der Dialektik; sie findet ohne Mühe die Kategorien wieder, die ihr Meister ihr eingeschärft hat; und sie wird, um ihm zu gefallen, wieder zur Äbtissin; da er es verlangt hat, ist es von nun an die Äbtissin des Paraklet, die sprechen wird.

Auf daß Du mich nicht in irgendeiner Weise des Ungehorsams zeihen könnest, habe ich dem Ausdruck meines immer leicht erregbaren Schmerzes den Zügel Deines Verbotes angelegt. Zumindest werde ich mich, wenn ich Dir schreibe, zurückhalten können, was bei mündlicher Rede schwer, was sage ich?: unmöglich zu verhüten wäre. Denn nichts haben wir so wenig in der Gewalt wie unser Herz, und wir sind eher gezwungen, ihm zu gehorchen, als daß wir ihm befehlen könnten. Wenn uns des Herzens Leidenschaften vorwärts peitschen, kann kein Mensch den ungestümen Trieb so fest beherrschen, daß er nicht doch leicht zur Tat wird; und desto leichter macht er sich in Worten Luft, je unvermittelter die Aufwallungen der Seele sind... Ich werde deshalb meine Hand zurückhalten, so daß sie das nicht schreibt, was meine Zunge sich nicht enthalten könnte zu sagen. Gott gebe, daß mein bekümmertes Herz ebenso zum Gehorsam geneigt sei wie meine Feder.[162]

Hier zeigt sich etwas ganz anderes als eisiges Schweigen oder Ungehorsam: Es ist ein bis ins Heroische getriebener Wille, über sich selbst hinauszuwachsen. Entschlossen wird sie den Gefühlen Schweigen auferlegen, die sie nicht vertreiben kann, und da sie sich selbst gegenüber mißtrauisch ist, wird sie mit äußerster Sorgfalt darauf achten, sich zu beherrschen.
Aber sie bringt doch noch ein letztes Ansuchen vor. Und diesmal ist sie sich bewußt, daß sie ihre Rechte nicht über-

199

schreitet: Abaelard ist es sich schuldig, ihr zu antworten. Hat sie im übrigen nicht letztlich alles erhalten, was sie wünschte? Denn indem sie in dieser Weise auf die Lektüre des *Briefs an einen Freund* reagierte, wollte sie ja im Grunde genommen einen Austausch von Herz zu Herz mit demjenigen, den sie nicht aufgehört hatte zu lieben, und wenn dieser Austausch auch nicht in der Weise zustande gekommen ist, in der sie ihn sich gewünscht haben mochte, so hat er doch stattgefunden. Abaelard hat ihr geantwortet. Ihr zuliebe hat er aus dem Schweigen heraustreten müssen, das sie ihm heftig vorwarf. Sie hat ihn dazu gebracht, die Vergangenheit, die ihr so teuer ist, wachzurufen und darüber zu reden; auf den jetzigen Brief wird er noch antworten müssen, denn Heloise wird ihn darin etwas fragen, was ihre eigene Gegenwart und Zukunft betrifft, wobei sie diesmal im Namen der Gemeinschaft spricht, die sie leitet:

Wir alle, Dienerinnen Jesu-Christi und Töchter Jesu-Christi, bitten Dich heute inständig, uns in Deiner väterlichen Güte zwei Dinge zu gewähren, deren unbedingte Notwendigkeit wir fühlen. Die erste Bitte ist die: Du möchtest uns über den Ursprung des Standes der Nonnen und über das Wesen unseres Berufes aufklären. Die zweite: Du möchtest uns eine Regel aufstellen und zusenden, in welcher den besonderen Bedürfnissen des weiblichen Geschlechts Rechnung getragen und die Einrichtung und Gestaltung unseres Ordenslebens von Grund aus festgesetzt würde; soweit wir feststellen konnten, haben die heiligen Väter diese Aufgabe übersehen. Diese Versäumnis hat die unangenehme Folge, daß jetzt bei der Aufnahme ins Kloster Männer und Frauen gleicherweise auf ein- und dieselbe Regel verpflichtet werden, und daß das schwache Geschlecht unter dieselbe Klosterordnung sich beugen muß wie das starke. Bis heute bekennen sich Frauen und Männer gleichermaßen zur Regel des Heiligen Benedikt, obgleich offensichtlich ist, daß diese Regel einzig für die Männer aufgestellt worden ist und nur von Männern eingehalten werden kann...

Das Schweigen von Heloise nach dem Austausch der Liebesbriefe ist nur ein literarischer Kunstgriff. Neben diesem Brief, dessen Ton sich so sehr von den vorherigen unterscheidet, verfügen wir über Zeugnisse eines ständigen Dialogs zwischen der Äbtissin vom Paraklet und Abaelard, der nun die Rolle des geistigen Führers spielt: nach den zwei Briefen, die die Regel des Klosters vorschreiben, kommen die Hymnen, die Heloise von ihm erbittet, um sie zu den verschiedenen liturgischen Zeitabschnitten zu singen; es gibt Schwierigkeiten, die sie ihm unterbreitet; es gibt die Predigten, die sie zur Erbauung der Gemeinschaft anfordert; wie wir sehen werden, findet auch, während der letzten Stürme, die das Leben des Peter Abaelard noch bis über seinen Tod hinaus kennzeichnen werden, ein tiefgründiger Austausch statt. So kommt es, daß das ganze Leben der Heloise von Abaelard erhellt und geleitet wird. Sie sind von nun an in einem gemeinsamen Wollen vereint; Heloise hat von ihm die Fürsorge erhalten, die er ihr schuldete; Abaelard hat von ihr bekommen, daß diese Fürsorge ausschließlich dazu da sei, ihr beim Dienst des Herrn zu helfen.

Dieser beständige Austausch macht es uns möglich, etwas von Heloises Leben im Paraklet zu erahnen. Was bis heute von den alten Gebäuden erhalten ist, erlaubt es kaum, sich den Rahmen ihres Lebens anschaulich zu machen: eine Art befestigter Bauernhof mit Türmchen, der nach dem 12. Jahrhundert gebaut wurde, kennzeichnet den Ort, und einzig ein Gewölbesaal im Innern des Bauernhauses könnte in die Zeit von Heloise zurückreichen; was sich dagegen nicht geändert hat, ist die Landschaft, die Stimmung dieses recht kargen Landwinkels mit Wiesen und Wäldern, in denen das Wasser steht; aber die Tümpel, die sich im Herbst vervielfachen, spiegeln den herrlichen Himmel der Champagne und seine erstaunlich klaren und ganz in rosa Licht getauchten Sonnenuntergänge wider.

In dieser Umgebung, die an Kupferstiche der Romantik erinnert, stellt man sich ohne allzu große Mühe den Gesang der Klosterfrauen vor – jenen Gesang, der ihr ganzes Leben rhythmisch gliedert, mit dem ihr Tag beginnt und endet, und der mit den Stunden und Jahreszeiten wechselt. Die außerordentliche Mühe, die die Komposition der Hymnen gekostet haben muß, bezeugt zur Genüge die Aufmerksamkeit, die Abaelard dem gesungenen Gebet entgegenbringt, und man würde ihm nicht gerecht werden, wenn man diesen Teil seines Werkes vergäße: Es sind ungefähr hundertundvierzig Hymnen, die er komponiert hat, um jeden der Abschnitte des liturgischen Gottesdienstes zu unterstreichen, alle sind von der Heiligen Schrift gespeist und enthalten einen großen lehrhaften Reichtum; zudem sind die Wortkadenzen von großer dichterischer Kraft, so zum Beispiel in der berühmten Hymne *O quanta qualia*, die zum samstäglichen Vespergottesdienst bestimmt ist, oder auch in der Hymne für die erste Nokturn des Weihnachtsfests. Dieses dichterische Werk findet seine Krönung in den sechs *planctus*, in denen man auch manchem Widerhall der Geschichte Abaelards und derer von Heloise begegnet: Es handelt sich um sechs von der Bibel inspirierte Gedichte, die sicher weite Verbreitung gefunden haben, denn man hat kürzlich darauf aufmerksam gemacht, daß die Melodie von einem unter ihnen (der Klage der Gefährtinnen der Tochter Jephtas, von der schon weiter oben die Rede war) später als Grundlage für ein Lai[163] diente, das in Altfranzösisch allgemein beliebt geworden ist: das Lai der Jungfrauen. So fand man die von Abaelard geschaffene Melodie noch mehr als hundert Jahre nach seinem Tod in aller Munde wieder.

Kein Wunder, wenn in der Regel, die er dem Parakletenkloster gibt, derjenigen Nonne, die sich um das Singen kümmert, auch die Unterweisung der jüngeren Gefährtinnen anvertraut wird; dies entspricht den Gepflogenheiten einer Zeit, in der jede Erziehung mit dem Gesang beginnt. »Sie lehrt die anderen singen, lesen, schreiben und Musik in Noten zu setzen; sie hat auch die Bibliothek in ihrer Obhut, gibt die Bücher aus und nimmt sie zurück, trägt Sorge für die Abschriften und die Buchmalereien.« Die von ihm verfügte Regel ist, wie Heloise es erbeten hatte, die Anpassung der Regel des Heiligen Benedikt an ein Frauenkloster; sie entspricht den besonderen

Bedürfnissen der Frauen und der Spiritualität, die ihnen eigen sein kann. Die Wünsche von Heloise zielten vor allem auf diese Anpassung ab: daß sie keine Arbeit würden tun müssen, die ihre Kräfte überstieg – wie zum Beispiel die Feldarbeiten, denen der Heilige Benedikt seine Mönche unterwarf –, noch Gebete von quälender Länge zu sprechen hätten; so hielt sie es für ausreichend, den Psalter in den Gottesdiensten der Woche so aufzuteilen, daß kein Psalm dort zweimal auftauchte; und sie wünschte auch einige Erleichterungen in der üblichen Diät: Verwendung von Fleisch, Wein, etc. Diese Bitten zeugen von einem Geist der Mäßigung, der im Gegensatz zu dem steht, was man von ihrem leidenschaftlichen Charakter weiß, sie zeugen aber auch von ihrer Fähigkeit, der Verantwortung gerecht zu werden, die sie auf sich nahm, als sie Äbtissin vom Paraklet wurde. »Gebe Gott, daß unser Stand uns bis zur Höhe des Evangeliums erhöhen möge, ohne darüber hinauszuwollen: Lasset uns nicht den Ehrgeiz haben, mehr als Christinnen zu sein.«
In der Antwort auf diesen Wunsch ist Abaelard seinerseits vernünftig geblieben; seine Regel enthält keine übertriebenen Askesevorschriften. Er sieht vor, daß die Nonnen, die zu jeder Jahreszeit unter ihrem Kleid aus schwarzer Wolle ein leinenes Hemd, Beinkleider und Hausschuhe oder Schuhe tragen, im Winter auch ein »Lammfell« anziehen können und daß sie einen Mantel haben sollten, der nachts ihre Decke sein würde; im Schlafraum sollten sie Betten haben mit Matratze, Kopfpolster, Kopfkissen, Laken und Steppdecke. Sie stehen auf, um die Frühmesse zu singen, aber die Zeiten des Wachens und des Schlafens sind gut ausgewogen. Bezüglich der Nahrung sind seine Vorschriften voll gesunden Menschenverstands: »Ist es ein großes Verdienst, wenn wir uns des Fleisches enthalten, während unsere Tische mit überflüssigen Mengen anderer Nahrung beladen sind? Wir kaufen gegen große Aufwendungen alle Arten von Fisch..., wie wenn es die Eigenschaft und nicht der Überfluß der Nahrung wäre, der die Sünde ausmacht... In diesem flüchtigen Leben darf man nicht nach der Eigenschaft der Nahrung fragen,

sondern man muß sich mit dem zufriedengeben, was man in seiner Nähe hat.« Seine Regel weist übrigens kein Merkmal auf, das sie von den damals gebräuchlichen Klosterregeln stark unterscheiden würde; höchstens stellt man da und dort eine gewisse persönliche Note wie die folgende Bemerkung fest: »Wir untersagen es gänzlich, jemals die Gewohnheit über die Vernunft obsiegen zu lassen und irgend etwas aufrechtzuerhalten, weil es der Brauch, nicht weil es das Vernünftige ist. Man muß sich nach dem richten, was uns gut erscheint, nicht nach dem, was üblich ist.«

Trotz des Gesagten hat Abaelard nichts von der neuerungswilligen Kühnheit seines Landsmanns Robert von Arbrissel. Dieser hatte bei der Gründung von Fontevrault Doppelklöster – Mönche und Nonnen selbstverständlich streng voneinander getrennt – vorgesehen, wobei die hohe Aufgabe der Verwaltung des Doppelklosters der Äbtissin anvertraut war; dies war zu jener Zeit übrigens nicht die einzige Gründung dieser Art, denn solche Männer und Frauen umfassenden Doppelklöster sind vor allem in den keltischen christlichen Landen, in England und Irland, zahlreich.
Abaelard plant auch ein Männerkloster, dessen Mönche und Laienbrüder dem Frauenkloster dienstbar sein sollten, sei es, um die Gottesdienste zu feiern, sei es, um bei den körperlichen Arbeiten zu helfen. Aber er fügt hinzu: »Wir wollen, daß die Frauenklöster den Männerklöstern unterworfen sind, so daß die Brüder für die Schwestern Sorge tragen, daß ein einziger Abt wie ein Vater den Bedürfnissen der beiden Einrichtungen vorstehe, auf daß es nur einen einzigen Stall und einen einzigen Hirten im Herrn gebe.« Allerdings rückt er diese Empfehlung weiter hinten zurecht: »Wir wollen..., daß der Abt die Herrschaft über die Nonnen in der Weise innehabe, daß er die Bräute Christi, deren Diener er ist, als seine Vorgesetzten anerkenne, und daß er seine Freude nicht dahinein verlege, ihnen zu befehlen, sondern ihnen zu dienen.«

Es war auch zu erwarten, daß dieser Meister, der daran gewöhnt war, Schulen zu leiten, eine besondere Aufmerksamkeit darauf verwenden würde, den Nonnen zu empfehlen, sich eifrig zu bilden. Er beruft sich hierfür auf das Beispiel des Heiligen Hieronymus, der von den in Bethlehem um Paula versammelten Frauen, die dort das ordensmäßige Leben führen wollten, verlangte, die heiligen Wissenschaften zu studieren.

Den Eifer eines so großen Lehrers und dieser heiligen Frauen im Studium der Göttlichen Schriften bedenkend, ist mein Wille und mein Wunsch, daß ihr ohne Verzug die drei Sprachen (griechisch, lateinisch, hebräisch), solange ihr könnt und solange ihr eine darin kundige Mutter habt, bis zur Vollkommenheit studiert, so daß ihr fähig seid, alles zu erhellen, was der verschiedenen Übersetzungen wegen einen Zweifel hervorrufen könnte. Die Inschrift selbst, die in hebräischer, griechischer und lateinischer Sprache auf dem Kreuz des Herrn steht, scheint mir dies nicht ohne Triftigkeit vorwegzunehmen: daß nämlich die Kenntnis dieser drei Sprachen auf der ganzen Erde in der Kirche verbreitet werde, denn der Text der beiden Testamente ist in diesen Sprachen verfaßt. Ihr könnt euch ohne große Reisen, ohne großen Aufwand, darin bilden, denn ihr habt, wie ich schon sagte, eine Mutter, die dieses Fach ausreichend beherrscht.[164]

Die Anfänge im Paraklet – Abaelard bezeugt dies – waren äußerst ärmlich und schwierig gewesen. Die Nonnen dürften dort kaum etwas anderes zum Wohnen gefunden haben als die bescheidenen Lehmhütten, die die Studenten gebaut hatten, und die Kapelle; vielleicht erhob sich diese Kapelle an derselben Stelle wie jene, die heute den Ort kennzeichnet, wo Abaelard, dann Heloise nacheinander begraben werden sollten. Das Kopialbuch vom Paraklet, das uns erhalten geblieben ist, zeugt von der schrittweisen Zunahme der Güter der Gemeinschaft. Im Jahre 1134 sieht man Manasses, den Bischof von Melun, einiges von dem Zehnten, den er in seiner Diözese erhebt, opfern, um »zumindest teilweise die Not der armen Mägde Christi, die Ihm fromm im Paraklet dienen, zu

lindern«; später noch, im Jahr 1140, stellt man fest, daß das
Kloster stark verschuldet ist. Als am 1. November 1147 dagegen der päpstliche Gesandte im Namen von Eugen III. in
Châlons die Vermögenswerte des Paraklet bestätigt, ist deren
Verzeichnis beeindruckend; wie immer zu jener Zeit handelt
es sich um eine wahrhafte Unzahl von verschiedenen, hier
und dort wahrgenommenen Rechten: die Nutzung der Wälder von Courgivaux, Pouy, Marcilly und Charmoy, um sowohl die Viehherden da weiden zu lassen als auch um von
dort die Balken herzuholen, die man zum Bauen brauchte;
fünf Sous Mautgebühr von der Brücke von Baudemont; zwei
Scheffel Roggen vom Land des Gautier de Courcemain; zwölf
Deniers Pachtzins für die Wiese von Thierry Gohérel; einen
Saum Hafer und zwanzig Hühner, gegeben von Marguerite,
der Gräfin von Marolles, etc.; aber auch ansehnlichere Gaben
sind darunter: eine Mühle, ein Haus, einige Morgen Weinberge und Wiesen, anbaufähige Ländereien, die nunmehr
ein ausgedehntes Gut bilden.
Und ihre Gönner sind mächtige Leute, denn an erster Stelle
steht Theobald, der Graf von Champagne selbst, der ihnen
einen jedes Jahr abzuholenden Saum Weizen gegeben hat
sowie den Ertrag der in der Nähe seiner Mühlen von Pont-
sur-Seine gelegenen Fischfanggebiete und sechzehn Scheffel
Getreide von Moulin-de-l'Étang. Mehrere kleine Ritter der
Gegend, wie Arpin de Méry-sur-Seine und zwei andere mit
Namen Félix und Aimé, die beide ohne weitere Erklärung als
miles (Ritter, Vasallen) bezeichnet werden, haben ebenfalls
dazu beigetragen, das Kloster mit Einkünften zu versehen;
auch viele kleine Leute sind darunter, wie die Frau von
Payen, dem Sattler, die ihnen alles gegeben hat, was sie
besaß: ein Haus in Provins und drei Sous Pachtzins aus
Lisines. Die Nonnen scheinen auch bei der Geistlichkeit in
hoher Gunst gestanden zu haben: Unter den Gaben, die sie
erhielten, ist die von Heinrich le Sanglier, dem Erzbischof von
Sens, der ihnen seinen Zehnten von Lisines und einen Teil
desselben von Cucharmoy gegeben hat; Atton, der Erzbischof
von Troyes, hat ihnen die Hälfte des Zehnten von Saint-

Aubin und auch, was uns in das Leben jener Zeit zurückversetzt, die Hälfte der Kerzen für Mariä Lichtmeß gespendet; nach ihrem Vorbild erscheinen auch mehrere Priester unter den Spendern, so jener Gondry de Trainel, der ihnen schon 1138 ein bebautes Gelände geschenkt hat, das von seinem Vater auf ihn gekommen war, oder schließlich jener Pierre genannte Priester aus Périgny-la-Rose, der ihnen Häuser und Weinberge gab. Manchmal wurde dem Kloster eine Schenkung gemacht, wenn eine Frau dort den Schleier nahm. So haben ein Mann namens Galon und dessen Frau Adelheid die Hälfte der Mühle von Crèvecœur und die Weingärten, die sie am selben Ort besaßen, zusammen mit einem in Provins oder Lisines einzutreibenden Pachtzins in Höhe von vierzig Sous gespendet, als Hermeline, die Schwester von Adelheid, ihre Gelübde im Paraklet ablegte; dies zeugt davon, daß das Kloster schon ab dem Jahr 1133, also dem Jahr, aus dem diese Schenkung stammt, begann, Leute aus der Gegend aufzunehmen; ein anderer Zehnter, der von Villegruis, war von dem Ritter Raoul Jaillac und seiner Frau Elisabeth gewährt worden, als eine ihrer Nichten den Schleier nahm.

Insgesamt zeugen diese Urkunden von der ausgezeichneten Verwaltung durch Heloise; sie war eine umsichtige, auf die gute Geschäftsführung ihres Klosters bedachte Äbtissin, und so sollte dieses, unter so wenig günstigen Umständen gegründete Kloster (handelte es sich doch um Nonnen, die vorher aus einem Konvent vertrieben worden waren, der in zweifelhaftem Ruf gestanden hatte) sich bald allgemeiner Gunst und allgemeinen Ansehens erfreuen. Der König selbst, Ludwig VI., hatte ihnen schon 1135 Schenkungen gemacht. Man kann Abaelard nicht der Übertreibung bezichtigen, wenn er, die rasche Entwicklung des Paraklet nachzeichnend, schreibt:»Der Herr gewährte es unserer lieben Schwester, die der Gemeinschaft vorstand, vor jedermanns Augen Gnade zu finden. Die Bischöfe liebten sie zärtlich wie ihre Tochter, die Äbte wie ihre Schwester, die Laien wie ihre Mutter; alle bewunderten gleichermaßen ihre Frömmigkeit, ihre Weis-

heit, ihre unvergleichlich sanfte Geduld.«»Je weniger sie sich
sehen ließ«, fügt er hinzu, »je mehr sie sich in ihr Oratorium
zurückzog, um sich in ihre heiligen Betrachtungen und ihre
Gebete zu versenken, desto inbrünstiger erbat man ihre Gegenwart und die Unterweisungen, die sie bei Gesprächen
erteilte.«
Dies bedeutet, daß der Paraklet, wie alle Klöster jener Zeit,
Besucher empfängt; da sind zum einen die Armen, Pilger
oder Landstreicher; die Pförtnerin hat die Aufgabe, sie zu
empfangen – und es wird ausdrücklich angeführt, daß sie die
Almosen an sie verteilt, daß es aber die Äbtissin oder andere
Schwestern sind, die kommen, um ihnen die Füße zu waschen; da sind ferner die Leute der Umgebung, und zuweilen
auch die Mitglieder der Geistlichkeit oder der kirchlichen
Behörden.

Einer dieser Besuche sollte das Kloster eines Tages in Aufregung versetzen: Bernhard von Clairvaux hatte sich ankündi-
gen lassen. Er wurde »nicht wie ein Mensch, sondern wie ein
Engel« empfangen; sicherlich verbrachte er zur großen
Freude der Klosterfrauen, die voller Eifer seinen Worten und
Ermahnungen lauschten, einen Tag im Kloster. Eine Einzelheit sollte Bernhard im Verlauf dieses Besuches jedoch überraschen: Nicht ohne einiges Erstaunen hörte er die Nonnen
das *Pater noster* auf unübliche Weise beten. In der Tat: Statt
nach allgemeinem Brauch zu sagen, »Unser täglich Brot gib
uns heute«, betete man im Paraklet, einer Ausdrucksweise
gemäß, die im Evangeliumstext des Heiligen Matthäus enthalten ist: »Gib uns unser überwesenhaftes Brot.« Über diese
ungewöhnliche Formulierung erstaunt, befragte er deswegen
die Äbtissin, und Heloise wird ihm wohl gesagt haben, daß
diese ein wenig hochgestochene Ausdrucksweise von Abaelard stammte. Im übrigen hatte die Frage, nachdem das
Erstaunen vorbei war, keine weiteren Folgen.
Einige Zeit später aber kam Abaelard selbst in das Kloster,
und Heloise berichtete ihm vertraulich, daß der Abt von
Clairvaux über diesen Bruch mit der allgemeinen Gewohn-

heit erstaunt gewesen zu sein schien. Abaelard griff sogleich zur Feder. Der Ton des Briefs, den er in dieser Angelegenheit an Bernhard von Clairvaux richtet, ist sonderbar scharf. Der Anfang ist recht ehrerbietig:»Da Ihr geglaubt haben werdet, daß dieser Brauch von mir stammt, erschien ich Euch wohl als der Urheber einer gewissen Neuerung; ich habe gedacht, daß ich Euch meine diesbezüglichen Gründe schreiben sollte, dies um so mehr, als ich es mir mehr als bei jedem anderen übelnehmen würde, Euer Urteil verletzt zu haben.« Doch dann schwillt der Ton schnell an. Abaelard rechtfertigt die Quellen dieses Ausdrucks und auch die Tatsache, eine Neuerung eingeführt zu haben. Hatten der Heilige Gregor der Große und selbst Gregor VII. nicht betont:»Der Herr hat gesagt: ›Ich bin die Wahrheit‹; er hat nicht gesagt: ›Ich bin der Brauch‹.« Und dann wirft Abaelard, sich plötzlich ereifernd, dem Abt von Clairvaux nicht ohne einige Heftigkeit vor, selbst ein Neuerer zu sein:

Ihr habt Eurerseits auch, entgegen dem seit langem und noch heute aufrechterhaltenen Brauch sowohl der Kleriker als auch der Mönche, bei Euch eine Form des Gottesdiensts eingeführt, der neuen Anordnungen folgt, und Ihr habt Euch deshalb nicht für schuldig befunden... Ich will nur einige davon in Erinnerung rufen: Ihr habt die üblichen Hymnen verschmäht und solche eingeführt, die wir noch nie gehört hatten und die nahezu allen Kirchen unbekannt sind... Und welch erstaunliche Tatsache: Während Ihr fast alle Eure Oratorien dem Andenken der Mutter des Herrn geweiht habt, feiert Ihr dort keines ihrer Feste, noch die der anderen Heiligen. Ihr habt fast völlig den verehrungswürdigen Brauch der Prozessionen ausgeschlossen. Nicht nur behaltet Ihr zuweilen, dem allgemeinen Brauch der Kirche entgegen, den Gesang des *Alleluja* bis zum Sonntag Septuagesima bei, sondern Ihr haltet daran bis in die Fastenzeit hinein fest...

Und dann fordert er für sich das Recht, Neuerungen einzuführen:

In der Tat hat Jener, der wollte, daß alle Sprachen von Ihm künden, selbst Wert darauf gelegt, daß Ihm mit verschiedenen Arten von Kulten gedient werde... Ich suche nicht, irgend jemanden davon zu überzeugen, mir darin zu folgen... Was mich betrifft, werde ich, sosehr ich vermag, unverändert an diesen Worten und Ihrem Sinn festhalten.

Es scheint nicht, daß Bernhard auf dieses Schreiben, das auch nicht auf andere Auseinandersetzungen zwischen den beiden Männern anspielt, geantwortet hat; der Brief muß verfaßt worden sein einige Zeit nach ihrer ersten Begegnung anläßlich der Einsegnung des Hauptaltars von Morigny durch Papst Innozenz II., an der Bernhard und Abaelard als Äbte der beiden Abteien von Clairvaux und von Saint-Gildas-de-Rhuys am 20. Januar 1131 zusammen teilgenommen hatten.

Aber wenn man das Leben und Werk Abaelards insgesamt betrachtet, sieht man, daß dieser ohne Antwort gebliebene Brief, in dem er – recht übertrieben – wegen eines ziemlich geringfügigen Zwischenfalls das Feuer eröffnet, wohl das Vorspiel zu einer Auseinandersetzung anderen Gewichts ist.

5 »Der Mann,
der Euch gehört...«

O ros! o vanitas! cur sic extolleris?
Ignoras etiam utrum cras vixeris.
Hec carnis gloria que magni penditur
In sacris litteris flos feni dicitur
Ut breve folium quod vento rapitur.

Eitler Tau, der sich erhaben wähnt!
Du weißt selbst nicht, ob du noch morgen lebst.
Der fleischlich' Ruhm, den du eifrig suchst,
wird in der Heil'gen Schrift nur Heublume genannt,
so wie ein Halm aus Stroh, den Winde schnell verweh'n.

(Abaelard zugeschriebenes Gedicht)

O meine Schwester Heloise, einst mir teuer in der Welt, jetzt in Christo mir besonders lieb und wert: die Logik ist es, die mich der Welt verhaßt gemacht.[165]

Diese Feststellung leitet das Glaubensbekenntnis Abaelards ein, das, wie wir sehen werden, in dramatischen Umständen verfaßt wurde; sie zeugt von der völligen Klarheit, mit der er sein Werk und die Reaktionen, die es ausgelöst hat, beurteilt.

Abaelard ist es unterdessen wohl mehrere Jahre lang möglich gewesen, seinen Unterricht auf dem Berg der Heiligen Genoveva in aller Ruhe fortzusetzen. Vielleicht schon von 1133 an, sicher im Jahr 1136 hat er seine gewohnte Zuhörerschaft wiedergefunden und erregt, ganz wie früher, die Begeisterung der Studenten. Einem von ihnen, dem Engländer Johann von Salisbury, verdanken wir ein genau datiertes Zeugnis darüber: Er hat Abaelards Unterricht besucht und erklärt, daß ihm sein Weggehen zu plötzlich erschienen war.

Vielleicht fällt die Abfassung zweier Schriften Abaelards, die die Moral betreffen, in diese Zeit: das *Scito te ipsum* und der *Kommentar zu den Römerbriefen*. Ohne auf Einzelheiten dieser Werke einzugehen, muß man erwähnen, daß sie zu seiner Zeit keine Zustimmung finden konnten. Behauptete Abaelard nicht, daß allein in der Absicht die Sünde liege? Dies lief darauf hinaus, in der Sünde den Aspekt des öffentlichen Ärgernisses zu leugnen; und dieser zu scharf ausgeprägte Standpunkt war nicht dazu angetan, das Wohlwollen auf sich zu ziehen in einer Zeit, in der man nicht der Auffassung ist, ein Vergehen könne ausschließlich individuell sein, und in der die Beziehungen zwischen der Person und der Gruppe so eng sind, daß die ganze Gemeinschaft sich durch das Vergehen eines ihrer Mitglieder befleckt fühlt; in der folglich das öffentliche Ärgernis in gewisser Hinsicht als genauso schwerwiegend erscheint wie das Vergehen selbst. Dieser individualistische Wesenszug in der Moral Abaelards ist übrigens, genauso wie das Gewicht, das er der Buße beimißt, ausgiebig in den Moraltraktaten diskutiert worden.[166]

Abaelard hat wahrscheinlich zu dieser Zeit auch ein Werk verfaßt, das er unvollendet lassen sollte: den »Dialog zwischen dem Philosophen, dem Juden und dem Christen«, *Dialogus inter philosophum, judeum et christianum*. Das Werk ist für die Denkweise Abaelards besonders typisch. Eines Nachts – so erzählt er – hatte er eine Vision. Drei Männer kamen, jeder auf einem anderen Pfad, zu ihm und stellten sich vor:»Wir bekennen uns alle gleichermaßen dazu, einen alleinigen Gott anzuerkennen; was uns unterscheidet, ist der Glaube, innerhalb dessen wir Ihm dienen, und das Leben, das wir führen. Der eine von uns ist Heide, einer von jenen, die man Philosophen nennt und die sich mit dem natürlichen Gesetz zufriedengeben; die zwei anderen haben die Heiligen

Schriften empfangen: Der eine ist Jude, der andere Christ. Lange haben wir unter uns die verschiedenen Anblicke unseres Glaubens verglichen und erörtert. Um dies abzuschließen, sind wir übereingekommen, dein Urteil einzuholen.« Abaelard gibt das Wort zunächst dem Philosophen; er ist es, der den Antrieb für jeden inneren Weg liefert, »denn solcher Art ist das höchste Gut des Philosophen: die Wahrheit mit Hilfe der vernunftgemäßen Überlegung zu suchen und sich in allen Dingen nicht von der Meinung der Menschen, sondern von der Vernunft leiten zu lassen«. Dieser Philosoph hat einen Entschluß gefaßt: Er würde den Glauben annehmen, der seinem Eindruck nach mit der Vernunft am besten in Einklang steht. Und so hat er nacheinander den der Juden und den der Christen studiert. Er überläßt sich jetzt, nachdem jeder seine Beweisgründe gebührend vorbereitet hat, dem Schiedsspruch Abaelards. Mit jener unbefangenen Selbstgefälligkeit, die letzteren nie verlassen hat, nutzt er die Gelegenheit, um seinem Gesprächspartner ein Loblied auf sich selbst in den Mund zu legen:

In demselben Maße, in dem du sowohl bekannt bist für die herausragende Schärfe deines Geistes wie für die ausgezeichnete Kenntnis der einen und der anderen Heiligen Schrift, wirst du dich sicherlich als jemand erweisen, der diesem Urteil gewachsen ist... Tatsächlich kennt jeder den Scharfsinn deiner Intelligenz, weiß jeder, welchen Schatz an sowohl philosophischen als auch göttlichen Sentenzen deine Erinnerung birgt, ein Schatz, der viel mehr umfaßt, als das, was man im allgemeinen in den Schulen lernt; und es ist sicher, daß du dich in der Erforschung sowohl des Weltlichen wie des Heiligen über all die anderen Meister erhoben hast... Als Beweis dafür steht für uns dieses bewundernswerte theologische Werk, das der Neid nicht hat ertragen können, das er nicht hat zerstören können, und das er noch ruhmreicher gemacht hat, indem er es verfolgte.[167]

Es gibt keinen Zweifel, daß Peter Abaelard sich mehr als irgendeinen anderen christlichen Denker dafür geeignet hält, all das zu beurteilen und zu entscheiden, was die wechselseiti-

gen Beziehungen zwischen der Vernunft und dem Glauben angeht.
Nun waren zumindest bestimmte seiner Zeitgenossen weit davon entfernt, eine derartige Meinung zu teilen.

Ich, der geringste der Menschen, bin beschämt, Euch, meine Herren und Väter, ermahnen zu müssen. Eure Pflicht ist, über eine der schwerwiegendsten Angelegenheiten, die für das gemeinsame Wohl der Gläubigen von Bedeutung ist, zu sprechen und Ihr wahrt das Schweigen. Kann ich angesichts der Gefahren stille sein, die, ohne daß irgend jemand sich dem entgegenstellt, der Glaube läuft, in den wir unsere gemeinsame Hoffnung setzen, dieser Glaube, den Jesus Christus mit seinem Blut besiegelt hat, für dessen Verteidigung die Apostel und die Märtyrer das ihre vergossen haben, der durch das Wachen und Mühen der Kirchenlehrer rein und ohne Makel dem unseligen Jahrhundert, in dem wir leben, übermittelt worden ist? Ja, mein Inneres verkümmert vor Schmerz und derart erschauert mein Herz, daß ich, um es zu erleichtern, meine Stimme zugunsten einer Sache erheben muß, für die zu opfern ich mich glücklich schätzen würde, falls dies notwendig sein und sich die Gelegenheit dazu bieten sollte.
Denkt nicht, daß die Rede von einer Belanglosigkeit sei. Der Glaube an die Heilige Dreifaltigkeit, die Person des Mittlers, jene des Heiligen Geistes, die Gnade Gottes und das Sakrament unserer Erlösung sind es, die auf dem Spiele stehn. Tatsächlich schickt sich Peter Abaelard wieder an, zu lehren und Neues zu schreiben. Seine Bücher überqueren die Meere, sie überschreiten die Alpen, sie fliegen von Provinz zu Provinz, von Königreich zu Königreich. Überall werden sie voller Begeisterung gepriesen und straflos verteidigt. Man sagt sogar, daß sie Ansehen bei der römischen Kurie genießen... Euch und der ganzen Kirche sage ich es: Euer Schweigen ist gefährlich... Nicht wissend, wem ich mich anvertrauen soll, habe ich Euch erwählt, an Euch wende ich mich, Euch rufe ich auf zur Verteidigung Gottes und der ganzen Kirche. Euch fürchtet und scheut jener Mensch. Wenn Ihr die Augen verschließt, wen fürchtete er dann noch? Zur kritischen Stunde, in der der Tod der Kirche gerade ihre ganzen Meister und Lehrer entreißt, wirft sich dieser innerhäusliche Feind auf den verlassenen Leib der Kirche und reißt die Macht

an sich. Er behandelt die Heilige Schrift gerade so, wie er einst die Dialektik behandelt hat...[168]

Dieses Schreiben wurde gleichzeitig an Bernhard von Clairvaux und an den Bischof von Chartres, Gottfried von Lèves, geschickt, der schon seit jeher ein Freund und Verteidiger Abaelards war. Der Brief war nicht ganz ohne eine gewisse Sympathie für letztgenannten:

Gott ist mein Zeuge dafür, daß auch ich Peter Abaelard geliebt habe und noch gerne lieben würde; aber in einer solchen Angelegenheit kann ich weder Rücksicht nehmen darauf, ob einer ein Nächster, noch ob er ein Freund ist. Es ist zu spät, um dem Übel durch private Ratschläge oder Vorhaltungen zu begegnen; der Irrtum ist öffentlich, der Irrtum verbreitet sich. Geboten ist eine feierliche und öffentliche Verurteilung.[169]

So drückte sich Wilhelm, der Zisterziensermönch und frühere Abt von Saint-Thierry, aus. Wahrscheinlich sind ihm 1139, als er seinen Kommentar zum *Hohelied* verfaßte, zwei Werke Abaelards, die *Einführung in die Theologie* und die *Christliche Theologie* in die Hände gefallen. Wilhelm lebte damals zurückgezogen in der Abtei von Signy in den Ardennen, wohin ihn eine innere Entwicklung geführt hatte, die ihn unaufhörlich in Richtung einer anspruchsvolleren Lebensführung, einer umfassenderen Entsagung drängte. Ungefähr um dieselbe Zeit wie Abaelard selbst geboren, allerdings in Lüttich, ist er zunächst in der Abtei von Saint-Nicaise in Reims Mönch geworden; gegen 1119 oder 1120 hatte man ihn zum Abt von Saint-Thierry gewählt, einem Kloster in der näheren Umgebung dieser Stadt. Aber um die fünfzehn Jahre später hatte er sein Amt als Abt niedergelegt, um vom Orden der schwarzgekleideten Mönche in den der weißgekleideten überzuwechseln und sich der Reformbewegung zuzuwenden, die sich, angetrieben vom glühenden Eifer Bernhard von Clairvaux', entwickelte. Auch hatte er gegen 1135 in der Abtei von Signy die Regel der Zisterzienser angenommen; vielleicht

215

war er zu einem noch kargeren und noch einsameren Leben, dem der Kartäuser, verlockt worden, denn er hatte sich einmal im Kartäuserkloster von Mont-Dieu aufgehalten.

Wilhelm von Saint-Thierry ist ein gebildeter Mann; er hat die Schulen – wahrscheinlich die von Laon – durchlaufen; er ist ein Denker, der in der philosophischen Entwicklung des 12. Jahrhunderts einen gewichtigen Platz innehat; wie alle Menschen seiner Zeit hat er sich für das Problem der Liebe, das heißt – in Übereinstimmung mit den damaligen Vorstellungen – für das Problem der Dreifaltigkeit interessiert, das den Gegenstand seiner Hauptwerke *Von der Natur und von der Würde der Liebe, Von der Gottesschau, Der Spiegel des Glaubens*[170] bildet.

Im Anschluß an diesen flammenden Brief schickte Wilhelm von Saint-Thierry den zwei obengenannten Adressaten eine Studie über die Irrtümer, die er in den Werken von Peter Abaelard hatte feststellen können: Er hatte sie mit der Schreibfeder in der Hand gelesen, beim Durchsehen die Wendungen notiert, die ihm wenig orthodox vorgekommen waren, und deren Inhalt in dreizehn Thesen zusammengefaßt, die alle von der heiligen Lehre abwichen.

Auf diese Weise bahnte sich eine Auseinandersetzung an, die nicht nur für die Persönlichkeiten, die sich gegenüberstanden, selbst, sondern für die Entwicklung des Denkens und der Kirche von größter Bedeutung war: Die Kommentare, zu denen dieser Konflikt Anlaß geben sollte, sind durch die Jahrhunderte hindurch so zahlreich gewesen, daß diese Zahl allein ausreicht, um deutlich zu machen, welche Art Kampf hier ausgefochten wurde, und daß von seinem Ausgang teilweise die Entwicklung des religiösen Lebens im 12. Jahrhundert und noch darüber hinaus abhing.

Wilhelm von Saint-Thierry hatte sich an Gottfried von Lèves als einen der herausragendsten Bischöfe seiner Zeit gewandt: ist der Bischof nicht durch sein Amt der Hirte der Herde, der Wächter der Lehre? Er hatte sich auch an Bernhard von Clairvaux als den Meister jenes Zisterzienserordens, von dem er abhing, gerichtet, und damit auch an den Vertreter, ja sogar die Verkörperung der religiösen Reform seiner Zeit. Bernhard ist der »Wachhund der Christenheit«,[171] derjenige, der sich unermüdlich allen Irrtümern, allen Schwächen seines Jahrhunderts entgegenstellt. Dieser in seiner Zelle von Clairvaux dem Schweigen und der Einsamkeit verschriebene Mann war schon ein erstes Mal daraus herausgerissen worden, und zwar, um über einen Streitfall zwischen dem Erzbischof von Sens, dem Bischof von Paris und König Ludwig VI. zu entscheiden. Seitdem wird er unaufhörlich überall hingerufen, wo man das Bedürfnis nach einem obersten Schiedsspruch verspürt. Als die Einheit der Kirche durch den ehemaligen Mönch von Cluny, Pietro Pierleoni, bedroht war, der sich unter regelwidrigen Umständen und unter dem Namen Anaklet zum Papst hatte ernennen lassen, ist es Bernhard gewesen, den man herbeigerufen hat; durch seine Autorität hat er dem Zaudern der in Étampes versammelten Bischöfe ein Ende gesetzt und sie dazu gebracht, sich für den rechtmäßigen Papst Innozenz II. auszusprechen.

Diese Stellung Bernhards in der Christenheit des 12. Jahrhunderts ist für uns überraschend, denn sie macht sich, obwohl er keinerlei festumrissenes Amt hat, im Innersten der Kirche geltend. Bernhard ist weder Bischof noch Kardinal; er ist Abt, seine Autorität ist nur innerhalb der Grenzen seiner Abtei gültig. Wenn man ihn aus freien Stücken herbeiruft, um Streitigkeiten endgültig zu beenden und Licht in undurchsichtige Angelegenheiten zu bringen, dann geschieht dies nur auf Grund seines persönlichen Ansehens, und dieses Ansehen kommt aus der Ehrerbietung, die die Menschen dieser Zeit einer offenbaren Heiligkeit entgegenbringen, deren Ruf durch die Mauern seiner klösterlichen Zelle gedrungen ist. Stellen wir uns – um etwas Entsprechendes in der modernen Welt zu finden – den Papst vor, der sich an Pater de Foucauld in seiner Einsiedelei von Tamanrasset wendet, um ihn um Rat zu fragen. Bernhard verkörpert in den Augen der Welt jene Reform, die man damals als den Zustand der Kirche betrachtet, der der Norm entspricht;

deshalb wendet man sich wie instinktiv jedesmal an ihn, wenn man etwas feststellt, das der Reform bedarf; und deshalb ist dieser Mönch, der nur danach gesucht hat, zu schweigen und sich in einem Kloster zu vergraben, dazu bestimmt, ein Pilgerdasein zu führen; deshalb auch hat dieser Mensch von zerbrechlicher Gesundheit, der ohne Unterlaß am Rande der Erschöpfung ist und der sich selbst mit einem »gerupften Vogel« vergleicht, Europa durchwandert und seine Ermahnungen nicht nur an die Bischöfe und Äbte von Klöstern gerichtet, sondern an den Papst, den König von Frankreich, an die Könige von England oder Sizilien, den Kaiser von Deutschland etc.

Es kann deshalb kaum erstaunen, daß sich Wilhelm von Saint-Thierry an Bernhard von Clairvaux gewandt hat, um ihn von den Befürchtungen wissen zu lassen, die die Lektüre der Werke Peter Abaelards in ihm ausgelöst hatte. Einige Jahre vorher hat zwischen den beiden Männern bereits ein bis heute berühmt gebliebener Briefwechsel stattgefunden, in dem sie ihre Standpunkte über die immer aktuelle Frage des Luxus in der Kirche austauschten; bei dieser Gelegenheit hat Bernhard die berühmte, an Wilhelm von Saint-Thierry gerichtete Apologie geschrieben, in der er heftig den Reichtum in all seinen Formen anprangerte: »Sagt mir doch, ihr armen Mönche – sofern ihr überhaupt arm seid –, was an einem heiligen Ort das Gold zu suchen hat?«

Er erhielt den Brief Wilhelms während der Fastenzeit des Jahres 1139. »Eure Erregung«, antwortete er ihm, »scheint mir gerechtfertigt und notwendig zu sein... Ich habe zwar [Eure Schrift] noch nicht mit soviel Aufmerksamkeit gelesen, wie Ihr sie fordert; aber ich gebe zu, daß sie mir, nach dem, was ich bei flüchtigem Einblick habe sehen können, gefällt, und ich glaube, daß sie diese gottlose Lehre zu Fall bringen kann. Aber da ich, vor allem bei so schwerwiegenden Dingen, nicht die Gewohnheit habe, mich sonderlich auf mein eigenes Urteil zu verlassen..., würde ich es für nützlich halten..., uns irgendwo zu treffen, so daß wir alles besprechen können. Ich denke jedoch nicht, daß dies vor Ostern geschehen kann,

218

damit nicht der Gebetseifer, den die gegenwärtige Zeit verlangt, gestört werde…«[172]

Die gewünschte Begegnung fand folglich nach Ostern statt. Bernhard nahm gründlichere Kenntnis von der Abhandlung, die Wilhelm eigens für ihn abgefaßt hatte. Es wurde entschieden, daß er selbst ein Gespräch mit Abaelard führen würde, um ihn durch die Diskussion dazu zu bringen, die seinen Werken entnommenen Thesen zu rechtfertigen oder zu berichtigen.[173] Die beanstandeten Fehler betreffen zum größten Teil jenes Dogma der Dreifaltigkeit, dem Abaelard das Wesentliche seines Werkes gewidmet hat; und wir haben ja gesehen, welchen Platz es im Denken und Glauben jener Zeit einnimmt. Das heißt, daß der Kampf, der sich hier entspinnt, von entscheidender Bedeutung sein wird. Keiner der beiden Männer ist dazu geneigt, den Gegenstand, um den es in ihren Gesprächen gehen wird, zu verharmlosen. Jeder wird um seine Standpunkte mit der Inbrunst kämpfen, die man zur Verteidigung einer lebenswichtigen Sache aufbringen kann.

Den Standpunkt Abaelards kennen wir. Wir haben gesehen, wie er die wesentlichen Gesichtspunkte des Glaubens auf dem Weg dialektischer Überlegungen angehen will. Dies bedeutet nicht, daß er daran denkt, zu verleugnen, daß der Glaube in einer Offenbarung gründet, sondern sein Wesen bringt ihn dazu, der intellektuellen Seite, zumindest, was die »Präliminarien des Glaubens«[174] betrifft, sein Vertrauen zu schenken. Da die Wahrheit geoffenbart ist, hält er es für möglich, sie zu beweisen.[175] Und seine ganze Lehre erläutert diese Möglichkeit.

Was Bernhard betrifft, so steht er jedem Intellektualismus so fern wie nur möglich:»Der Grund, Gott zu lieben, ist Gott selbst. Das Maß dieser Liebe ist, ihn ohne Maß zu lieben.« So beginnt sein *Traktat über die Gottesliebe*. Für ihn kommt zuerst die Liebe, nicht die Überlegung.»Die Liebe ist die einzige unter all den Bewegungen, Gemütsregungen und Gefühlen der Seele, durch die das Geschöpf mit seinem

Schöpfer, wenn nicht von gleich zu gleich, so wenigstens in der Art verhandeln kann, daß es Ihm etwas gibt, was dem ähnlich ist, was Er gibt... Wenn Gott liebt, will Er nur geliebt werden, Er liebt nur, um geliebt zu werden, weil Er weiß, daß die Liebe all jene glücklich machen wird, die Ihn lieben.«[176] Für Bernhard zählt außer diesem Vorrang der Liebe nichts; nur die Liebe begründet den Glauben: »Niemand kann Dich suchen, der Dich nicht schon gefunden hat, so willst Du, daß man Dich finde, um Dich zu suchen, daß man Dich suche, um Dich zu finden.«[177] Das göttliche Wort selbst wird demjenigen verschlossen bleiben, der sich ihm ohne Liebe nähert: »Überall im *Hohelied*«, schreibt er, »spricht die Liebe; wenn man verstehen will, was man dort liest, muß man lieben. Vergebens würde man über das Lied der Liebe lesen, vergebens würde man ihm lauschen, wenn man nicht liebt; ein kaltes Herz kann ein Wort aus Feuer nicht verstehen.«[178]

Man begreift, daß die Methoden Abaelards, der es sich zugute gehalten hat, sich dem Bereich des Glaubens mit Hilfe der Vernunft zu nähern, bei einem solchen Menschen Entsetzen hervorrufen können. Ist es nicht die Besonderheit des Glaubens, die Vernunft zu transzendieren, keinen Beweisen unterworfen werden zu können?

Will man es wagen, mit einem Wort ihre jeweiligen Standpunkte zusammenzufassen, dann könnte man sagen, daß Abaelard dazu neigte, das ein »Problem« zu nennen, was für Bernhard ein »Mysterium« war; nun konnte nichts diesen mehr in Erregung versetzen, als das Mysterium der Heiligen Dreifaltigkeit so behandelt zu sehen, wie man ein Problem behandeln würde. Wie ein Zeitgenosse, Otto von Freising, über ihn schreibt, »verabscheute er die Meister, die einer ganz weltlichen Weisheit vertrauten und sich zu stark auf die menschlichen Gedankenführungen stützten; und wenn man zu ihm kam, um ihm zu sagen, daß sie in irgendeinem Punkt vom christlichen Glauben abwichen, schenkte er dem leicht Gehör.«[179]

Wie die Gespräche Peter Abaelards mit Bernhard von Clairvaux genau waren – denn es fanden mehrere, mindestens

220

zwei statt –, darüber wissen wir nichts, aber man darf bezweifeln, daß ein wirkliches »Zwiegespräch« zwischen den beiden Männern zustande gekommen ist. Ihre Standpunkte wichen zu sehr voneinander ab. Im übrigen hat Bernhard sich wahrscheinlich in der Kunst des Streitgesprächs als weit unterlegen erwiesen: hatte er es nicht mit dem größten »Disputator« des Jahrhunderts zu tun? Abaelard, von seiner frühesten Jugend an in der Kunst der Dialektik geschult, in der er dann selber Generationen von jungen Leuten unterwiesen hatte, mochte den Gegner, der sich ihm darbot, wohl mit herablassendem Mitleid betrachten. Bernhard ist kein Intellektueller: »Du wirst mehr in unserer Einöde als in Deinen Büchern finden«, schreibt er in seinem berühmten Brief an Heinrich Murdach. »Bäume und Steine werden Dich lehren, was von den Lehrern Du nicht hören kannst.«[180] Nicht, daß er das Studium verachten würde; selbst ein Gebildeter, verlangt und, wenn nötig, fordert er von den Klerikern, »daß sie der Geisteswissenschaften kundig seien«.[181] Um die Lust am Wissen um seiner selbst oder um des Prahlens willen zu tadeln, zitiert er einen Vers von Persius, dem antiken Satiriker: »Es bedeutet dir nichts, etwas zu wissen, wenn kein anderer weiß, daß du es weißt.« Aber er mag machtlos vor dem dialektischen Arsenal gestanden haben, das Abaelard wahrscheinlich aufgefahren hat, um seine Thesen zu stützen.

Auf jeden Fall wird offensichtlich, daß sich die Abneigung zwischen den beiden Männern durch die privaten Gespräche verstärkt hat. Mehr noch als an den Thesen hat Bernhard Anstoß an der anmaßenden Haltung Abaelards genommen: »Von allen Dingen im Himmel und auf der Erde gibt es nur eines, das zu kennen unter seiner Würde wäre: das Wort ›Ich weiß nicht‹.«[182] Dies ist nicht das erste Mal, daß Abaelard sich durch seine herausfordernde Haltung und seine aufreizende Eitelkeit Feinde geschaffen hat.

Aber der Feind, den er sich in diesem Fall gemacht hat, wird nicht von ihm ablassen. Bernhard ist von nun an überzeugt, daß Peter Abaelard eine vom rechten Weg abgekommene

Lehre verkündet; seine theologischen Kenntnisse sind tief, aber von einer ganz menschlichen Philosophie verseucht: »Dieser Mensch legt sich mit aller Kraft ins Geschirr, um aus Platon einen Christen zu machen, wodurch er beweist, daß er selbst nur ein Heide ist.«[183] In seiner Selbstgefälligkeit bildet er sich ein, den Bereich des Glaubens in der Vernunft gründen lassen zu können:

So schreibt sich der menschliche Geist alles zu und behält nichts dem Glauben vor. Er erstrebt, was höher ist als er, er durchforscht, was stärker ist als er, er stürzt sich auf die göttlichen Geheimnisse, er entweiht die heiligen Dinge viel mehr, als er sie erhellt; er öffnet nicht, was verschlossen und versiegelt ist, er zerreißt es; und alles, was er nicht selber klar findet, betrachtet er als nichtig, und er verschmäht es, daran zu glauben.[184]

Nun ist dieser Mann ein Lehrer; er übt auf seine Schüler einen tiefgreifenden Einfluß aus. Folglich ist es dringlich geboten, dem Übel ein Ende zu bereiten.

Bernhard von Clairvaux hat sich sehr wahrscheinlich in den Wochen, die seinen Unterredungen mit Abaelard folgten, darangesetzt, eine formelle Widerlegung zu verfassen, die den Titel *Traktat gegen einige der Irrtümer Abaelards*[185] trägt. Vielleicht hat er diese Arbeit schon seit seinen Gesprächen mit Wilhelm von Saint-Thierry geplant. Sicherlich hat er es auch für notwendig erachtet, angesichts der Beweisführung des Meisters die Transzendenz des auf der Offenbarung ruhenden Glaubens klar herauszustellen: »In der Kraft Gottes wurzelt unser Glaube, nicht in den Hirngespinsten unserer Vernunft.«[186] Etwas von der äußersten Gereiztheit, die er empfunden hat, als er hörte, wie Abaelard die Mittel seiner Logik entfaltete, klingt durch, wenn er hier ironisch wird:

Hört unseren Theologen: »Wozu lehren,[187] wenn der Gegenstand unserer Lehre nicht in solcher Weise dargestellt werden kann, daß man ihn versteht?« Während er so vor seinen Zuhörern die Intelligenz dessen funkeln läßt, was der heilige Glaube in seinem inneren Kern an Erhabenstem und Heiligstem birgt,

222

richtet er Grade in der Dreifaltigkeit, Maße in der Herrlichkeit, Zahlen in der Ewigkeit ein.[188]

Obgleich die zeitliche Abfolge hier ein wenig unsicher ist, erscheint es wahrscheinlich, daß Abaelard seinerseits als Antwort auf diese Abhandlung seine erste *Apologie* verfaßt hat. Das Werk[189] ist uns unglücklicherweise nicht erhalten geblieben. Wir kennen es nur durch eine Zusammenfassung, die vom unbekannt gebliebenen Abt eines Klosters eigens für einen Bischof erstellt worden ist und den Titel *Disputatio anonymi abbatis* trägt. Soweit man danach urteilen kann, griff sein Werk, Kapitel um Kapitel, die Abhandlung von Bernhard von Clairvaux auf, um sich gegen die darin enthaltenen Angriffe auf seine Lehre zu wehren; der Ton war heftig: Er nannte Bernhard einen »als Lichtengel verkleideten Dämon«. Der versteckte Groll, der im Brief Abaelards anläßlich des Besuches Bernhards bei den Nonnen vom Paraklet spürbar war, sollte hier zum Ausbruch kommen. Das Werk erregte deshalb auch innerhalb der Schulen Ärgernis. Die *Disputatio*, durch die man es kennt, enthält entsprechende Hinweise. Der anonyme Abt schrieb:

Die Apologie [Abaelards] macht seine Theologie nur noch schlimmer. Er fügt neue Irrtümer den alten hinzu, er verteidigt sie mit trügerischer Zähigkeit, er versinkt in die Ketzerei.

Von nun an breitete sich der Streit in aller Öffentlichkeit aus.

Man kann sich gut vorstellen wie sich bei der Menge der Studenten, die sich sowohl im Kloster von Notre-Dame als auch auf dem Berg der heiligen Genoveva drängten, die Gemüter erhitzt haben müssen. Und die Gespräche hatten sich im Nu, wie immer damals, auf Gegenden ausgedehnt, die vom Ort der Auseinandersetzung weit entfernt waren. Dies bezeugt der Brief eines Kanonikers aus Toul, Hugues Métel, ein Schöngeist und leidlicher Alleswisser, der einen Teil seines Lebens dem Versuch widmete, die Aufmerksam-

223

keit auf seine Person zu lenken, indem er an die eine oder andere Persönlichkeit Briefe in einem blumenreichen Stil schrieb. Die Gelegenheit war für ihn günstig, sich in etwas einzumischen, das ihn nichts anging, und er gab acht, sie nicht zu verpassen. Schon hatte er nacheinander zwei Briefe an Heloise geschrieben, die er – begierig, mit ihr einen Briefwechsel zu unterhalten – an die »hochberühmte, an der Brust der Musen genährte Äbtissin« adressierte; aber jene schien dieses Begehren nicht zu teilen, und so blieb es dabei. Jedenfalls mischt sich Hugues Métel 1140 ungelegen in die Auseinandersetzung ein, um Abaelard zu belasten, den er den Sohn »eines Ägypters und einer Jüdin« nennt, was nach der Denkweise jener Zeit bedeutet, daß Abaelard dem wörtlichen Sinn der Schrift treu ist, wie der Sohn einer Jüdin, daß er aber dem geistigen Sinn untreu ist, wie der Sohn eines Ägypters – wobei Ägypten damals das Symbol für den heidnischen Geist schlechthin ist; er stellt ihm Bernhard, diesen dem Vater und der Mutter, dem Buchstaben und dem Geist nach wahrhaften Israeliten gegenüber. Sein Brief hätte keinerlei Bedeutung, wenn er nicht deutlich machte, wie sehr die Kunde von der Auseinandersetzung sich im ganzen Abendland verbreitet hatte.

Zudem macht ein anderer Umstand die Lage verwickelter: Man begegnet sehr bald in der Nähe Abaelards höchst verdächtigen Leuten, die sich als seine Freunde und seine Schüler ausgeben: unter anderen Arnold von Brescia. Dieser von der religiösen Reform begeisterte Mensch gehörte zu jenen, die Eifer mit Gewalttätigkeit verwechseln und sich leicht in politische Aufwiegler verwandeln; das Volk von Brescia war von ihm aufgebracht worden und hatte seinen Bischof verjagt. Arnold wurde 1139 auf Anweisung von Papst Innozenz II. aus Italien ins Exil verbannt und war nach Paris gekommen, wo er mit Abaelard, dessen Unterricht seine Jugend geprägt hatte, wieder Kontakt aufnahm.

Die Frage mußte zu einem Abschluß gebracht werden; dies konnte jetzt nur mehr in Rom geschehen. Eben da unter-

nimmt es Bernhard, die Aufmerksamkeit von Innozenz II. auf jenen zu lenken, den er fortan als Ketzer behandelt. Sein Traktat war dem Papst gewidmet, scheint aber nicht dessen Aufmerksamkeit auf sich gezogen zu haben. Abaelard brüstete sich, Freunde und mächtige Gönner in dessen Nähe zu haben. Bernhard schickt deshalb eine Reihe von Sendschreiben ab, von denen eines der ganzen Kurie, die anderen verschiedenen Kardinälen bestimmt sind; einer unter ihnen, Guido Castelli (er sollte 1143 unter dem Namen Cölestin II. zum Papst gewählt werden), ist ein ehemaliger Schüler Abaelards, der sein Freund geblieben ist; Bernhard schreibt ihm: »Ich würde Euch unrecht tun, wenn ich glauben wollte, Ihr liebet Jemanden so, daß Ihr auch seine Irrtümer liebtet. Wer Jemanden so liebt, der kennt die wahre Liebe noch nicht...«[190] Und abschließend bekräftigt er:»Es ist gut für die Kirche Christi, gut sogar für diesen Menschen, daß man ihm Schweigen auferlegt.«[191] Ein anderer Adressat, Étienne von Châlons, ist ein ehemaliger Mönch von Clairvaux; bei ihm wird der Tonfall schärfer:»[Abaelard] rühmt sich, Rom mit dem Gift seiner Neuerung angesteckt, seine Worte in die Hände, seine Lehren ans Herz der Römer gelegt zu haben; und zu Beschützern seines Irrtums wählt er jene, die ihn richten und verurteilen müssen.«[192] Aus demselben Schrot und Korn sind zwei weitere Schreiben, die an ehemalige Kanoniker von Sankt-Viktor in Paris gerichtet sind:»Meister Peter Abaelard, Mönch ohne Regel, Prälat ohne Amt, befolgt kein Gesetz und läßt sich durch keine Ordnung im Zaum halten... Herodes im Innern, Johannes der Täufer nach außen... ist er in Soissons verurteilt worden, aber sein neuer Irrtum ist schlimmer als der erste«,[193] schreibt er an Yves von St.-Viktor und an seinen Freund Gherardo Caccianemici, der später der Papst Lucius II. sein wird. Er stellt Abaelard neben Pietro Pierleoni, diesen alten Feind der Kirche, den Gegenpapst Anaklet:»Nach Peter dem Löwen kommt jetzt Peter der Drache.«
All diese Briefe sind sichtlich um dieselbe Zeit und in einem Zug verfaßt worden; der Stil, die Bilder sind die gleichen. Sie

dürften um das Osterfest des Jahres 1140 herum per Boten verschickt worden sein, in der Absicht, eine für den Geschmack von Bernhard von Clairvaux sowieso schon zu lang andauernde Auseinandersetzung abzuschließen. Drei andere Briefe dagegen tragen die Zeichen derselben Hand, sind aber nicht auf der Stelle abgesandt worden. Einer, der an den Papst selbst adressiert ist, greift das Bild vom Löwen und vom Drachen wieder auf und legt nicht ohne Geschick die Betonung auf die Freundschaft, die Peter Abaelard mit Arnold von Brescia verbindet: »Meister Peter und dieser Arnold, diese Pest, von der Ihr Italien gesäubert habt, haben sich verbündet und erheben sich gegen den Herrn und gegen Seinen Christus.«[194] Von den beiden anderen ist der erste an den Kanzler Haimeric von Castres, der zweite an einen Abt adressiert, dessen Name nicht genauer angegeben ist.[195] Diese drei Episteln sind unvollendet geblieben, denn inzwischen ist unvermutet etwas Neues aufgetaucht, das die Pläne von Bernhard von Clairvaux umgestürzt hat.

Am 2. Juni, einem Tag der Pfingstoktav dieses Jahres, sollte in Sens eine sehr feierliche Ausstellung von Reliquien stattfinden. Diese Art Zeremonie brachte riesige Mengen Volks und auch Prälaten und Lehnsherren zusammen. Diesmal hatte Ludwig VII., der junge König von Frankreich, ausrichten lassen, daß er anwesend sein würde; um den Erzbischof von Sens, den Metropolit der ganzen Provinz, würden sich die Suffraganbischöfe versammeln, ganz zu schweigen von den Äbten der Klöster und den Pastoren der benachbarten Diözesen. Man kann sich keine hervorragendere Zuhörerschaft vorstellen. Abaelard hatte nun plötzlich den Einfall, diese riesige Versammlung in ein öffentliches Podium umzuwandeln; die dort Versammelten würden Zuschauer und Zeugen des wichtigsten theologischen Rededuells des Jahrhunderts sein. Peter Abaelard würde dort seine Thesen darlegen und Bernhard vor aller Augen auffordern, sie zu widerlegen. Eilig schreibt er an den Erzbischof Heinrich le Sanglier, um ihn um die Erlaubnis zu bitten, bei dieser Gelegenheit das Wort zu ergreifen. Und schon träumt er von einem entscheidenden Sieg, von einer glänzenden Vergeltung für die hinterhältigen Schliche von Soissons vor zwanzig Jahren, von einem glanzvollen Wortgefecht, in dem er, Abaelard, die Reinheit seiner Lehre und die Vortrefflichkeit seiner Methoden beweisen würde. Er rechnet völlig damit, den Gegner gänzlich zu vernichten: Hat er nicht bei den vorangegangenen Streitgesprächen seine eigene Überlegenheit im Bereich der Dialektik erprobt? Die Zeichen des Vertrauens, sogar der Begeisterung, mit denen ihn seine Schüler in den vier Jahren, die er seine Pariser Lehrtätigkeit wieder aufgenommen hat, überschütten, haben ihm all seine Kühnheit wiedergegeben. Er wird seine Rechtgläubigkeit vor der Welt – zumindest jener Welt, die für ihn zählt, die der Kleriker und der Schulen, ohne von dem jungen König zu reden, der selbst gebildet ist – anerkennen lassen und die Machenschaften Bernhards entlarven, der umsonst versucht, ihn in Rom anzuschwärzen. Heinrich le Sanglier ist darauf eingegangen, ohne anscheinend allzuviel über das etwas unerwartete Angebot des Pariser Meisters nachzudenken, aber er benachrichtigt Bernhard von Clairvaux. Dieser scheint ein wenig verunsichert gewesen zu sein; das Manöver kommt dem zuvor, was er mit seinem eigenen Tun angestrebt hatte: Er wollte, daß die ganze Angelegenheit dem Urteil des Papstes übergeben wird. Die Inszenierung dieses theologischen Rededuells ist nicht dazu angetan, ihm zu gefallen, und er fürchtet sich persönlich davor, öffentlich einem »Disputator« vom Format Peter Abaelards zu trotzen. Sein Zögern ist klar in dem Brief dargelegt, den er in der Folge an Innozenz II. schreibt, um ihm die ganze Angelegenheit zu berichten.

Auf sein [Abaelards] Verlangen hin erließ der Erzbischof von Sens ein Schreiben an mich, in welchem er den Tag genannt, an dem wir uns begegnen könnten, auf daß Abaelard die Thesen verteidige, die ich in seinen Schriften beanstandet hatte. Ich wollte mich zunächst für nicht zuständig erklären, teils weil, so wie Goliath ein Krieger, er seit seiner Kindheit ein Disputator ist, neben dem ich wie ein Kind erscheinen würde, teils auch, weil es mir ungehörig erschien, daß die Sache des Glaubens, die doch eine so unerschütterliche Grundlage hat, von den schwachen Beweismitteln eines Menschen verteidigt würde. Ich sagte, daß seine Schriften ausreichten, um die Anklage gegen ihn zu eröffnen, daß dieser Prozeß mich nichts angehe und vielmehr die Bischöfe betreffe, deren Auftrag es ist, über Fragen der Lehre zu urteilen. Aber Abaelard bestand um so hartnäckiger auf seiner Forderung, vereinte seine Freunde, schrieb gegen mich an seine Schüler und ließ jeden wissen, daß er mir am angegebenen Tag antworten würde. All dies kümmerte mich zunächst nur sehr wenig, aber dann gab ich schließlich auf den Rat meiner Freunde hin nach, die mir vor Augen führten, daß ich die Entrüstung der Gläubigen hervorrufen würde, wenn ich nicht erschiene, und daß es meinem Gegner dadurch möglich wäre, noch mehr zu prahlen.[196]

Bernhard ist also, nachdem er einmal seine ersten Befürchtungen bezwungen hatte, auf das Spiel des Gegners eingegangen. Aber es hieße, ihn schlecht zu kennen, wenn man dächte, daß er sich ohne Vorbereitung da hineinstürzt. Er läßt seine begonnene Korrespondenz liegen und sendet an die Bischöfe und Prälaten der Gegend sogleich eine dringende Aufforderung, sich nach Sens zu begeben und sich dort als treue Jünger der Kirche und entschlossene Feinde der Ketzerei zu zeigen:

Ein Gerücht hat sich bei vielen verbreitet, und wir glauben, daß dasselbe auch Euch zu Ohren gekommen sei, daß wir nämlich in der Pfingst-Oktav nach Sens berufen und zum Kampfe für die Verteidigung des Glaubens aufgefordert werden; obwohl doch ein Diener Gottes nicht zanken, sondern vielmehr geduldig gegen alle sein soll... Wäre es meine eigene Angelegenheit, so dürfte ich vielleicht als Diener Euerer Heiligkeit nicht unfüglich stolz auf Euern Schutz sein. Da es aber auch Euere, ja noch mehr als nur Euere Angelegenheit ist, so ermahne ich Euch zutraulich und bitte Euch dringend, daß Ihr als Freunde in der Not Euch bewähret... Doch wundert Euch nicht, daß wir so plötzlich und von der Zeit gedrängt an Euch schreiben, denn auch dafür hat der schlaue und listige Widersager gesorgt, daß er uns unversehens überfalle und unvorbereitet zum Kampfe zwinge.[197]

Abaelard hat vor einer feierlichen Versammlung auftreten wollen; sie wird noch feierlicher sein, als er es geplant hat; denn Bernhard läßt durch sein Sendschreiben eine regelrechte persönliche Vorladung an die Bischöfe Frankreichs ergehen, und überall treffen Kleriker und Laien, Mönche und Prälaten ihre Vorbereitungen, um sich zu der alten Hauptstadt zu begeben, wo Heinrich Le Sanglier seit ungefähr zehn Jahren schon die Fundamente für ein neues Bauwerk hat legen lassen, das dazu bestimmt ist, die zu klein gewordene Kathedrale zu ersetzen. Dort wie in Saint-Denis wird jene neue Kunst allmählich deutlich werden, die die Logik in die Architektur einführt, die genau für den Ausgleich der Schubkräfte des Baues berechnete Stützen einsetzt, die ein lebendiges Gerüst – die Kreuzrippe – errichtet, das dazu bestimmt ist, das Ganze zu halten; kurz: hier kündigt sich die gotische Kunst an und mit ihr der Beginn einer theoretisch begründeten Architektur.

Es scheint, daß Abaelard für die architektonische Entwicklung seiner Zeit wenig Gespür hatte. Man entnimmt seinem Briefwechsel keinerlei Vermerk, der das leiseste Interesse hierfür verrät. Er wird jedoch nicht als letzter in Sens eingetroffen sein, um sich unter die Menge zu mischen, die um der Reliquienverehrung willen gekommen ist. Als er diese Menschenmengen hat heranfluten sehen – der eine zu Pferd, der nächste zu Fuß –, in denen die Herren hohen Rangs und die kleinen Leute bunt durcheinandergewürfelt sind, wird er ohne Zweifel vor Befriedigung gelächelt haben beim Gedanken, daß ein Philosoph sich noch nie eine vergleichbare Zuhörerschaft hat erhoffen können.

In der Tat eine beeindruckende Zuhörerschaft. An diesem 2. Juni 1140 sieht man in Sens um den Erzbischof Heinrich le Sanglier seine wichtigsten Suffraganbischöfe versammelt. Der erste von allen, Gottfried von Lèves, Bischof von Chartres, der Schüler Abaelards, ist durch Kämpfe und Mißgeschicke hindurch sein Freund geblieben: Einst hat er beim Konzil von Soissons, so sehr er es vermochte, zu ihm gehalten. Vielleicht hat ihn, wie Bernhard, der Brief von Wilhelm von Saint-Thierry unsicher gemacht, aber man darf glauben, daß er seinem ehemaligen Meister das Vertrauen bewahrt; neben ihm ist der Bischof Hugo von Auxerres, seinerseits ein enger Freund von Bernhard von Clairvaux. Drei weitere Bischöfe der Provinz sind anwesend: Élie d'Orléans, Atton von Troyes, Manassès von Meaux. Den Erzbischof von Reims, Samson des Prés, begleiten drei seiner Suffraganbischöfe, Alvise d'Arras, Gottfried von Châlons, Jocelyn von Soissons. Eine wahrscheinlich im nachhinein erfundene Anekdote nennt unter den Anwesenden auch Gilbert de la Porrée, den zukünftigen Bischof von Poitiers, dem Abaelard, als er ihn im Vorbeigehen erblickte, den berühmten Vers zugemurmelt haben soll: »Achte auf dein Haus, wenn die Wand des Nachbarn brennt.« Tatsächlich wird Gilbert sieben Jahre später erleben, daß man seine Thesen verurteilt. Der junge König ist anwesend. Vielleicht ist Graf Theobald von Champagne an seiner Seite, mit dem er, unter dem Einfluß der Königin Eleonore, bald in Streit geraten wird, und sicherlich – die Schriften nennen ihn – ist da der Graf Wilhelm von Nevers, eine fromme Persönlichkeit; er wird seine Tage im Ordensgewand der Kartäuser beenden. Aber mehr als irgendeine dieser erlauchten Persönlichkeiten dürften die Person von Bernhard von Clairvaux und die des Peter Abaelard die Aufmerksamkeit auf sich gezogen haben. Die Texte sagen, daß letzterer »mit seinen Anhängern« da war: wahrscheinlich Arnold von Brescia, sicher Hyacinth Bobbo, ein römischer Diakon (er wird sehr viel später Papst Cölestin III.), der einer der glühendsten Verteidiger des Philosophen ist und dies in den kommenden Tagen zeigen wird.

Der ganze Junisonntag wurde den religiösen Feiern geweiht: Ausstellung der Reliquien und liturgische Gottesdienste, sicherlich auch diese riesigen Prozessionen, die für die damalige Zeit den Weg des Christen symbolisieren, wie er in seinem Erdenleben auf Gott zugeht.

Aber gleich am Abend versammelte Bernhard von Clairvaux die Prälaten in privater Sitzung. Auf seine Aufforderung hin würden sie die von Wilhelm von Saint-Thierry aus dem Werk Abaelards herausgezogenen Thesen prüfen, würden sie noch einmal durchgehen und ihren Grad der Rechtgläubigkeit erörtern. Zu guter Letzt verlängert sich im Lauf des Abends die Liste der häretischen Thesen, da es neunzehn Artikel sind, die die hier vereinte Kommission aufzählt und für verurteilungswürdig erklärt. Bevor die Prälaten sich trennen, entscheiden sie, daß Peter Abaelard am nächsten Tag eingeladen würde, hierzu öffentlich Stellung zu nehmen, seine Thesen überzeugend darzulegen oder sie zu widerrufen. Die Bühne hatte sich in einen Gerichtshof verwandelt.

Am Tag darauf versammelte sich eine zahlreiche Menge in der Kathedrale; der Diener Gottes [Bernhard] stellte dort die Schriften von Meister Peter vor und prangerte die irrigen Thesen an; dem Philosophen wurde die Möglichkeit eingeräumt sei es, abzustreiten, daß diese sich in seinen Werken befanden, sei es, sie im Geist der Demut abzuändern, sei es schließlich, wenn er es vermöge, den Widerlegungen, die angeführt worden waren, genauso wie dem Zeugnis der Kirchenväter zu widersprechen. Aber Peter weigerte sich, dem nachzukommen: unfähig, wirkungsvoll die Weisheit und den Geist seines Anklägers zu bekämpfen, appellierte er an den päpstlichen Stuhl. Bedrängt ..., in aller Freiheit und ohne Furcht zu antworten, weigerte er sich hartnäckig, das Wort zu ergreifen.[198]

Ein Theaterstreich, der die Versammlung sprachlos machte: Peter Abaelard verweigerte das Wortgefecht, um das er selbst ersucht hatte. Es stimmt, daß er nicht vorgehabt hatte, als Angeklagter zu erscheinen. Davon in Kenntnis gesetzt, daß nicht die beabsichtigte Kontroverse stattfinden, sondern er unter Anklage gestellt würde, hat er sich geweigert, dabei mitzumachen.

Auf jeden Fall konnten sich die Zeitgenossen dieses Ausweichen schlecht erklären. Gottfried von Auxerre versuchte es, indem er auf einen körperlichen Schwächeanfall Abaelards anspielte:[199] »Er erklärte seinen Freunden später – zumindest erzählen sie das –, daß ihn in diesem Augenblick sein Erinnerungsvermögen fast völlig im Stich gelassen habe. Seine Vernunft war in Dunkel gehüllt, sein Urteilsvermögen war von ihm gewichen.« Die Hypothese ist zu unserer Zeit wieder aufgegriffen worden; zusammen mit anderen Lebenssituationen Abaelards, in denen sich die Erregbarkeit seines Gemüts offenbart hat, war sie Gegenstand medizinischer Erklärungen, die zufriedenstellend zu sein scheinen. Man kann nichtsdestoweniger der Meinung sein, daß die körperliche Schwäche nicht allein für seine Weigerung verantwortlich war. Von seinen Freunden – vielleicht von dem Diakon Hyacinth Bobbo – in Kenntnis gesetzt, was sich während der Sitzung vom Vortag zugetragen hatte, wird er sich der Zweckentfremdung einer Versammlung verweigert haben, vor der er seine Thesen darstellen, nicht sich für das Verbrechen der Ketzerei rechtfertigen wollte.

Was auch immer die Menge dazu sagen mochte: die Prälaten konnten nicht umhin, die Angelegenheit, so gut es eben ging, zu einer Lösung zu bringen; Abaelard hatte die Kathedrale verlassen, nachdem er sein Appellationsgesuch an den Papst ausgesprochen hatte; die Bischöfe griffen ihre Diskussion vom Vortag wieder auf; die neunzehn Artikel wurden erneut umgeändert, auf vierzehn eingeschränkt, und man entschied, sie, so wie sie waren, dem Schiedsspruch von Rom zu überlassen.

Heinrich le Sanglier schreibt an Innozenz II.:

Obgleich nun diese Appellation nicht ganz kanonisch ist (da man vor selbst gewählten Richtern nicht appellieren darf), so wollten wir doch aus Ehrfurcht gegen den Heiligen Stuhl keine Sentenz über die Person Abaelards fällen; seine falschen Sätze aber, welche wiederholt in öffentlicher Sitzung verlesen und durch den Abte von Clairvaux durch Vernunftgründe und durch Stellen Augustins und anderer Väter als irrig, ja als häretisch nachgewiesen wurden, haben wir schon am Tage vor jener Appellation verworfen.[200]

Ein derartiger Brief läßt sowohl das Erstaunen der Prälaten angesichts der Kehrtwendung Abaelards als auch ihre Verlegenheit erkennen, dem Heiligen Stuhl eine Rechtssache zu übertragen, in der sie schon geurteilt hatten.

Die Haltung von Bernhard von Clairvaux aber verrät nicht das geringste Zaudern. Abaelard hatte in Sens den Kampf verweigert; die Sache würde in Rom über die Bühne gehen; nötig war, den schon eingeleiteten Briefwechsel wieder aufzunehmen und durch ihn Rom zu beeinflussen. Er greift wieder zur Feder und verfaßt speziell für Innozenz II. einen Bericht von der ganzen Angelegenheit, in dem er jener furchterregenden Feurigkeit freien Lauf läßt, die er aufbietet, wenn seiner Ansicht nach die Kirche oder die Wahrheit in Gefahr sind:

Aufrecht schreitet der Goliath einher, mit kriegerischem Apparate gerüstet, und vor ihm geht sein Waffenträger, Arnold von Brescia. Schuppe verbindet sich mit Schuppe, kein Lufthauch durchdringt sie mehr, die französische Biene zischte der italienischen zu, und sie einigten sich gegen den Herrn und seinen Gesalbten ... Um die Kirchenlehrer herabzusetzen, spendet dieser Goliath den Philosophen großes Lob und zieht ihre Erfindungen und ihre Neuerungen der Lehre der katholischen Väter und dem Glauben vor. Da alle vor ihm fliehen, hat er mich, den Kleinsten von Allen, zum Zweikampf herausgefordert! ... Du aber, Nachfolger Petri, magst entscheiden, ob der, der den Glauben Petri verleugnet, am Stuhle Petri Schutz finden dürfe...[201]

Und im letzten Abschnitt dieses Briefs nimmt man einen Widerhall der Auseinandersetzungen wahr, die in der Versammlung wahrscheinlich stattgefunden hatten:

Hyacinth hat uns gegenüber vielen bösen Gefühlen Ausdruck verliehen – allerdings weniger, als er es sich gewünscht hätte; dazu hatte er nicht die Zeit. Mir schien indessen, daß ich es in Ergebung erdulden sollte, denn in dieser Versammlung hat er weder Eure Person noch die Kurie verschont.[202]

Die unerledigt gebliebenen Briefe wurden mit einem ähnlichen Anhang, in dem er von dem Eifer berichtete, mit dem Hyacinth Abaelard verteidigt hatte, versehen und verschickt: So kam er den verschiedenen, möglichen Manövern des letzteren in Rom zuvor. Bernhard würde noch drei Briefe an drei römische Kardinäle[203] hinzufügen, um der Appellation Abaelards vorzubeugen. Die Angelegenheit mußte in Rom genauso beurteilt werden wie in Sens.

Die in Sens versammelte Menge zerstreute sich; jeder kehrte in seine Heimat, sein Kloster, seine Diözese zurück und erzählte überall von dem Ereignis, dessen Zeuge er gewesen war. Das Duell hatte nicht stattgefunden. Der sosehr erwartete große »Disput« zwischen zwei für die Macht ihrer Beredsamkeit gleichermaßen bekannten Männern war nicht zustande gekommen. Zu jener Zeit, in der man Wortgefechte fürs Leben gern hatte, mußte mehr als einer der Anwesenden Enttäuschung verspürt haben: Alles war für das Turnier vorbereitet gewesen, die Gegner waren auf dem Kampfplatz erschienen, als einer von ihnen den Kampf verweigerte. Wenn Abaelard der berühmteste Philosoph der Zeit war, so war Bernhard von Clairvaux seinerseits der Prediger, auf den man am meisten hörte; seine Predigten wühlten die Menschenmengen auf, und noch heute überträgt sich, wenn man sie liest, etwas von diesem Funken, der die Menschen in Begeisterung versetzte. Bedauerlicherweise besitzt man den Text der flammenden Ermahnungen nicht mehr, von denen die Hügel um Vézelay vier Jahre später widerhallen sollten, aber man weiß, daß in ihnen genügend Kraft steckte, um die meisten Zuhörer zu dem Entschluß zu bringen, das Kreuz zu nehmen, um den sich in erneuter Gefahr befindenden Heiligen Stätten zu Hilfe zu kommen.

Für die Liebhaber schöner Sprache war das Konzil von Sens eine Enttäuschung. Aber diese – wenn auch mißglückte – Konfrontation zweier solcher Menschen wie Peter Abaelard und Bernhard von Clairvaux ist kennzeichnend für eine Epoche. Es ist schon darauf hingewiesen worden, wie sehr Abaelard, der Vater der Scholastik, den Sieg der gotischen Architektur ankündigt. »Die verschiedenen Gesichtspunkte seines Denkens stützen einander wie die Gewölbebögen, die vor seinen Augen nach einem neuen Grundsatz gebaut wurden.«[204] Um Bernhard zu verstehen, muß man die Baukunst der Zisterzienser betrachten und die Fähigkeit zur Erneuerung, die sie aus ihrer eigenen Armut schöpft, erkennen. In Thoronet, in Sénanque, in Portigny, in Fontenay kann man die Tiefe und die Gewaltigkeit der von Bernhard von Clairvaux gebrachten Reform erfassen. Weil er jedes Zugeständnis an den Luxus verweigerte, an die Verzierung, an das, was dem Auge schmeicheln und die Seele einschläfern könnte, hat dieser Mann der romanischen Kunst ihre ursprüngliche Kraft wiedergegeben; die Kirchen, die dort, wo er hinkam, entstanden, sind nicht die Frucht einer theoretisch begründeten Überlegung: sie sind zwingend wie die Transzendenz des Glaubens selbst; ihre nackten Kapitelle, ihre strengen Gewölbe bringen besser als jede Erläuterung das ganz innerliche Feuer zum Ausdruck, dem sie entsprungen sind. Bernhard von Clairvaux ist derjenige, der alles, zuallererst sich selbst, der Reinheit dieses Feuers opferte. Man kann sein Verhalten gegenüber Abaelard hart finden, man kann sich über die unerbittliche Inbrunst, mit der er den Kampf gegen ihn führt, erregen: Die Heftigkeit, die er bei dieser Gelegenheit entfaltet, ist dieselbe, die er eingesetzt hat, um aus seinen Bauwerken jeden überflüssigen Schmuck zu verbannen, um seinen Klöstern die Regel in all ihrer Strenge aufzuerlegen, um die Unversehrtheit des Glaubens allen Widersachern und Schwierigkeiten zum Trotz aufrechtzuerhalten.

Auf jeden Fall ist die Haltung Bernhards zu seiner Zeit – und dies sollte auch später so bleiben – sehr unterschiedlich beurteilt worden. In Form von leidenschaftlichen Fehden zog sich das Konzil von Sens länger als vorgesehen hier und dort an den Schulen in die Länge, bei denen jeder für den einen oder für den anderen Partei ergriff. Einen Nachklang davon findet man im Brief von Berengar von Poitiers, einem Schüler Abaelards; er hatte am Konzil von Sens nicht teilgenommen, zeichnet aber nichtsdestoweniger in kräftigen Worten ein

Bild der Ereignisse, wobei er Bernhard von Clairvaux heftig angreift. Er schreibt:

Wir hofften, im Schiedsspruch aus deinem Munde die Milde des Himmels selbst, die Heiterkeit der Luft, die Fruchtbarkeit der Erde, den Segen der Früchte zu finden. Dein Kopf schien die Wolken zu berühren, und deine Zweige schienen einen weiteren Schatten zu werfen als die Berge ... Jetzt – o welche Pein! – ist das zum Vorschein gekommen, was verborgen war, und du hast die Giftzähne der schlummernden Schlange gebleckt ... Du hast Peter Abaelard als Ziel für deinen Pfeil ausgewählt. Du hast das Gift deiner Boshaftigkeit auf ihn gespien ... Mit Bischöfen, aus allen Gegenden zusammengerafft, hast du ihn auf dem Konzil zu Sens zum Ketzer erklärt ... Du hattest vor dem Volk verkündet, daß man ein Gebet für ihn an Gott richten solle, und innerlich hast du dich angeschickt, ihn aus der christlichen Welt zu verbannen. Was tat das Volk oder für wen betete das Volk, wenn es nicht wußte, wofür es gerade betete?

Und dann beschreibt er in übertriebensten Worten eine Szene, bei der er offensichtlich nicht dabei war: die Zusammenkunft der Prälaten, die am Abend des 2. Juni abgehalten worden war. Nach dem Essen, das Bischöfe und Äbte vereinte, habe Bernhard die Werke des Meisters Peter herbeibringen lassen und inmitten einer wahrhaft orgiastischen Szenerie leicht ihre Verurteilung erhalten, nachdem er einige geschickt gewählte Passagen vorgelesen habe. »Man hätte diese Pontifexe Beleidigungen ausstoßen, mit den Füßen ausschlagen, lachen und scherzen sehen können, so daß jedermann leicht daraus hätte schließen können, daß sie sich nicht Christus, sondern Bacchus geweiht hatten. Inmitten all dessen kreisen die Flaschen, spricht man dem Kelche kräftig zu, weiß man die Weine zu würdigen und netzt die Kehle der Prälaten.« Und dann beschreibt er die einen als zur Hälfte vom Schlaf übermannt, andere mit wackeligen Köpfen, die Lider geschlossen, wieder andere, die mit schwerer Zunge »er wird verdammt ..., verdammt« lallen.[205] Die ganze Schmähschrift ist im gleichen Tonfall gehalten und konnte, als sie am

236

Tag nach der Verurteilung Abaelards veröffentlicht wurde, auf jeden Fall kaum dazu beitragen, die Geister ihm gegenüber günstig zu stimmen!

Einige Jahre später wird Berengar von Poitiers diese Schrift widerrufen, die er, wie er dann sagt, verfaßt hat, als ihm noch kaum ein Bart am Kinne wuchs. Abgesehen davon, daß sie uns einen Eindruck von der Entrüstung der Zeitgenossen Abaelards vermittelt, hat diese Schrift aber das Verdienst, einen der wertvollsten Texte für die Nachwelt erhalten zu haben: die an Heloise gerichtete *Apologie* Abaelards.

Am Abend des Konzils von Sens hatte Abaelard nämlich beschlossen, sich sogleich nach Rom zu begeben, um seine Sache dort selbst vorzubringen. Aber eine Pflicht blieb ihm noch zu erfüllen. Konnte er vergessen, daß in seinem geliebten Paraklet, seiner Gründung, sich jemand seinetwegen vor Angst verzehrte? Heloise und die Nonnen, die sie umgaben, waren natürlich auf dem Laufenden über das, was sich in Sens abgespielt hatte. Kaum eine Tagesreise trennte ihr Kloster von der Hauptstadt; das heißt, daß Heloise, die wohl wie jedermann und mit mehr Ungeduld als irgend jemand sonst die angekündigte Auseinandersetzung erwartet hatte, spätestens am Tag nach diesen ergreifenden Stunden des 3. Juni zugleich mit der Nachricht, daß Abaelard sich entzogen hatte, erfahren haben wird, daß er von dem Konzil verurteilt worden war. Würde sie, nach Ablauf der Auseinandersetzungen und der Streitgespräche, denen sie wohl ängstlich gefolgt ist, im Ungewissen bleiben? Würde sie denjenigen als Ketzer betrachten müssen, dessen Kloster sie in Händen hielt, dessen Regel sie befolgte und dessen Denken so etwas wie das Grundgerüst ihres eigenen Sinnens war? Abaelard wußte, daß Heloise nötigenfalls bereit gewesen wäre, sich mit ihm zum Ketzer erklären zu lassen. Und für sie verfaßt er, was Bernhard von Clairvaux von ihm nicht hat bekommen können: ein so klares und unmißverständliches Glaubensbekenntnis, wie es sich der anspruchsvollste Richter nur immer hätte wünschen können:

O meine Schwester Heloise, einst mir teuer in der Welt, nun in Christo mir besonders lieb und wert, die Logik ist es, die mich der Welt verhaßt gemacht. Sie – diese blinden Blindenführer, deren Weisheit Verderben ist – behaupten nämlich, in der Logik sei ich zwar trefflich, aber im Paulus, da hinke ich stark. Und während sie meinen Scharfsinn preisen, verdächtigen sie die Reinheit meines christlichen Glaubens. Denn sie folgen, wie mir scheint, als verwirrte Menschen nur ihrem Vorurteil, statt sich durch die Erfahrung leiten zu lassen.

Ich will kein Philosoph sein, wenn ich dafür Paulus verstoßen muß. Ich will kein Aristoteles sein, wenn ich mich dafür von Christus trennen muß, denn unter dem Himmel ist kein anderer Name als der Seine, in dem ich mein Heil finden könnte. Christus, der zur Rechten des Vaters regiert, bete ich an, ich umfasse Ihn mit den Armen des Glaubens, der im jungfräulichen Fleisch, das Er vom Heiligen Geist empfangen hat, Herrliches wirkt in der Kraft Gottes. Und damit die unruhige Sorge und jeglicher Zweifel aus Deinem Herzen weichen, will ich, daß Du es von mir hörst: Ich habe mein Gewissen auf jenen Stein gegründet, auf dem Christus seine Kirche erbaut hat. Des Felsens Aufschrift will ich Dir hier in kurzen Worten mitteilen:

Ich glaube an den Vater, den Sohn und den Heiligen Geist, an den von Natur Einen und wahren Gott, der in seinen Personen die Dreieinigkeit also darstellt, daß Er in seiner Wesenheit stets die Einheit bewahrt. Ich glaube, daß der Sohn in allem dem Vater gleich ist, an Ewigkeit, Macht, Willen und Werk ... Auch den Heiligen Geist bekenne ich als wesensgleich und eins mit dem Vater und dem Sohne, denn Er ist es, den ich oft in meinen Büchern mit dem Namen der Liebe bezeichne ... Ich glaube auch, daß der Sohn Gottes des Menschen Sohn geworden ist, so daß Er, obwohl eine Person, aus und in zwei Naturen besteht, Er, der, nachdem Er all die Erfordernisse des Menschenschicksals erfüllt hat, das Er bis zum Tode selbst auf sich genommen hat, wiederauferstanden und gen Himmel gefahren ist, von wo Er kommen wird, zu richten die Lebendigen und die Toten. Ich bekräftige schließlich, daß in der Taufe alle Sünden vergeben werden, daß wir der Gnade bedürfen, um das Gute zu beginnen und zu vollenden, und daß jene, die gefehlt haben, durch die Buße erneuert werden. Muß ich von der Auferstehung des Fleisches sprechen? Ich würde mich vergeblich rühmen, ein Christ zu sein, wenn ich nicht glaubte, daß ich eines Tages wiederauferstehen werde.

Dies ist der Glaube, auf welchem ich ruhe und aus dem meine Hoffnung ihre Kraft schöpft. An diesem Ort des Heiles fürchte ich nicht das Geheul der Szylla, ich spotte dem Strudel der Charybdis, nicht fürchte ich die tödlichen Gesänge der Sirenen. Möge der Sturm kommen, er wird mich nicht erschüttern, mögen die Winde wehen, ich wanke nicht, ich bin auf den festen Fels gegründet.

Dieses ergreifende Bekenntnis war geeignet, jede Art Zweifel aus der Seele von Heloise zu vertreiben. Und für uns offenbart es auch, was Heloise und Abaelard zu einer Zeit füreinander geworden sind, zu der das Leben des letzteren schon seinem Ende nahe ist; nach dem Konzil von Soissons hatte er nicht das Bedürfnis verspürt, seine innersten Gedanken Heloise anzuvertrauen – und dies, obwohl ihr Liebesabenteuer doch noch viel frischer war. Dennoch war Heloise aus seinem Leben verschwunden, und er war wieder der Philosoph, der Intellektuelle, der Einsame geworden. Indem sie ihn zwang, sich ihrer zu erinnern, indem sie von ihm einen Austausch, briefliche Anleitungen, Predigten zum Hören, Hymnen zum Singen forderte, hat Heloise erreicht, daß Abaelard sein Bestes gab, daß er der logischen Beweisführung entsagte, um seinen Glauben hinauszuschreien: »Ich will kein Philosoph sein, wenn ich dafür Paulus verstoßen muß. Ich will kein Aristoteles sein, wenn ich mich dafür von Christus trennen muß.« Zweifellos hätte er ohne die Gegenwart von Heloise und ihren Willen, nicht vergessen zu werden, einen derartigen Schrei niemals ausgestoßen, der alle Zweideutigkeiten und alle Mißverständnisse für immer ausschloß.

Vere Jerusalem est illa civitas
Cujus pax jugis est, summa jucunditas,
Ubi non prevenit rem desiderium
Nec desiderio minus est premium.

. . .

Nostrum est interim mentem erigere
Et totis patriam votis appetere
Et ad Jerusalem a Babylonia
Post longa regredi tandem exsilia.

Illic molestiis finitis omnibus
Securi cantica Sion cantabimus
Et juges gratias de donis gratie
Beata referet plebs tibi, Domine.

Wahrlich, Jerusalem ist die heilige Stadt,
wo aller Friede herrscht, die höchste Glückseligkeit hat,
wo dem Geschenk das Sehnen nicht vorangeh'n muß,
wo man nicht weniger empfängt, als man ersehnet hat.

...

Nach oben streben muß hier unser Geist,
daß unser Sehnen all zu diesem Vaterlande weist,
und daß nach langem Exil aus der Tiefe Babylons
endlich nach Jerusalem er heimwärts reist.

Ewig zu End ist dort unser mühselig Ringen,
wir werden in Frieden die Hymnen Zions singen,
und für die Gaben Deiner Gnade werden wir Dich
preisen
auf ewig, o Herr, Dein glückseliges Volk.

Abaelard, *O quanta qualia*

Peter Abaelard hat sich nach dem Konzil von Sens auf den
Weg nach Rom gemacht. Er wird selbst dem Papst seine
Werke vorstellen; er wird ihre Rechtgläubigkeit anerkennen
lassen; besser noch: vor der Kurie wird er die Bedeutung
seiner Methoden und den Nutzen aufzeigen, den diese ver-
nunftmäßige Grundlage der Lehre bringt. Er ist sich seiner
Sache sicher, sein Wille ist ganz darauf ausgerichtet, zu einem

erfolgreichen Ergebnis zu kommen. Die Bischöfe Frankreichs mögen sich ruhig von Bernhard von Clairvaux zu dessen Gunsten beeinflussen lassen; in Rom wird er sich frei äußern; durch Hyacinth, den Diakon, weiß er, daß er dort Anhänger hat.

Und der Greis reitet in der sich ankündigenden Sommerhitze durch Berg und Tal: durch das Tal der Yonne und der Cure, über die Berge des Morvan und ihre stürmischen Hügel, während hier und da eine Lichtung den Blick auf die ganz in der Ferne liegende Ebene der Saône freigibt; die Etappen werden länger wie die langen Junitage, bis endlich im goldenen Abendlicht die sieben Türme von Cluny in der Talmulde der Grosne auftauchen, die die Abteikirche krönen; sie ist das Herz und die Mitte einer riesigen Gesamtanlage: Klostergebäude, Mühlen, Umfriedungstürme, Häuschen und Gärten, Werkstätten und Kapellen, die den Wohlstand dieser Klosterstadt bekunden. Zwei Jahrhunderte früher, in den schlimmsten Zeiten des karolingischen Niedergangs, als überall die Normannen plünderten und wüteten und als das Mittelmeer sich dem »Sarazenenschrecken« ausgeliefert fand, hat Cluny einer Welt, die nur mehr die Gewalt kannte, sein Gesetz aufgezwungen: ein Gesetz des Friedens. Durch seine auf dem Land, das es wieder zum Leben brachte, an den Pilgerstraßen instandgesetzten Klöster hat Cluny wieder jene Einrichtungen des Friedens entstehen lassen, die unermüdlich die Macht der Kriegsleute untergraben, die dem Krieg gewidmete Zeit auf einige Tage pro Woche einschränken, die kleinen Leute, die Armen, die Zivilbevölkerung vor den Auswirkungen des Krieges schützen; vor allem hat Cluny dem Asylrecht zum Sieg verholfen. Hat einer seiner Äbte nicht das ergreifendste Beispiel dafür gegeben, als er den Mördern seines Vaters und seines Bruders, die wegen ihres Verbrechens verfolgt wurden, selbst die Pforten seines Klosters öffnete?
Mit vielen anderen – der Menge der Pilger, Reisenden, Landstreicher aller Art, die im Sommer die Straße lockt – hat

sich Peter Abaelard im Gästetrakt vorgestellt. Er hat seinen Namen genannt, was sogleich ein hastiges Hin und Her im Innern des Klosters auslöste. Wird man ihn als Verurteilten behandeln, den die Kirche abweist? Dies hieße, die Gastfreundschaft von Cluny schlecht kennen. Man hat es beim Namen des erhabenen Besuchers einfach für nützlich gehalten, den Abt, Peter den Verehrungswürdigen, in Kenntnis zu setzen. Er, den die Angelegenheiten seines Ordens oft nach auswärts riefen, residierte damals gerade in der Mutterabtei. Der Name des Besuchers, den man ihm ankündigte, rief ihm nicht nur den berühmten Philosophen oder den, von seinesgleichen als ketzerisch beurteilten, Theologen ins Gedächtnis: für ihn war dies die Antwort auf zwei, vor zwanzig Jahren nach dem Konzil von Soissons geschickte Briefe. Die mit »einer inbrünstigen Geduld«[206] erwartete Stunde hatte endlich geschlagen: »Ich werde Euch aufnehmen wie einen Sohn«, hatte er geschrieben. Der Augenblick war gekommen, ein nie widerrufenes Versprechen einzulösen.

Dies wird er mit unendlichem Feingefühl tun. Sein Verhalten in dieser Angelegenheit bleibt durch die Briefe, die er schrieb, und durch die Ereignisse, für die Cluny von nun an den Rahmen liefert, sehr gut erkennbar: kein Wort, mit dem er die Vergangenheit wachruft, nicht eine Zeile, die auf Ablehnung oder Mißtrauen schließen ließe. »Meister Peter, ... ist unlängst, aus Frankreich kommend, in Cluny eingetroffen. Auf meine Frage, wohin die Reise gehe, antwortete er: Weil von einigen fälschlich der Häresie beschuldigt, die er doch ganz verabscheue, habe er an die apostolische Majestät appelliert und wolle nun zu ihr seine Zuflucht nehmen. Wir lobten seine Absicht und rieten ihm, zu dieser allen bekannten, allen zugänglichen Zufluchtsstätte zu eilen.«[207] Empfangen, anhören, ermutigen: dies ist seine Haltung. Es ist kein Zufall, wenn Peter der Verehrungswürdige in den Augen der Zeitgenossen das Wohlwollen schlechthin verkörpert. Ohne jeden Zweifel ist er über die Ereignisse von Sens unterrichtet worden; vielleicht hatte man ihn sogar geladen. Aber mit einem Blick hat er die Einsamkeit, die körperliche und moralische

242

Zerrüttung des Greises ermessen, der gekommen ist und an seine Tür geklopft hat. Derjenige, der sich kein Gehör hat verschaffen können, hat zunächst das Bedürfnis, daß man ihm zuhört: Der Abt von Cluny hört ihm zu, pflichtet ihm bei, ermutigt ihn in seinem Vorhaben. Er fügt dem einen Rat hinzu: daß Peter Abaelard sich hier, in Cluny, einige Tage Ruhe gönne, während er selbst Boten zum Papst schicken würde, um ihn über seinen Aufenthalt in der Abtei zu unterrichten.

Abaelard hat sich überzeugen lassen, und da bricht unvermittelt die ganze Last der Müdigkeit, der Spannung der vorangegangenen Wochen, der durchlebten Gefühle, eines ganzen, mit kräftezehrenden Prüfungen angefüllten Lebens über ihn herein; und hier entkrampft sich in ihm diese starrsinnige Energie, die ihn auf seinem Reittier hielt, diese trügerische Hartnäckigkeit, die die rauhe Wahrheit verschleierte: Er sieht vor sich die Länge eines Weges, den seine Kräfte nicht mehr durchzuhalten fähig sind, er sieht die Nichtigkeit seiner Appellation an Rom, die der Papst zurückweisen wird.

Peter der Verehrungswürdige hat in die Liturgie des Abendlandes das Fest der Verklärung eingeführt, das die morgenländische Kirche schon seit Jahrhunderten jedes Jahr am sechsten August mit großer Feierlichkeit beging; auf ihn geht das wunderschöne Offizium dafür zurück. Und man kann diesen Menschen nicht besser umreißen als durch die Fähigkeit, die er besitzt, jene, die zu ihm kommen, zu »verklären«, zu verwandeln. Er hat sich einst selbst hart mit Bernhard von Clairvaux angelegt. Die Fehde, die zwischen ihnen, zwischen Kluniazensern und Zisterziensern ausgetragen wurde, ist bis auf den heutigen Tag berühmt geblieben. Aber das hat ihn keineswegs davon abgehalten, auf den Aufruf des Reformators zu hören und selbst in Cluny neue Bestimmungen einzuführen, zu denen ihn die zisterziensische Regel angeregt hat. Als er die Rivalitäten feststellte, die hartnäckig zwischen den zwei Orden fortdauerten, schlug er die wirkungsvollste Lösung vor: sich besser kennenzulernen, und zu diesem Zweck sollten sich die Prioren des einen Ordens bei denen des anderen öfter längere Zeit aufhalten; seit diesem Zeitpunkt verbringen auf Grund seiner Aufforderung die Prioren des Ordens von Cluny jedes Jahr einige Zeit in den Abteien der Zisterzienser und umgekehrt.

Aber die Geschichte Abaelards bezeugt ohne Zweifel am besten diese Fähigkeit, andere zu verwandeln. Durch sein Wohlwollen wird Peter der Verehrungswürdige bei Abaelard bewirken, was noch keiner vor ihm erreicht hatte: eine vollständige Entsagung, eine völlige Umkehr. Nichts wird ab jetzt von dieser strahlenden Selbstsicherheit übrigbleiben, die Abaelard in seinen Schriften wie in seinen Taten an den Tag gelegt hat. In Cluny wird, zum ersten Mal in seinem Leben, seine Angriffslust dahinschmelzen wie Wachs an der Sonne. Und nachdem er endlich eine Umgebung gefunden hat, die ihm wohltut, wird er dieses chaotische Leben als ein beim täglichen Gottesdienst unermüdlicher, im Gebet eifriger Mönch unter Mönchen beschließen.

Bei dieser Veränderung, durch die eine scheinbar ausweglose Situation, die den, der in ihr steckte, zur Auflehnung und Vereinsamung verdammte, auf erstaunlichste Weise wieder zurechtgerückt wurde, trifft man überall auf Peter den Verehrungswürdigen. Dem Papst schreibt er:

Inzwischen erschien der Herr Abt von Cîteaux und verhandelte mit uns und mit Abaelard selber über die Wege, den Frieden zwischen ihm und dem Herrn Abt von Clairvaux herzustellen; seinetwegen hatte Abaelard die Berufung ja eingelegt. Wir haben uns unsererseits ebenfalls darum bemüht, ihm den Frieden wiederzugeben und redeten ihm zu, sich mit dem Herrn Abt von Cîteaux zu Bernhard von Clairvaux zu begeben. Ich setzte die Mahnung noch hinzu, wenn er allenfalls etwas gesagt oder geschrieben habe, was den Ohren eines Rechtgläubigen anstößig sein könnte, so möge er sich vom Herrn Abt von Cîteaux und andern frommen Fachleuten weisen lassen, von anstößigen Äußerungen abzurücken und anstößige Stellen in seinen Büchern zu tilgen. Also geschah es. Er ging dorthin; er kehrte wieder und berichtete uns, daß er dank des Herrn Abts von Cîteaux auf seine ehemaligen Einsprüche verzichtet und seinen Frieden mit dem Herrn Abt von Clairvaux geschlossen habe.[208]

Dies war der erste Schritt, den man bei Abaelard erreichen mußte: daß er seinen Frieden mit Bernhard von Clairvaux schloß. Von wem kam eigentlich die Initiative dazu? Der Abt von Cîteaux, Renaud de Bar-sur-Seine, scheint wohl in Cluny erschienen zu sein, ohne daß man ihn ausdrücklich dorthin gerufen hätte. Könnte es sein, daß Bernhard ihn selbst hingeschickt hat, nachdem er vom Aufenthaltsort Abaelards unterrichtet worden war? Dies wäre nicht ausgeschlossen. Einige Jahre später wird man das gleiche Vorgehen von seiten des Abts von Clairvaux feststellen, als er 1148, nachdem er Gilbert de la Porrée hat verurteilen lassen, Johann von Salisbury beauftragt, eine Unterredung mit ihm herbeizuführen. Gilbert würde dies hochmütig zurückweisen. Abaelard hingegen geht darauf ein. Es ist möglich, daß Bernhard von Clairvaux nach der scharfen Maßnahme, die er selbst in Gang gesetzt hatte, weil ihm das Wohl der Kirche auf dem Spiel zu stehen schien, eine friedliche Begegnung von Mann zu Mann gewünscht hat.[209]

Auf jeden Fall war die Versöhnung zwischen den beiden Männern erreicht. Besser noch: Abaelard erklärt sich damit einverstanden, ein vollständiges Glaubensbekenntnis hinsichtlich der in Sens verurteilten Artikel abzulegen. Dies ist die letzte seiner Apologien, gerichtet »an all die Söhne der Heiligen Kirche, [von] Peter Abaelard, einem von ihnen, aber dem Geringsten unter ihnen«. Geduldig greift er, der längsten Liste folgend – der, die jene neunzehn Thesen enthielt, die Wilhelm von Saint-Thierry aus seinem Werk herausgezogen hatte und die von den Vätern des Konzils von Sens weiter ausgeführt worden war –, einen Punkt nach dem anderen auf und erklärt in bezug auf jeden von ihnen seine Zustimmung zum Glauben der Kirche, wobei er die Auslegungsfehler, wo es nötig ist, ohne jede Spur von Groll berichtigt:

Möge Eure brüderliche Nächstenliebe mich als Sohn der Kirche anerkennen, der wünscht, die Gesamtheit dessen zu empfangen, was sie empfangen hat, zu verwerfen, was sie verworfen hat, und der nie die Absicht gehabt hat, sich, obgleich ich anderen durch die Beschaffenheit meines Lebenswandels nicht gleichkomme, vom Glaubensbund zu trennen.[210]

Die Nachricht von seiner Verurteilung konnte ihn jetzt erreichen. Sie war schon im Juli 1140, einige Wochen nach dem Konzil von Sens, ausgesprochen worden.
Tatsächlich schrieb Innozenz II. angesichts der Briefe, die die Darlegung der aus den Werken Abaelards entnommenen Thesen enthielt:

Nachdem wir den Rat unserer Brüder, der Bischöfe und Kardinäle, eingeholt haben, verurteilen wir, kraft der Autorität der Heiligen Gesetze, die durch Eure Sorgfalt zusammengetragenen Artikel und alle abartigen Lehrsätze von Peter [Abaelard], sowie den Urheber selbst, und wir erlegen ihm als Ketzer dauerndes Stillschweigen auf.[211]

In einem zweiten, am selben Tag verfaßten Brief verfügte der Papst, »Peter Abaelard und Arnold von Brescia, die Urheber abartiger Lehrsätze und die Herausforderer des katholischen Glaubens, getrennt in gottesfürchtigen Häusern, die am besten geeignet erscheinen, einschließen zu lassen und ihre Bücher überall, wo man sie findet, zu verbrennen«. Die Werke Abaelards waren symbolisch auf seine Anordnung hin im Sankt-Peters-Dom zu Rom verbrannt worden.

Aber der Brief von Peter dem Verehrungswürdigen hatte der päpstlichen Entscheidung vorgebeugt. Mit dem Takt, den man von ihm kennt, hatte er es, indem er Innozenz II. vom Aufenthalt Abaelards in Cluny in Kenntnis setzte, verstanden, ihm nahezulegen, was der Fall ihm zu verlangen schien. »Wir haben ihm geraten«, schreibt er, »zu der allen bekannten, allen zugänglichen Zufluchtsstätte zu eilen. Die apostolische Gerechtigkeit – so haben wir ihm gesagt – hat sich nie irgend jemandem, ob Fremder oder Pilger, verweigert und wird auch euch Gerechtigkeit widerfahren lassen. Wir haben ihm sogar versprochen, daß er auch die Barmherzigkeit finden würde, wenn dies nötig sei . . .« Und ebenso schlug er die Lösung vor:

Auf unseren Rat hin, aber mehr noch, wie wir glauben, auf eine gewisse göttliche Eingebung hin, entschied sich [Abaelard], dem Lärm der Schulen und der Studien zu entsagen, um für immer seine Wohnstatt in Eurem Cluny aufzuschlagen. Diese Entscheidung erschien uns seinem Alter, seiner Schwachheit, seiner religiösen Berufung angemessen, und bei dem Gedanken, daß seine Wissenschaft, die Euch nicht ganz unbekannt ist, der Menge unserer Brüder von Nutzen sein könnte, haben wir seinem Wunsche stattgegeben. Unter der Voraussetzung, daß dies auf Euer Wohlwollen stoße, haben wir ihm folglich gerne und bereitwillig gestattet, bei uns, der wir, wie Ihr wißt, Euch ganz ergeben sind, zu bleiben.
Nun bitte ich, wie gering auch immer, jedenfalls Euer Dienstmann, es bittet mit mir der Orden von Cluny, Euer demütig ergebener Diener, es bittet Abaelard selber mit eigenem Mund, durch unsern Mund, durch die Überbringer dieses Briefes, Eure geistlichen Söhne, er bittet durch diesen Brief, den ich auf seinen Wunsch abfaßte: Laßt ihn die übrigen Tage seines Alters und seines Lebens, deren es vielleicht nicht mehr viele sind, in Eurem Cluny vollenden! Gleich dem herumirrenden Sperlingsvogel freut er sich nun des schützenden Dachs, des bergenden Nests, das er finden durfte. Wehrt gnädiglich seinen Verfolgern, ihn daraus zu verjagen oder in seiner Ruhestatt zu verstören! Wie Ihr alle Frommen in Euern Schutz nehmt und sogar diesem Mann Eure Liebe geschenkt habt, so geruht, auch ihn zu schirmen mit dem Schild Eures apostolischen Amtes![212]

So kam es zu der Verurteilung, aber unter eben den Bedingungen, die Peter der Verehrungswürdige vorbereitet hatte, das heißt Abaelard fand in Cluny Zuflucht. Nun kam das Leben des schließlich mit Gott und den Menschen versöhnten »herumirrenden Sperlingsvogels« zur Ruhe, und dies auf eine Art und Weise, die durch nichts vorauszusehen gewesen war. Peter der Verehrungswürdige erreichte in der Folge ohne Mühe die Aufhebung der kanonischen Strafen, was

Abaelard das Recht wiedergab, zu lehren; er wußte, daß eine Zuhörerschaft für Abaelard von lebenswichtiger Bedeutung war, und er beglückwünschte sich, daß seine Mönche den Unterricht eines solchen Meisters erhalten konnten.

Man zeigt in Cluny eine mehrhundertjährige Linde, deren mächtiger Stamm die Allee abschließt, die sich gegenüber dem Getreidespeicher öffnet; er ist einer der wenigen Überreste der berühmten Abtei, die am Beginn des 19. Jahrhunderts (1798–1823) von den Immobilienhändlern zerstört wurde, die sie während der Französischen Revolution erstanden hatten, um ihre Mauersteine zu verkaufen. Die Überlieferung will, daß Abaelard sich, »das Gesicht dem Paraklet zugewandt«, oft im Schatten dieser Linde ausgeruht habe. Jahrhunderte später sollte Lamartine dort in langes Sinnen verfallen, als er über das Werk nachdachte, das er selbst Peter Abaelard widmen würde. Und dieser Ort, der so reich an Geschichte war, bevor er der krämerhaften Dummheit einer an ihrem Kulminationspunkt angelangten bürgerlichen Kultur zum Opfer fiel, lädt in der Tat zum Nachdenken ein. Daß ein solch stürmisches Leben wie das Abaelards in einer derart friedlichen Atmosphäre hat ausklingen können, erschiene unglaublich, wenn wir nicht das ausdrückliche Zeugnis von Peter dem Verehrungswürdigen besäßen. Er schreibt:

Das erbauliche Leben voller Demut und Frömmigkeit, das er unter uns geführt hat, könnte in Cluny jeder bezeugen, und man könnte es nicht in wenigen Worten schildern. Ich glaube nicht, jemals seinesgleichen gesehen zu haben, was die Bescheidenheit in Verhalten und Kleidung angeht. In dieser großen Herde unserer Brüder, in der ich ihn aufforderte, den ersten Platz einzunehmen, schien er immer, auf Grund der Armut seiner Kleidung, den letzten innezuhaben. Bei den Prozessionen, wenn er mit den anderen Brüdern der liturgischen Ordnung gemäß vor mir herging, war ich oft erstaunt, was sage ich: war ich oft beinahe sprachlos darüber, einen Mann solchen Namens und solcher Berühmtheit sich in einem solchen Maße demütigen und erniedrigen zu sehen. Bescheiden in seiner Tracht begnügte er sich mit dem einfachsten Kleide und suchte nichts über das Notwendige hinaus. Desgleichen tat er beim Essen, beim Trinken, bei aller Pflege des Körpers. Alles, was überflüssig ist, alles, was nicht völlig unerläßlich ist, verwarf er in seinem Wort und in seinem Beispiel, für sich selbst wie für die anderen. Sein Lesen war stetig, sein Beten unermüdlich, sein Schweigen beständig, außer bei zwanglosen Fragen von seiten der Brüder oder allgemeinen Zusammenkünften zu Gott betreffenden Angelegenheiten, die ihn zu sprechen zwangen. Seitdem er durch meinen Brief und meine Vermittlung wieder in der Huld des Heiligen Stuhles stand, ging er, so oft er konnte – was sage ich? – fast ohne Unterlaß zu den Sakramenten und reichte Gott das Opfer des unsterblichen Lammes dar. Was sollte ich mehr hinzufügen? Sein Geist, sein Mund, seine Taten waren unablässig der Betrachtung, dem Unterricht, der Offenbarung der göttlichen, philosophischen und gelehrten Dinge geweiht.

Als Zeuge dieser Verwandlung, an der er beteiligt gewesen war, hat Peter der Verehrungswürdige nicht nachgelassen darin, Peter Abaelard mit diesem aufmerksamen Blick zu verfolgen, den er ihm seit den allerersten Anfängen seiner Geschichte entgegengebracht hatte. Obwohl es doch sonst noch so vieles gab, das ihn in Anspruch nahm! Die Jahre 1140–1141 sind auch jene, in denen er eine seiner wichtigsten Arbeiten durchführt: die Übersetzung des Korans. Diese Aufmerksamkeit, die er jenen entgegenbringt, die sich zu andersartigen Glaubensvorstellungen bekennen, ist ein wesentlicher Persönlichkeitszug von Peter dem Verehrungswürdigen: Er hat den Talmud übersetzen lassen und sich als erster darum gekümmert, die Lehren des Islam besser kennenzulernen und seine Zeitgenossen damit vertraut zu machen. Dank seiner Bemühung wird man in der Folge allen, die den Kreuzzug predigen, vorschreiben können, zuerst den Koran gelesen zu haben – und man wird bis zur heutigen Zeit warten müssen, bevor man eine vergleichbare Bemühung wiederfindet, sich gegenseitig kennenzulernen. Er hat nichts unterlassen, damit dieses Unternehmen unter den besten Bedingungen zu einem guten Ende gebracht wurde: Er bringt eine regelrechte Mannschaft für die Übersetzung zusammen, die zwei gelehrte Kleriker umfaßt, von denen der eine, Robert von Ketene, Engländer ist und der andere, Hermann der Dalmater, aus Kärnten kommt; ihnen gesellt er einen Mozaraber bei, Petrus von Toledo, und einen Sarazenen, der selbst den Namen Mohammed trägt; schließlich sollte er einen hervorragenden Latinisten, Peter von Poitiers, mit der Sorge betrauen, die lateinische Übersetzung zu berichtigen und die verschiedenen Teile aufeinander abzustimmen. In seinem Vorwort, in dem er sich an die Moslems wandte, sagte er, daß er nicht mit Waffen, sondern mit Worten, nicht mit Gewalt, sondern mit Beweisgründen, nicht im Haß, sondern in der Liebe zu ihnen komme.[213]

Eine derartige Geisteshaltung mochte dazu führen, daß er sich zu Peter Abaelard hingezogen fühlte. Hatte eines der dem Philosophen vertrauten Themen nicht darin bestanden, die Gunst der Erlösung auch auf die Heiden auszudehnen? Die Philosophen des griechischen oder lateinischen Altertums – Seneca, Epikur, Pythagoras, Platon – hätten dies durch die Rechtschaffenheit ihres Lebens bezeugt. Die Sibyllen – und dies ist übrigens zu seiner Zeit ein allgemeiner Glaube – sollen die Geburt des Erlösers vorhergesagt und folglich das Mysterium der Fleischwerdung in gewisser Weise gekannt haben. Abaelard spricht in seinen Werken sogar von den Brahmanen, für die er voll unerwarteten Lobes ist, obgleich man zu seiner Zeit nur eine zumindest verschwommene Kenntnis ihrer Glaubensüberzeugungen hatte: Liest man nicht im *Bild der Welt* von Honorius von Autun, daß gewisse unter den Weisen des Fernen Ostens »sich aus Liebe zum jenseitigen Leben ins Feuer stürzen«?

Auf jeden Fall veranlaßte die Vollendung dieses großen Werks der Koranübersetzung ebenso wie die Sorge um seinen Orden Peter den Verehrungswürdigen oft dazu, das Mutterhaus zu verlassen: Während seiner Amtszeit sollte er nicht weniger als dreihundertvierzehn neue Klöster gründen, wo-

250

durch er die Zahl der Häuser, die von Cluny abhingen, auf über zweitausend erhöhte. Diese Betriebsamkeit hinderte ihn nicht daran, Peter Abaelard mit umsichtigster und taktvollster persönlicher Aufmerksamkeit zu begegnen.

Dieser hatte seine Arbeiten wieder aufgenommen. Er hat sein Werk über die *Dialektik*, das seinen Neffen gewidmet ist und von dem man auf Grund der Manuskripte feststellen kann, daß es mehrere Male von ihm wieder aufgegriffen und umgeändert worden ist, in Cluny sicherlich neu überarbeitet. Ebenso wird er sein intellektuelles und spirituelles Vermächtnis dort verfaßt oder vollendet haben: das lange, in Distichen[214] geschriebene Gedicht, das er seinem Sohn Astrolabius hinterläßt. Sehr wahrscheinlich ist auch, daß er seinen *Kommentar zu den sechs Tagen, Expositio in Hexaemeron*, den er unvollendet lassen wird, in Cluny verfaßt hat. Er hat das Werk auf die ausdrückliche Bitte von Heloise hin geschrieben, was im Vorwort bezeugt wird, in dem – eine bemerkenswerte Einzelheit – Abaelard sich mit denselben Worten an sie richtet, die er benutzt hatte, als er ihr seine *Apologie* widmete: »Meiner Schwester Heloise, einst mir teuer in der Welt, jetzt in Christo mir besonders lieb und wert.« Abaelard erläutert speziell für sie das ganze erste Kapitel der Genesis, aber das Werk ist plötzlich, ohne Abschluß, zu Ende, und man darf annehmen, daß er in dem Augenblick, in dem er die Feder niederlegte, den Kreislauf seiner Tage vollendet hatte.

In seinen letzten Monaten wurde er von einer Krankheit gepeinigt, die die moderne Medizin identifiziert hat.[215] Dies bewegte Peter den Verehrungswürdigen dazu, ihn in ein Refugium zu schicken, das seinen Schmerzen klimatisch zuträglicher war und in dem eine ruhigere Atmosphäre herrschte als in Cluny selbst, wo die große Zahl der Mönche, das Hin und Her der Besucher seine Ruhe stören konnten. »Ich hatte daran gedacht«, sagt er, »ihm einen ruhigen Ort in Saint-Marcel-de-Chalon, an den Ufern der Saône zu sichern, wegen der heilsamen Wirkung des Klimas, das diese Gegend fast zum schönsten Teil unseres Burgund macht.«

Dieses, an den Ufern der Saône errichtete Priorat von Saint-Marcel hatte eine berühmte Entstehungsgeschichte: Zur Zeit der Merowinger, im Jahr 584, war dort ein Kloster gegründet worden; es war die erste Gründung, in der nach dem Vorbild der Mönche von Saint-Maurice-d'Agaune das erklang, was man die *laus perennis,* das fortwährende Gotteslob nannte; das Offizium wurde dort ohne Unterbrechung Tag und Nacht von Mönchen gesungen, wobei sie zu diesem Zweck in drei Chöre aufgeteilt waren, von denen jeder den vorhergehenden im Verlauf des Tages ablöste. Dieser Brauch war Anfang des 5. Jahrhunderts in der Ostkirche entstanden und zunächst in dem uralten Kloster des Kantons von Vaud eingeführt worden; er ist wohl im Verlauf der Wirren und der feindlichen Überfälle, die das Ende des Hochmittelalters kennzeichnen, ausgestorben.

In Saint-Marcel-de-Chalons, an diesem Ort des »immerwährenden Lobes«, verbrachte Peter Abaelard also die letzten Tage seines Lebens. »Dort kam er, so sehr es ihm seine Gesundheit erlaubte, auf seine ehemaligen Studien zurück, war immer über seine Bücher gebeugt und konnte, ähnlich wie der Heilige Gregor der Große, keinen Augenblick vorübergehen lassen, ohne zu beten, zu lesen, zu schreiben oder zu diktieren. Bei der Beschäftigung mit diesen göttlichen Tätigkeiten fand ihn der vom Evangelium verkündete Besucher.«

So kam, am 21. April 1142, dieses stürmische Leben im Frieden zu seinem Ende; Abaelard war um die dreiundsechzig Jahre alt.

Peter der Verehrungswürdige hat seine Aufgabe damit nicht als beendet angesehen. Er trennt in Gedanken Abaelard nicht von Heloise. Sie war durch Theobald, einem der Mönche von Cluny, vom Tod Abaelards benachrichtigt worden, aber gleich nachdem Peter der Verehrungswürdige nach Cluny zurückkommt, »gleich am ersten freien Tag, den ich inmitten all meiner Sorgen fand« (dies sind seine eigenen Worte), schreibt er eigenhändig an Heloise. Durch die vertraulichen Gespräche mit Abaelard kennt er jene, an die er sich richtet. Er weiß, welche Schätze der Liebe sie beseelt haben und welches schlimme Geheimnis an ihr zehrt: Bleibt diese vollkommene Äbtissin, die aus Liebe zu einem Mann ins Kloster eingetreten ist, nicht davon überzeugt, daß ihr Opfer in den Augen Gottes nichts bedeutet, da es nicht für Ihn, sondern für einen Mann, für Abaelard, erbracht worden war?

Peter der Verehrungswürdige hätte sich mit einem Beileidsbrief zufriedengeben können. Er hätte sich den leichten Vorwand der Diskretion gestatten und jede Anspielung auf die Vergangenheit unterlassen können, oder er hätte sich auch aus Furcht vor den Geheimnissen der Logik der weiblichen Seele an verschwommene Ermahnungen halten können. Sein Brief an Heloise enthält nichts, was von menschlicher Vorsicht diktiert worden wäre; er ist auf der Ebene angesiedelt, auf der sich die Geschichte von Heloise und Abaelard abspielt: auf der der Selbstüberwindung, einer Suche nach Absolutem, die beide, den einen wie die andere, über Kompromisse und nachlässiges Hinnehmen erhoben hat.

Er wendet sich zunächst an Heloise: Sie war die Bewunderte seiner Jugend, und zu dieser Stunde ihrer Reife erinnert er sie daran. Durch die Worte, die er verwendet, werden wir wieder ins Jahrhundert der höfischen Liebe zurückversetzt: »Ich wollte Euch zeigen, welchen Platz ich in meinem Herzen für die Zuneigung vorbehalten habe, die ich Euch in Jesus Christus entgegenbringe. Und diese Zuneigung stammt nicht erst von heute, sie reicht in meinen Erinnerungen recht weit zurück.« Es folgen Seiten, die ein glanzvolles Loblied auf Heloise, auf ihre große Klugheit, auf ihren Lerneifer, den sie schon seit ihrer Jugend geoffenbart hat, singen: »Später aber«, fährt er fort, »als es Jenem gefiel, der Euch von Eurer Mutter Leibe ausgesondert und Euch durch seine Gnade berufen hat, habt Ihr Eure Studien auf einen besseren Weg gelenkt: Als wahrhafte Philosophin habt Ihr für das Evangelium von der Logik, für den Apostel von der Physik, für

253

Christus von Platon, für das Kloster von der Akademie abgelassen.« Und dann preist er die Meisterschaft, mit der sie die Nonnen, die ihr anvertraut sind, zu Gott führt: »Dies, meine teuerste Schwester in unserem Herrn, sage ich keineswegs, um Euch zu schmeicheln, sondern als Ermahnung, die Erhabenheit des Guten ins Auge zu fassen, das Ihr seit langem verfolgt, und damit Ihr es weise bewahrt, so daß Euer Beispiel und Eure Worte das Herz der heiligen Frauen entflammen, die mit Euch dem Herrn dienen... Wie eine Lampe müßt Ihr gleichzeitig brennen und erleuchten. Ihr seid Schülerin der Wahrheit, aber im Amte, dessen Last Euch anvertraut ist, seid Ihr zu gleicher Zeit Lehrerin der Demut.« Er vergleicht sie mit Penthesilea, der Königin der Amazonen, mit Debora, einer Prophetin Israels, und spielt feinfühlig auf ihre Kenntnis des Hebräischen an, indem er sie daran erinnert, daß der Name *Debora* »Biene« bedeutet: »Ihr werdet einen Schatz aus Honig bereiten... Ihr werdet all den Saft, den Ihr hier und dort von verschiedenen Blumen gesammelt habt, durch Euer Beispiel, durch Eure Worte, durch alle nur möglichen Mittel, in das Herz der Frauen Eures Hauses und das anderer Frauen eingießen.«

Ein solcher Brief brachte Heloise wieder zu ihren persönlichen Aufgaben, ihrem eigentlichen Leben zurück. Nun, da Abaelard tot war, durfte sie nicht der Versuchung nachgeben, in der Vergangenheit zu leben, sich in vergeblichen Sehnsüchten zu verzehren; die ihr zugewiesene Rolle war bei weitem nicht beendet. Ihr Tun, ihre Person waren dem Dienst ihres Klosters geweiht, und allein dies mußte für sie zählen; dies war die Wirklichkeit ihres Lebens. Zum Abschluß dieses Teils seines Briefes, der so gut dazu angetan ist, in Heloise den Mut, das Verantwortungsgefühl, all die bejahenden Werte ihres tiefen Wesens wachzurütteln, schreibt Peter der Verehrungswürdige seufzend: »Es täte mir wohl, ein solches Gespräch mit Euch weiterzuführen, sosehr bin ich entzückt von Eurer Gelehrsamkeit, sosehr zieht mich das Loblied an, das nicht wenige Menschen mir gegenüber auf Eure Frömmigkeit angestimmt haben. Hätte es Gott nur gefallen, daß unsere Abtei von Cluny Euch ihr Eigen hätte nennen können! Hätte es Gott nur gefallen, daß jenes liebliche Haus von Marcigny Euch mit den anderen Dienerinnen Christi eingeschlossen hätte, die in dieser Knechtschaft die himmlische Freiheit erwarten!« Marcigny war ein dem Herzen von Peter dem Verehrungswürdigen besonders teures Nonnenkloster, da seine Mutter Raingarde sowie zwei seiner Nichten dort den Schleier genommen hatten.

Und erst, nachdem er sich in dieser Weise an Heloise gewandt hat, geht er dazu über, Abaelards zu gedenken: »Wenn die Göttliche Vorsehung, die Spenderin aller Dinge, uns den Vorzug Eurer eigenen Gegenwart nicht gegönnt hat, so hat sie uns zumindest die des Mannes geschenkt, der Euch gehört, des großen Mannes, den man ohne Furcht in Ehrerbietung den Diener und den wahrhaften Philosophen Christi nennen muß: Meister Peter.«
Der Mann, der Euch gehört... Man hat, wenn man diesen starken Ausdruck liest, einige Mühe bei dem Gedanken, daß er aus der Feder eines Abts kommt, der an eine Äbtissin schreibt, und man kann sich nicht enthalten, sich im Vergleich die vorsichtigen Redewendungen vorzustellen, mit denen heute eine vergleichbare Situation in vergleichbaren Umständen verschleiert würde. Aber das Salbungsvolle der Kirche ist eine Erfindung des 17. Jahrhunderts. Diese kraftvolle Einfachheit dagegen gehört so recht zu derselben Zeit wie die gewaltigen Überspitztheiten in der Ausdrucksweise des Heiligen Bernhards. Die Formulierung würde im übrigen eine konkrete Wirklichkeit in sich fassen. Denn Heloise hatte den Körper Abaelards von der Abtei von Cluny erbeten, damit er in Übereinstimmung mit dessen Wunsch im Parakletenkloster begraben würde. Peter der Verehrungswürdige war besser als jeder andere fähig, alles zu verstehen, was ein derartiges Gesuch enthielt, und der Schluß seines Briefes beweist es:

Jener, dem Ihr durch das Band des Fleisches, dann durch das festere und stärkere Band der göttlichen Liebe verbunden worden seid, jener, mit dem und unter dem Ihr Euch dem Dienste Gottes geweiht habt, jener, sage ich, wird heute statt von Euch von Gott als Eurem anderen Selbst in Liebe umfaßt. Und am Tag der Ankunft des Herrn, bei der Stimme des Erzengels, beim Klang der Posaune, die den höchsten, von den Himmeln herabkommenden Richter ankündigt, wird Er ihn Euch in Seiner Gnade zurückgeben; Er bewahrt ihn Euch.

So wurde, dem Zeugnis Peters des Verehrungswürdigen nach, Gott selbst zum Bürgen und Beschützer des Paares, das sie gebildet hatten. Anstatt sich als jemand zu empfinden, der von Gott verworfen wird, konnte Heloise sich vielmehr an Ihn als Denjenigen wenden, der den inniggeliebten Menschen, für den sie gelebt hatte, bewahrte.[216]

Eines blieb dennoch zu vollbringen, und Peter der Verehrungswürdige legte Wert darauf, es persönlich zu tun: die sterblichen Überreste Abaelards in den Paraklet, in jene Ordensstiftung zu bringen, die ihm doppelt teuer war. Peter ließ also den Leichnam – unauffällig, wie er angibt – aus dem Friedhof von Saint-Marcel-de-Chalon wegholen und gab ihm selbst bis zu der einst von dem Philosophen und seinen Schülern an den Ufern des Ardusson erbauten Kapelle das Geleit. Dies war seine erste Begegnung mit Heloise; sie fand sehr wahrscheinlich am 16. November des Jahres 1142 statt. Peter der Verehrungswürdige zelebrierte die Messe im Paraklet, hielt eine Ansprache an die im Kapitelsaal vereinten Nonnen und richtete zwischen diesem Kloster und dem von Cluny eine jener »geistigen Partnerschaften« ein, die im Mittelalter zwischen Abteien häufig sind. Um ihm dafür zu danken, würde Heloise ihm einen sehr bewegten Brief schreiben: »In dankerfüllter Freude, liebster Vater, rühmen wir uns dessen, daß aus Eurer Höhe Ihr zu mir niedriger Magd Euch herabgebeugt; ein Besuch von Euch ist ein großes Ereignis selbst für die Großen dieser Erde. Die anderen wissen, wieviel Segen Eure Gegenwart ihnen gebracht hat. Ich aber, ich finde

256

noch keine Worte, ich kann es noch nicht fassen, wieviel Segen und wieviel Freude mir Euer Besuch geschenkt hat.« Im weiteren Verlauf dieses Briefes äußert sie drei Ansuchen: Heloise bittet Peter, nach ihrem Tod einen »trentain«, das heißt eine Folge von dreißig Seelenmessen in der Abtei von Cluny abhalten zu lassen; sie bittet ihn auch, ihr, in Form eines mit seinem Siegel versehenen pergamentenen Schriftstücks, eine Generalabsolution für Peter Abaelard zu schikken, die sie an seinem Grab anbringen könnte: Sie legte Wert darauf, daß die völlige Wiederaussöhnung des Meisters, dessen Glaube einige Zeit in Zweifel gezogen worden war, in den Augen aller bestätigt würde. Schließlich bat sie ihn für ihren Sohn Peter Astrolabius um »eine kleine Pfründe vom Bischof von Paris oder jedweder anderen Diözese«.

Dieser Brief ist das letzte Schriftstück, das wir von Heloise besitzen. Es stellt für uns gewissermaßen ihren Letzten Willen dar. Es ist bezeichnend, daß sie sich, was Abaelard und sie selbst betrifft, nur um ihre ewigen Belange kümmert; und es ist auch interessant, darin ihre Sorge um Astrolabius festzustellen. Von diesem Sohn, der so wenig Platz in der Geschichte einnimmt – der, so scheint es, ebenso unauffällig war, wie seine Eltern Aufsehen erregt haben –, weiß man nichts. Umsonst hat man kreuz und quer in Dokumenten und Kopialbüchern jener Zeit nach seiner Spur gesucht. In der Abtei von Hauterive im Kanton von Fribourg wird zwischen 1162 und 1165 ein Abt erwähnt, der den wenig üblichen Namen Astrolabius trägt. Wenn es sich um eine kluniazensische Abtei handeln würde, wäre man sogleich versucht, ihn mit dem zum geistigen Sohn von Peter dem Verehrungswürdigen gewordenen Sohn Abaelards gleichzusetzen (Heloise selbst legt diesen Zusammenhang nahe, wenn sie zum Abt von Cluny sagt: *Euer* Peter Astrolabius). Aber Hauterive ist eine Zisterzienserabtei, und es ist wenig wahrscheinlich, daß der Sohn Abaelards in Cîteaux eingetreten ist. Naheliegender erscheint die Annahme, die auf dem Kopialbuch einer bretonischen Kirche, der von Buzé, gründet: Es erwähnt im Jahr 1150 unter den Kanonikern der Kathedrale von Nantes jemanden mit Namen Astrolabius, den Neffen eines anderen namens Porchaire, der ein Bruder Abaelards gewesen sein könnte. Die Totenliste der Abtei vom Paraklet erwähnt sein Ableben unter dem Datum des 29. oder 30. Oktobers, ohne irgendeine Einzelheit anzugeben, weder über den Zeitpunkt dieses Todes noch über die Stellung des Verstorbenen: *Petrus Astrolabius magistri nostri Petri filius*. Die Erwähnung des Todes von Heloise selbst geht im übrigen kaum mehr ins einzelne: »Heloise, die für ihr Wissen und ihre Frömmigkeit bekannte erste Äbtissin und Mutter unseres religiösen Ordens, hat, nachdem sie uns durch ihr Leben Hoffnung gegeben hat, ihre Seele selig dem Herrn wiedergegeben« – und dies am 16. Mai; das Jahr ist nicht sicher, und man konnte nur durch Übereinstimmungen schlußfolgern, daß es wohl das Jahr 1164 gewesen sein muß. Sie hätte Abaelard somit um zwanzig Jahre überlebt und wäre, wie er, dreiundsechzigjährig gestorben.

∽∽∽

Und Gott schuf den Menschen nach seinem Bilde,
nach dem Bilde Gottes schuf er ihn,
als Mann und Frau schuf er sie.

Genesis I, 27

Wer mag mir schreiben? Öffnen wir... großer Gott!
Heloisen ist's!
Kaum erholt sich Euer Gatte von der Überraschung...
Mit Küssen bedeck' ich dies verführerisch' Schreiben,
mein Herze durchdringen verzückte Freuden;
Soll Abaelard sich um Eure Reize kümmern?
Eure Qual, Euer Seufzen lassen mich erschauern im
Innern.

Diese Verse sind die »Übersetzung«, die im 18. Jahrhundert von der Antwort Abaelards auf Heloise (dritter Brief der deutschen Veröffentlichungen) gemacht wurde. Diese drückte sich im vorangegangenen Brief im selben Ton aus:

Welch neuer Schlag, und was hört' ich Euch wagen?
Nicht seh ich Euch mehr! Ihr wagt, mir dies zu sagen!
Grausamer! Ihr nehmt mir alles, und für Euer Herz
Ist's rohes Vergnügen, mich zu erfüllen mit gänzlichem
Schmerz.[217]

Man gibt nur mit einiger Mühe solche Einfältigkeiten wieder, nachdem man sich in derart gehaltvolle Texte vertieft hat und sich so tragische Schicksale vor Augen geführt hat. Und doch hat das 18. Jahrhundert die Geschichte von Heloise und Abaelard in dieser Form kennengelernt; diese »Übersetzung« hatte sogar einen enormen Erfolg – denselben, das ist wahr, mit dem *Die Jungfrau* von Voltaire gefeiert wurde.
Zu unserer Zeit, in der man gern von »Entmythologisierung« spricht, hat sich diese auf die einfachste Weise vollzogen: durch den Rückgriff auf die Originaltexte. So, wie es genügt, den Text der beiden Prozesse zu lesen, um eine völlig andere Jeanne d'Arc vorzufinden, die hinter einem Haufen abgeschmackter oder hurrapatriotischer Werke lange verschwunden war, und um all die dummen Legenden auszumerzen, die im 19. Jahrhundert über sie entstanden (uneheliche Herkunft, etc.), so genügt es auch, direkt auf den Briefwechsel zwischen Heloise und Abaelard zurückzugreifen, um die Geschichte in der Intensität, mit der sie durchlebt wurde, wiederzuentdecken.
Sie erscheint dann in ihrer *Bedeutung als Symbol.* Denn man kann sich hierin nicht täuschen: Wenn diese Geschichte mit solchem Eifer von Generation zu Generation weitergegeben wurde, und dies so weitgehend, daß jede sie der eigenen Art und der eigenen Geistesverfassung nach entstellt hat, so deshalb, weil sie für alle die Bedeutung eines Symbols hatte. Die unauflöslich miteinander verbundenen Namen von Heloise und Abaelard rufen in Erinnerung, was im menschlichen Paar die Beziehung von Person zu Person ausmacht;

und über diese unmittelbare Deutung hinaus würde man ohne Zweifel nicht zuviel hineininterpretieren, wenn man in dieser Geschichte das Verhältnis wiedererkennt, das in jedem Menschen zwischen Vernunft und Glauben herrscht.

So, wie uns Abaelard im *Brief an einen Freund* erkennbar wird, scheint er – das muß man zugeben – für menschliche Beziehungen wenig begabt zu sein. Von seiner Person geht überhaupt keine Anteilnahme aus, keinerlei Zeichen von Wohlwollen noch von Aufmerksamkeit für andere, außer wenn es um seine Schüler geht (aber da kommt ins Spiel, wieviel Gefallen er am persönlichen Ansehen hat). Es ist erstaunlich, wenn man bedenkt, daß er in seinem Leben dem Menschen begegnet ist, der im größten Gegensatz zu dieser seiner inneren Veranlagung steht: jener Verkörperung des Wohlwollens an sich, Peter dem Verehrungswürdigen; erstaunlich auch, daß im Leben Abaelards Peter der Verehrungswürdige das letzte Wort haben sollte, und dies auch im wörtlichen Sinn, denn er war es, der jene Absolution aussprach, die Heloise nach dem Tod ihres Gatten an dessen Grab hängte.

Aber als diese zwei Männer sich begegnen, hat Abaelard bereits eine Entwicklung durchgemacht, die ihn dazu befähigt, dieses Wohlwollen zu schätzen und ganz auf sich wirken zu lassen; das wäre wahrscheinlich noch nicht möglich gewesen, als Peter der Verehrungswürdige ihm nach dem Konzil von Soissons schrieb. Nichts weniger als die inzwischen durchschrittenen Prüfungen waren nötig, um ihn zu dem »Ja« zu bringen, zu der Versöhnung mit den anderen und mit sich selbst, die Peter ihm vorschlug.

Dieses »Ja«, diese Zustimmung schloß die Anerkennung jenes Vermögens im Menschen ein, das Abaelard, wie groß auch immer er gewesen sein mag, nicht gekannt hatte. In seiner Suche nach der Wahrheit brach er mit seiner Zeit, einer Zeit, die zwei Werkzeuge der Erkenntnis – die Vernunft und die Liebe – anerkannte, doch er ließ nur Platz für die Vernunft allein.

Wäre er selbst wohl mit den Folgen zufrieden gewesen, zu denen seine Methode im Lauf der Zeit führen sollte, nachdem sie durch die Rückkehr aristotelischen Denkens und durch den Einfluß der arabischen Philosophie bekräftigt und weiter ausgebaut wurde? Im Jahrhundert des triumphierenden Intellektualismus wird ein Bossuet[218] in dem Bestreben, seinen Glauben gegenüber einer Vernunft aufrechtzuerhalten, die als einziges Werkzeug der Erkenntnis anerkannt wird, zu der Erklärung genötigt sein: »Aus ganzem Herzen bin ich unwissend.« In der Gegnerschaft gegen eine solche Aussage hätte sich Abaelard nicht nur mit Bernhard von Clairvaux, sondern mit der ganzen Schule von St.-Viktor ausgesöhnt. In der Tat findet man aus dem Munde von Richard von St.-Viktor ausdrücklich die entgegengesetzte Aussage: »Ich suche aus ganzem Herzen.« Abaelard hätte sich seinerseits wahrscheinlich damit zufriedengegeben zu sagen: »Ich suche ohne Unterlaß«; dies genau macht seine eigene Methode aus, die er die »fortwährende Inquisition« nennt;[219] die quälenden Prüfungen, die er hat durchleben müssen, haben ihn zu einer Haltung kommen lassen, die ihn dem »Ich suche aus ganzem Herzen« des Richard von St.-Viktor nahebrachten. Nichts Geringeres als das war notwendig, um ihn zur Selbstüberwindung zu bringen: zur Liebe.

Im Grunde genommen beginnt die Entwicklung Abaelards – jene Entwicklung, die aus dem Intellektuellen langsam einen Mann macht – mit Heloise. Durch Heloise und dank ihr wird er von den Trieben, die er befriedigen wollte, zur Regung der Liebe hingeführt; durch sie und dank ihr wird die Welt der Körperlichkeit, die dieser Intellektuelle verachtet, die Welt der konkreten Wirklichkeit. Und wir spielen hier nicht nur auf die kurze Episode der Befriedigung von Leidenschaften der Liebe an. Zweimal hat Heloise es verstanden, sich durchzusetzen, und ihn überraschend dazu gebracht, sich selbst zu überwinden; zweimal hat sie ihn gezwungen, auf die eigentliche Sprache der Liebe, wenn auch auf zwei verschiedenen Ebenen, zu hören.

Denn es ist bemerkenswert, daß Abaelard nach »ihrem gemeinsamen Eintritt ins Kloster« mehr denn je wieder zu Abaelard wird. Während eines ganzen langen Abschnitts seines Lebens verschwindet Heloise buchstäblich; er ist nur mehr mit seinen persönlichen Bedrängnissen, mit den Rivalitäten gegenüber seinen ehemaligen Studienkameraden, mit den Stürmen beschäftigt, die er nahezu überall, wo er hinkommt, auslöst, ob nun in Saint-Denis, in Saint-Gildas oder anderswo; aufs neue sind es nur mehr seine persönlichen, ehrgeizigen Wünsche, seine Verbitterung, seine Werke und seine Mißerfolge, die zählen. Er ist wieder zu dem einsamen Mann und unvermeidlich zum in seinem Denksystem eingeschlossenen Intellektuellen geworden. Abaelard mußte erst die Nachricht erhalten, daß Heloise aus dem Kloster von Argenteuil hinausgeworfen worden war und sich in äußerster Not befand, um innerlich betroffen genug zu sein und ihr den Paraklet zu schenken.

Aber eine materielle Geste, wie großzügig sie auch sei, bleibt immer unzureichend, und Heloise hat recht, jenen empörten Schrei auszustoßen, der zum Austausch der Liebesbriefe führen wird. Was auch immer ihrer beider jeweiliger Stand in den Augen der Menschen damals war: Heloise hat hier ihre Rolle als Frau ganz gespielt; sie hat Abaelard gezwungen, ihr sogar in seinem Werk als Philosoph und Prediger einen Platz einzuräumen; sie hat aus ihm einen Ordensgründer und einen geistigen Meister gemacht. Das heißt also, daß sie ihn dorthin geführt hat, wohin er aus sich selbst heraus nicht zu gehen fähig gewesen wäre; und diese Folge von Selbstüberwindungen, die ihm eine von nun an verwandelte Liebe abverlangte, hat ihn zu seiner letzten Verwandlung geführt. Das Werk Abaelards ist seit dem Austausch der Liebesbriefe sogar dann, wenn er den Römerbrief oder das erste Kapitel der Genesis kommentiert, auch das von Heloise. Was wäre Abaelard ohne Heloise gewesen? Der erste Intellektuelle? Denn den reinen Intellektuellen gibt es kaum zu seiner Zeit, da man im 12. Jahrhundert nicht an die »wertfreie« Wissenschaft glaubt; man sorgt sich nur um das, was in irgendeiner

262

Weise dazu geeignet ist, das Sein des Menschen zu verwandeln: und zwar sowohl in seinem praktischen Leben als auch – und dies vor allem – in seinem inneren Leben. Als eine eher technische denn wissenschaftliche Zeit zielt sie auf die geistige Entwicklung ab; das intellektuelle Tun wird aufgefordert, dazu beizutragen;[220] vergeblich würde man damals nach der Kunst um der Kunst oder der Wissenschaft um der Wissenschaft willen suchen. Im übrigen erscheint uns heute die Bezeichnung »Intellektueller« wieder recht wenig beneidenswert, und die des »Vaters der Scholastik«, die Abaelard ebenfalls verdient, hat gänzlich jedes Ansehen verloren. Wenn der Name Abaelards bis zu unserer Generation überliefert wurde, dann in der Tat deshalb, weil er der Held einer unvergleichlichen Liebesgeschichte war; hierin liegt für uns die ganze Bedeutung seines Lebens.

Man könnte auch sagen: Was die Größe Abaelards ausmacht, ist Heloise.

Anhang

Anmerkungen

1 Aus dem *Moniage Guillaume*. (Heldenlied des 12.Jahrhunderts; *Anm. d. Übers.*)

2 Die unter dem Titel *Historia calamitatum* (*Die Leidensgeschichte*) oder *Lettre à un ami* (*Brief an einen Freund*) bekannte Autobiographie Abaelards ist in Frankreich 1962 Gegenstand einer kritischen Ausgabe von J. Monfrin gewesen. Die gängige Ausgabe ist die des *Patrologiae cursus completus* (P.L., Bd. 178). Der Briefwechsel von Heloise und Abaelard (hervorragend ins Französische übersetzt von O. Gréard, 1869) ist echt: Étienne Gilson hat diesen Punkt mit aller nur möglichen Klarheit nachgewiesen (*Heloise und Abälard*, Freiburg i.Br., 1955). Siehe insbesondere im zitierten Werk von É. Gilson: Anhang, S. 119 ff. Die Schlußfolgerungen im Werk von Enid McLeod (*Héloise*, Übers. ins Franz. 1941), das ungefähr zur selben Zeit wie die erste Ausgabe des Werks von Gilson erschien, waren ähnlich. (*Anm. d. Übers.*: Die Verweise auf die Textstellen der Briefe beziehen sich auf die französische Übersetzung von O. Gréard. Régine Pernoud weist auf den ersten Brief durch den Titel *Lettre à un ami* hin; die anderen Briefe der Korrespondenz sind bei ihr in ihrer hergebrachten Ordnung angegeben: Lettre I von Heloise; II von Abaelard, etc.; sie fügt außerdem den jeweiligen Abschnitt an. Wir haben diese Angaben auch in der deutschen Ausgabe beibehalten, fügen aber in Klammern hinzu, wo man die entsprechende Textstelle in der jeweiligen deutschen Übersetzung des Briefwechsels findet, an die wir uns angelehnt haben. Wir haben aber selten einen Text unverändert übernommen, da der von Régine Pernoud zitierte eine gewisse Färbung und manchmal leichte Sinnverschiebungen aufweist, so daß eine direkte Übernahme der einen oder anderen Überset-

zung nicht sinnvoll erschien. Meist lehnten wir uns an die Übersetzung von P. Baumgärtner, Leipzig, 1894 [im folgenden kurz »Baumgärtner« genannt], seltener an die von E. Brost, München, 1987 [im folgenden »Brost« genannt], an. Achtung: In den deutschen Übersetzungen der Briefe ist Brief I das, was bei Pernoud der *Lettre à un ami* ist; Brief II der deutschen Übersetzung ist bei Pernoud folglich Lettre I usf. Auch bei Verweisen im Text auf den Briefwechsel haben wir uns an die Reihenfolge der deutschen Übersetzungen gehalten, d. h. Heloises erster Brief ist insgesamt der zweite etc.)

3 *Dialectica*, Ed. V. Cousin, *Ouvrages inédits d'Abélard*, Paris, 1836, S. 518 und Einleitung CXXII – CXXIII.

4 Zitiert in: F.J.E. Raby, *A history of secular latin poetry in the Middle Ages*, Oxford, 1957, 2 Bde. in - 8°, Bd. I, S. 287.

5 Otto von Freising, *Gesta Friderici*, I, 49, S. 55. Zitiert in E. Lesne, *Histoire de la propriété ecclésiastique en France*, V: *Les Écoles*, S. 105.

6 *Lettre à un ami*, Abschnitt 2. (Baumgärtner, *1. Brief*, S. 20; er übersetzt: »So kam ich denn auch nach Paris«, was ein Beispiel für die angesprochenen Sinnverschiebungen ist; *Anm. d. Übers.*)

7 Vgl. die in Raby zitierten Auszüge: Raby, a. a. O., Bd. II, S. 25.

8 Vgl. Lesne, a. a. O., V, S. 258–259.

9 *Metalogicus*, I, 24.

10 G. Pare, A. Brunet, P. Tremblay, *La Renaissance du XIIe siècle. Les écoles et l'enseignement*. Vollständige Überarbeitung des Werks von G. Robert (1909). Veröffentlichungen des *Institut d'Études médiévales d'Ottawa*. Paris/Ottawa, 1938. Vgl. darin S. 132.

11 G. Lefevre, *Les Variations de Guillaume de Champeaux et la question des universaux*. Arbeiten und wissenschaftliche Abhandlungen (Travaux et Mémoires) der Universität von Lille, Bd. VI, Nr. 20, Lille, 1898.

12 Cuissard, *Documents inédits sur Abélard tirés des manuscrits de Fleury*, Orléans, 1880; J. Carnandet, *Notice sur le bréviaire d'Abélard conservé à la bibliothèque de Chaumont*, Paris, 1855.

13 Wir geben den Wortlaut des Gedichts an Astrolabius (*Poème à Astrolabe*) nach der vollständigsten Ausgabe wieder: M.-B. Hauréau, *Le Poème adressé par Abélard à son fils*

Astrolabe. Notices et extraits des manuscrits de la Bibliothè-que nationale et autres bibliothèques publiés par l'Institut national de France..., Bd. XXXIV, Paris, 1895, S. 153–187.

Major discendi tibi sit quam cura docendi (s. 3, S. 157).
Disce diu, firmaque tibi, tardaque docere
Atque ad scribendum ne cito prosilias (S. 157).

14 *Lettre à un ami*, Abschn. 3, sowie die folgenden Auszüge. (Baumgärtner, *1. Brief*, S. 24.)
15 *Lettre*, Abschn. 4. (Baumgärtner, *1. Brief*, S. 26.)
16 *Lettre*, Abschn. 5. (Baumgärtner, *1. Brief*, S. 27.)
17 *Patrologiae cursus completus* (im folgenden PL genannt), 178, c. 371–372.
18 Alexandre Neckham. Vgl. Raby, a. a. O., II, S. 119.
19 Nigel Longchamp. Vgl. Raby, a. a. O., II, S. 96.
20 Foulques de Deuil. PL, 178, c. 371–372.
21 Das Studentenviertel von Paris (*Anm. d. Übers.*).
22 Raby, a. a. O., II, S. 40.
23 Ebd., S. 273.
24 Gautier de Châtillon. Raby, a. a. O., II, S. 193.
25 Guido von Bazoches (Guy de Bazoches), ebd., S. 41.
26 Gautier de Châtillon, ebd., S. 191.
27 *Lettre*, Abschn. 10. (Baumgärtner, *1. Brief*, S. 42.)
28 *Lettre I*, Abschn. 5. (Baumgärtner, *2. Brief*, S. 80.)
29 Ebda.
30 *Lettre à un ami*, Abschn. 5. (Baumgärtner, *1. Brief*, S. 27.)
31 *Anm. d. Übers.*: Régine Pernoud schreibt in ihrem Buch *Königin der Troubadoure* (München, 1979, S. 146– 147) über die Minnehöfe: »Natürlich glaubt heute niemand mehr an die Deutung, die die Literaturhistoriker der Klassikerzeit mit der ihnen eigenen Plumpheit dem entzückenden Ausdruck ›Liebeshof‹ gegeben haben. Sie wollten darin wahrhafte Gerichtshöfe sehen, deren Urteilssprüchen sich die Liebenden unterwerfen mußten ... In Wirklichkeit handelte es sich um die geistreichen Spiele einer hochgebildeten Gesellschaft, die sich dafür begeisterte, alle Nuancen der Liebe zu analysieren. Zum Scherz erließ man für erdachte Fälle Urteile, die in der Form den Schiedssprüchen der Feudalgerichte entsprachen, der ›Lehnshöfe‹, vor denen Streitfälle geschlichtet wurden.«
32 »Man bezeichnet mit dem Begriff Kleriker jenen, der or-

dentlich ausgebildet ist, welchem Stand und Rang auch immer er angehört.« (Rupert de Tuy)

33 *Altercatio Phyllidis et Florae*, aus der ersten Hälfte des 12. Jahrhunderts. Zitiert von Raby, a. a. O., II, S. 293.

34   *Secundum scientiam et secundum morem,*
    ad amorem clericum dicunt aptiorem.
Entnommen aus den *Métamorphoses de Golias* (*Metamorphosen des Golias*), in denen eine Szene beschrieben wird, die sich vor dem Gott der Liebe abspielt, in der es durchweg um das Thema des Klerikers und des Ritters geht (Raby, a. a. O., II, S. 294).

35 *Lettre à un ami*, Abschn. 6. (Baumgärtner, *1. Brief*, S. 28.)

36 Brief von Peter dem Verehrungswürdigen, hier zitiert nach der (franz.) Übersetzung von O. Gréard. Ed. der Bibliothek von Cluny, 1959. (Deutsche Übersetzung: Brost, a. a. O., S. 406).

37 Ebd.; die lateinische Ausgabe ist in der *Bibliotheca Cluniacensis*, L. I, 9. angeführt worden. Auszüge davon sind in dem Peter dem Verehrungswürdigen (Pierre le Vénérable) gewidmeten Werk von Dom J. Leclercq (1946) enthalten. (Übersetzung: Brost, a. a. O., S. 407.)

38 »Cloître« heißt im heutigen Französisch Kloster, aber auch Kreuzgang (*Anm. d. Übers.*).

39 Siehe das Werk von Enid McLeod, *Héloise*, a. a. O.

40 »Langue d'oc«: ehemaliger, im Südwesten Frankreichs gesprochener Dialekt; »langue d'oïl«: ehemaliger, im Norden Frankreichs gesprochener Dialekt (*Anm. d. Übers.*).

41 *Lettre à un ami*, Abschn. 6. (Baumgärtner, *1. Brief*, S. 28.)

42 Vgl. Raby, a. a. O., II, S. 239.

43 *Lettre à un ami*, Abschn. 5. (Baumgärtner, *1. Brief*, S. 27.)

44 Raby, a. a. O., II, S. 319.

45 *Lettre*, Abschn. 6. (Baumgärtner, *1. Brief*, S. 28.)

46 *Lettre I*, Abschn. 5. (Baumgärtner, *2. Brief*, S. 80.)

47 Ebd.

48 Abélard, *Planctus David super Saul et Jonatha*. Ed. Giuseppe Vecchi, *Pietro Abelardi. I planctus. Introduzione, testo critico, trascrizioni musicali*. Modena, 1951, S. 68.

49   *Quecumque est avium species consueta rapinis*
    Quo plus possit in his, femina fortior est.
    Nec rapit humanas animas ut femina quisquam.
(Ed. Hauréau, a. a. O., S. 167).

50 »Lai«: ursprünglich bretonisches Lied, dann französische

und provenzalische Verserzählung des Mittelalters (*Anm. d. Übers.*).

51 »Aube anonyme« (Namenloses Morgenlicht), veröffentlicht in J. Anglade, *Anthologie des troubadours*, S. 13.

52 Entnommen aus einem Lied von Christine de Pizan.

53 *Lettre à un ami*, Abschn. 6. (Baumgärtner, *1. Brief*, S. 31.)

54   *Comme amants qui trop sont destraiz*
    Pourpensent de mainte voidise,
    D'engin et d'art et de cointise
    Comme ils pourront entr'assembler
    Parler, envoiser et jouer.
La Folie Tristan, Ed. J. Bedier, 1907, Vers 734–737.

55 *Lettre à un ami*, Abschn. 7, sowie die folgenden Auszüge. (Baumgärtner, *1. Brief*, S. 33.)

56 Zu diesem Punkt siehe É. Gilson, a. a. O., S. 23 ff.

57 Diese Auffassung steht jedoch im Gegensatz zu dem Grundsatz, den das Bürgertum des 19. Jahrhunderts aufstellt, für das das Kunstwerk und die denkerischen Werke nur im Umfeld des Bürgers entstehen können, der im Besitz von Geld ist; dieses verworrene Ineinander von Kunst und Luxus scheint seinen Ursprung wohl in der Renaissance gehabt zu haben; es liegt der mittelalterlichen Mentalität so fern wie nur möglich.

58 Simone de Beauvoir, *In den besten Jahren*, Reinbek, 1961, S. 69.

59 *Lettre*, Abschn. 6. (Baumgärtner, *1. Brief*, S. 31.)

60 *Lettre*, Abschn. 8. (Baumgärtner, *1. Brief*, S. 38.)

61 *Lettre IV*, Abschn. 4. (Baumgärtner, *5. Brief*, S. 113.)

62 *Lettre à un ami*, Abschn. 8. (Baumgärtner, *1. Brief*, S. 39.)

63 PL, 178, c. 174.

64 *Planctus Jacob super filios suos*, Ed. Vecchi, S. 45.

65 Bernard de Ventadour (Bernart von Ventadorn). Ed. Anglade, *Anthologie des troubadours*, S. 45.

66 Baudri de Bourgueil (Balderich von Bourgueil). Ed. Ph. Abrahams, S. 199.

67 Im Mittelalter im Kloster erzogene, für den Ordensstand bestimmte Kinder (*Anm.d.Übers.*).

68 *Lettre I*, Abschn. 6. (Baumgärtner, *2. Brief*, S. 81.)

69 Gilson, a. a. O.

70 *Lettre à un ami*, Abschn. 8. (Baumgärtner, *1. Brief*, S. 40.)

71 Vgl. das Werk von Summer McKnight Crosby über Saint-Denis, *Abbey of Saint-Denis*, Yale University Press, 1942.

Von Jules Formigé ist eine Monographie herausgegeben worden, die die Ausgrabungen von S.M.K. Crosby berücksichtigt: *L'Abbaye royale de Saint-Denis*, 1960.

72 *Lettre*, Abschn. 9. (Baumgärtner, *1. Brief*, S. 40–41.)

73 Ebd.

74   *Quidquid agis quamvis etiam si jussus obedis,*
      Quod facis hoc quia vis, id tua lucra putes.
      (Ed. Hauréau, S. 174.)

75 *Lettre*, Abschn. 9. (Baumgärtner, *1. Brief*, S. 41.)

76 *Lettre*, Abschn. 9. (Baumgärtner, *1. Brief*, S. 40.)

77   *Si qua neges ex arbitrio contingere nostro*
      Arbitrio fuerit liberiore Dei.
      Nil igitur temere fieri temere reputabis
      Cum prestet cuncta summa Dei ratio.
      Quidquid contingerit justo non provocat iram:
      Disponente Deo scit bene cuncta geri.
      (Ed. Hauréau, S. 181.)

78 *Lettre*, Abschn. 9. (Baumgärtner, *1. Brief*, S. 41.)

79 Ebd.

80 Ebd.

81   *Per famam vivit defuncto corpore doctus.*
      Et plus natura philosophia potest.
      (Ed. Hauréau, S. 184.)

82 Zu diesem Thema wird man sich auf die Arbeiten von Pater Henri de Lubac und vor allem auf jene *Summa* beziehen, die die vier Bände der *Exégèse médiévale* darstellen. Es gäbe viel zu dieser Frage zu sagen, die von den Exegeten und Kommentatoren unserer Zeit unbekümmert außer acht gelassen wird.

83 *Lettre*, Abschn. 10. (Baumgärtner, *1. Brief*, S. 42.)

84 Lange Zeit hat man dieses Traktat *De Unitate et Trinitate divina* verloren geglaubt. Der Gelehrte Stölzle hat es wiedergefunden und nach dem Manuskript 229 der Bibliothek von Erlangen veröffentlicht.

85 Siehe insbesonders die Ausgabe des *De Trinitate* von Richard von St.-Viktor, hrsg. von G. Salet, 1959, Nr. 63 der Sammlung »Sources chrétiennes«. Vgl. auch Gervais Dumeige, *Richard de Saint-Victor et l'idée chrétienne de l'amour*, 1952.

86 St. Anselm, *De fide Trinitatis*. Vgl. P. Vignaux, *La Philosophie au Moyen Age*, 1958, S. 47 ff.

87 PL, 178, c. 355–357.

88 *Lettre*, Abschn. 9. (Baumgärtner, *1. Brief*, S. 41–42.)
89 Vgl. die Einführung zur Ausgabe der Werke Abaelards von Victor Cousin, 1836, insbesondere die Seiten CLIV, CLXIII, CLXXIII.
90 Betreffs der Zusammenstellung und der Reihenfolge der Werke Abaelards ziehe man zu Rate: L. Nicolau d'Olwer, »Sur la date de la Dialectica d'Abélard«, in: *Revue du Moyen Age latin*, I, 4, Nov.-Dez. 1945, S. 375–390, und R.P. Damien van Den Eynde, »Les Rédactions de la Theologia christiana de Pierre Abélard«, in: *Antonianum*, 36, 1961, S. 273–299.
91 PL, 178, c. 357–372.
92   *Qui scribunt libros caveant a judice multo*
    Cum multus judex talibus immineat.
(Ed. Hauréau, S. 184).
93 *Lettre*, Abschn. 10. (Baumgärtner, *1. Brief*, S. 43.)
94 Ebd., sowie die folgenden Auszüge.
95   *Omnia dona Dei transcendit verus amicus*
    Divitiis cunctis anteferendus hic est.
    Nullus pauper erit thesauro preditus isto.
    Qui quo rarior est hoc pretiosior est.
(Ed. Hauréau, S. 160).
96 Vgl. die hervorragende Einführung von Vecchi zu seiner weiter oben angegebenen Ausgabe der *Planctus* von Abaelard, insbesondere S. 16.
97 *Lettre*, Abschn. 11. (Baumgärtner, *1. Brief*, S. 49.)
98 Zitiert in Dom Leclercq, *Pierre le Vénérable*, S. 6.
99 Siehe das *Dictionnaire de Théologie catholique* von Vacant-Mangenot, Bd. I, c. 43–48.
100 Man sollte bezüglich dieses Themas wohl auf die Arbeiten von É. Gilson zurückgreifen. Siehe auch Pierre Lasserre, *Un conflit religieux au XIIe siècle. Abélard contre saint Bernard*, 1930. *Cahiers de la Quinzaine*; 13. Heft der 19. Reihe. H. Ligeard, »Le Rationalisme de Pierre Abélard«, in: *Recherches de Sciences religieuses*, II, 1911, 384–396.
101 Otto von Freising, *Gesta Friderici imperatoris*, I, 47.
102 Zitiert nach Vignaux, a. a. O., S. 47–48.
103 Siehe Ed. R. Stölzle, Freiburg, 1891.
104 *Introductio ad theologiam*, PL, 178, c. 1056.
105 PL, 178, c. 1314.
106 PL, 178, c. 1349.
107 Paré, Brunet, Tremblay, S. 292 ff.

108 PL, 178, c. 1353.

109 PL, 178, c. 1051.

110 *Lettre*, Abschn. 11, sowie die folgenden Auszüge. (Baumgärtner, *1. Brief*, S. 50.)

111 *Lettre*, Abschn. 12. (Baumgärtner, *1. Brief*, S. 53; Brost, S. 48–49; Baumgärtner übersetzt statt »schenken« »zur Verfügung stellen«, was falsch ist, wie die Folge der Geschichte zeigt; *Anm. d. Übers.*)

112 »Paraklet«: Helfer, Fürsprecher vor Gott, Tröster; bes. der Heilige Geist (*Anm. d. Übers.*).

113   *Detestandus est ille rusticus*
    Per quem cessit a scola clericus...
    Heu! quam crudelis est iste nuntius
    Dicens: Fratres, exite citius
    Habitetur vobis Quinciacus
    Alioquin non leget monachus.

    Mit uns tut der Meister nicht recht!, etc.
    (PL, 178, c. 1855–1856).

114 »Vagant«: fahrender französischer Kleriker und Scholar, besonders des 13. Jahrhunderts; Spielmann (*Anm. d. Übers.*).

115 Raby, a. a. O., II, S. 177–178.

116 *Lettre*, Abschn. 13. (Baumgärtner, *1. Brief*, S. 59.)

117 *Lettre*, Abschn. 11. (Baumgärtner, *1. Brief*, S. 51.)

118 *Lettre*, Abschn. 13. (Baumgärtner, *1. Brief*, S. 59–60; Baumgärtner übersetzt »Religion«, wo Pernoud »Götzendienst« [»idolâtrie«] verwendet; *Anm. d. Übers.*)

119 *Lettre*, Abschn. 14. (Baumgärtner, *1. Brief*, S. 60.)

120 Étienne de Bourbon, *Anecdotes*, Nr. 508. Ed. Lecoy de la Marche, S. 439.

121 *Liber de rebus in administratione sua gestis.* Vgl. Ed. der *Oeuvres de Suger* von Lecoy de la Marche, S. 160–161. Seine Behauptungen werden in den Werken von E. McLeod, S. 73–83, und von Ch. Charrier, S. 154–174, überprüft und kritisiert.

122 Gilson, *Heloise und Abälard*, S. 47–48.

123   *Credit inhumanam mentem sapientibus esse*
    Qui nihil illorum corda dolere putat.
    (Ed. Hauréau, S. 172.)

124 *Lettre*, Abschn. 14 und 15. (Baumgärtner, *1. Brief*, S. 63–68.)

125 Abaelard zugeschriebenes Gedicht. Vgl. Raby, a.a.O., II, S. 313.

126 *Lettre I*, Abschn. 4. (Baumgärtner, *2. Brief*, S. 77–78.)

127 *Lettre I*, Abschn. 3. (Baumgärtner, *2. Brief*, S. 78.)

128 *Lettre I*, Abschn. 6. (Baumgärtner, *2. Brief*, S. 81.) Den Nachweis von Fehlern, die auf schlechtes Lesen der Manuskripte zurückzuführen sind, und eine umfassende Darstellung dieser Fehler findet man im Werk von Gilson. Die Diskussion erscheint von da an gegenstandslos; aber machen wir uns nicht zuviel vor: Die Art Leute, für die Heloise und Abaelard nicht Heloise und Abaelard waren, so wie Jeanne d'Arc nicht Jeanne d'Arc oder Christoph Kolumbus nicht Christoph Kolumbus waren, etc., ist nicht im Begriff auszusterben. Sie wird im übrigen seitens der Gelehrten durch die universitären Methoden unterstützt, durch die man daran gewöhnt wird, den logischen Schlußfolgerungen eines »klugen Kopfs« mehr Vertrauen zu schenken als dem historischen Material in seiner Einfachheit.

129 Ebd. (Baumgärtner, *2. Brief*, S. 82.)

130 Ebd. (Baumgärtner, *2. Brief*, S. 83.)

131 *Lettre II*, Abschn. 1. (Baumgärtner, *3. Brief*, S. 83.)

132 Ebd. (Baumgärtner, *3. Brief*, S. 84.)

133 *Lettre II*, Abschn. 2. (Baumgärtner, *3. Brief*, S. 85.)

134 Das Buch der Richter, II, Vers 31 und 34.

135 *Lettre II*, Abschn. 2. (Baumgärtner, *3. Brief*, S. 87.)

136 *Lettre II*, Abschn. 3. (Baumgärtner, *3. Brief*, S. 88.)

137 *Lettre II*, Abschn. 4. (Baumgärtner, *3. Brief*, S. 90.)

138   *Est nostre super hoc Eloyse crebra querela,*
    Que mihi que secum dicere sepe solet:
    »Si, nisi poeniteat me commisisse priora,
    Salvari nequeam, spes mihi nulla foret.
    Dulcia sunt adeo commissi gaudia nostri
    Ut memorata juvent que placuere nimis.«
    (Ed. Hauréau, S. 167).

139 *Lettre III*, Abschn. 1. (Baumgärtner, *4. Brief*, S. 91.)

140 *Lettre IV*, Abschn. 1. (Baumgärtner, *5. Brief*, S. 103.)

141 Ebd. (Baumgärtner, *5. Brief*, S. 104.)

142 *Lettre III*, Abschn. 2. (Baumgärtner, *4. Brief*, S. 93.)

143 *Lettre IV*, Abschn. 2. (Baumgärtner, *5. Brief*, S. 109.)

144 *Lettre III*, Abschn. 3. (Baumgärtner, *4. Brief*, S. 94.)

145 *Lettre IV*, Abschn. 4. (Baumgärtner, *5. Brief*, S. 112.)

146 Ebd.

147 *Lettre IV*, Abschn. 4. (Baumgärtner, *5. Brief*, S. 113.)

148 Ebd. (Baumgärtner, *5. Brief*, S. 114.)

149 *Lettre III*, Abschn. 4. (Baumgärtner, *4. Brief*, S. 95–96.)

150 »Quatember«: kath. Fasttag (jeweils Mittwoch, Freitag und Samstag) zu Beginn der vier Jahreszeiten.
»Vigil«: (gottesdienstliche Feier am) Vortag hoher katholischer Feste. (*Anm. d. Übers.*)

151 *Lettre IV*, Abschn. 4. (Baumgärtner, *5. Brief*, S. 115–116.)

152 Ebd. (Baumgärtner, *5. Brief*, S. 118–119.)

153 »Trouvères«: nordfranzösische Minnesänger im Unterschied zu den Troubadoures aus dem Süden Frankreichs (*Anm. d. Übers.*).

154 *Lettre III*, Abschn. 4. (Baumgärtner, *4. Brief*, S. 97.)

155 *Lettre III*, Abschn. 5. (Baumgärtner, *4. Brief*, S. 97–98.)

156 *Lettre III*, Abschn. 4. (Baumgärtner, *4. Brief*, S. 99.)

157 *Lettre IV*, Abschn. 3. (Baumgärtner, *5. Brief*, S. 110.)

158 *Lettre IV*, Abschn. 4. (Baumgärtner, *5. Brief*, S. 124.)

159 *Lettre III*, Abschn. 5. (Baumgärtner, *4. Brief*, S. 100.)

160 *Lettre IV*, Abschn. 4. (Baumgärtner, *5. Brief*, S. 118.)

161 Wir verdanken diese Beobachtung dem zu früh dahingegangenen Philosophen Jean Dahhan, dessen *Commentaire sur la Genèse* (»Kommentar zur Schöpfungsgeschichte«) jenen unvergeßlich geblieben ist, die in seinen Genuß gekommen sind; dieser Kommentar wird demnächst veröffentlicht werden. Die entsprechende Stelle der Genesis: I, 7. Wir wünschen natürlich sehr, daß diese Zeilen auf keinen Fall den gegenwärtigen Exegeten unter die Augen kommen, die, wie man weiß, die Schöpfungsgeschichte seit langem unter die kindischen Erzählungen eingereiht haben und die ihnen als Widerschein der wissenschaftlichen Kenntnisse der Hebräer gilt, die in der Tat beklagenswert summarisch waren; oder sie sehen darin eine Kurzfassung der babylonischen Erzählungen, auf die man sich mit um so größerer Ruhe bezieht, je weniger man sie kennt.
Gott konnte offenbar nicht ahnen, daß er es eines Tages mit derart klugen Exegeten zu tun haben würde.

162 *Lettre V*, Abschn. 5. (Baumgärtner, *6. Brief*, S. 126; Brost, S. 149.)

163 »Lai«: ursprünglich bretonisches Lied, dann französische und provenzalische Verserzählung des Mittelalters (*Anm. d. Übers.*).

164 PL, 178, c. 332.

165 *Apologie* Abaelards, PL, 178, c. 375.

166 Zur Moral Abaelards ziehe man insbesondere das Werk von J.G. Sikes, *Peter Abailard*, Cambridge, 1932, zu Rate; vgl. dort S. 194 ff. Siehe auch das *Dictionnaire de Théologie* von Vacant-Mangenot, I, c. 47–48.

167 Siehe R.P. Damien van den Eynde, »Chronologie des écrits d'Abélard à Héloise«, in: *Antonianum*, 37, 1962, S. 337– 349, und R. Oursel, *La dispute et la grâce*, S. 82. Der *Dialog* ist veröffentlicht in PL, 178, c. 1611 –1682. Bezüglich des Zeitpunkts der Abfassung dieses Werkes können wir uns nicht der herkömmlichen Meinung anschließen, die darin ein in Cluny verfaßtes Werk sieht. Sein Tonfall strahlt das prachtvolle Vertrauen in sich selbst aus, das Abaelard in den meisten seiner Werke bezeugt und das ihn erst zu dem Zeitpunkt verläßt, als er die *Apologia seu fidei confessio* verfaßt, die allen Auseinandersetzungen ein Ende bereitet. Die Erwähnung dieses »bewundernswerten theologischen Werks, das der Neid nicht hat ertragen können, das er nicht hat zerstören können, und das er noch ruhmreicher gemacht hat, indem er es verfolgte«, kann auf die Verurteilung des Konzils von Soissons bezogen werden, nicht auf die des Konzils von Sens, die sofort vom Papst bestätigt wurde: Diese Erwähnung würde dem Glaubensbekenntnis widersprechen, dessen Tonfall so anders ist. Es würde uns angezeigter erscheinen, dem *Dialogus* die Entstehungszeit von 1139–1140 zuzuweisen: Sollte Abaelard ihn nicht zur Zeit seiner Gespräche mit Bernhard von Clairvaux oder sogleich nach ihnen verfaßt haben? Das Werk entspräche gut diesem Zeitabschnitt, in dem die beiden Gegner jeder von seiner Seite aus angreifen: Bernhard, der das *Traktat* gegen einige irrige Punkte Abaelards verfaßt, letzterer, der seiner eigenen Gedankenführung und der Unterstützung durch Rom vertraut und nur davon träumt, den Abt von Clairvaux öffentlich herauszufordern.

168 Eine – etwas andere – deutsche Übersetzung von Ausschnitten dieses Briefs und der auf den folgenden Seiten zitierten weiteren Briefe findet man in Hefele, *Conciliengeschichte*, 5. Band, Freiburg, 1886, S. 453–455. (*Anm. d. Übers.*)

169 Guillaume de Saint-Thierry, französische Übersetzung von D. Dechanet in dessen Werk *Guillaume de Saint-Thierry*, S. 67–69.

170 *Tractatus de natura et dignitate amoris*; *Tractatus de contemplando Deo*; *Speculum fidei*. (*Anm. d. Übers.*)

171 Oursel, *La Dispute et la grâce*, S. 39.

172 St. Bernhard, *Epistel 327*.

173 Vgl. These Nr. 5.

174 H. Ligeard, *Le Rationalisme de P. Abélard*, S. 396.

175 Zu all dem vgl. P. Lasserre, *Un conflit religieux au XIIe siècle. Abélard contre saint Bernard*, Paris, 1930. *Cahiers de la quinzaine*, 13. Heft der 19. Reihe, S. 91.

176 Zitiert nach S. Lemaître, *Textes mystiques d'Orient et d'Occident*, Band II, S. 147.

177 Ebd., S. 145.

178 Ebd., S. 147.

179 Otto von Freising, *Gesta Friderici*, I, 47.

180 *Epistel 106*; französisch zitiert in *Saint Bernard de Clairvaux, Textes choisis* von Albert Béguin und Paul Zumthor, Paris 1947, S. 133. Eine deutsche Übersetzung dieser Epistel findet man in *Briefe des Heiligen Bernhard von Clairvaux*, aus dem Lateinischen übertragen von Hedwig Michel, Mainz, 1928, S. 137 (*Anm. d. Übers.*).

181 *Epistel 158*.

182 Vgl. Lasserre, a. a. O., S. 91.

183 Vgl. ebd., S. 107.

184 *Epistel 188*.

185 PL, 182, c. 1049.

186 So die Übertragung der von Régine Pernoud hier zitierten französischen Übersetzung Béguin-Zumthors (S. 117): »C'est dans la vertu de Dieu qu'est enracinée notre foi, non dans les élucubrations de notre raison.« (*Anm. d. Übers.*)

187 Man hat lange geglaubt, daß das *Apologeticum* nach der Verurteilung Abaelards verfaßt worden wäre. Durch die Kritik von Raymond Oursel wurde erwiesen, daß es davor geschrieben worden ist. Der Verfasser der *Disputatio*, der Abaelard widerlegt, spricht von ihm als einem, der seine Lehrtätigkeit ausübt, was nach der Verurteilung keinen Sinn mehr ergäbe.

188 Diese Übertragung folgt der französischen Übersetzung von Oursel, a. a. O., S. 48: »Écoutez notre théologien: 'A quoi bon enseigner, si l'objet de notre enseignement ne peut être exposé de telle façon qu'on le comprenne?' Laissant ainsi miroiter devant ses auditeurs l'intelligence de ce que la

sainte foi recèle, dans les profondeurs de son sein, de plus sublime et sacré, il établit des degrés dans la Trinité, des mesures dans la majesté, des chiffres dans l'éternité.«

189 Es gibt folglich drei apologetische Werke Abaelards: eines, das er zur Zeit der Auseinandersetzungen mit dem Heiligen Bernhard, vor dem Konzil von Sens, verfaßte und das durch die *Disputatio anonymi abbatis* bekannt ist; das zweite, das an Heloise gerichtet ist und das im Brief von Bérenger de Poitiers in seiner Gänze zitiert wird (es wäre somit, meinen wir, gleich nach dem Konzil von Sens geschrieben worden); das dritte mit dem Titel *Apologia seu fidei confessio* ist sicher in Cluny verfaßt worden.

190 Aus Hefele, *Conciliengeschichte*, 5. Band, Freiburg, 1886, S. 462–463. (*Anm. d. Übers.*)

191 *Epistel 192* von Bernhard von Clairvaux. (Der Brief, der an die gesamte Kurie gerichtet ist, trägt die Nr. 188 seines Briefwechsels).

192 *Epistel 331.*

193 *Epistel 193*; der Brief an Gherardo Caccianemici trägt die Nr. 332.

194 *Epistel 330.*

195 *Epistel 336* und *338.*

196 *Epistel 189.*

197 *Epistel 187.* (Übersetzung in: *Schriften des hl. Bernhards*, übers. von J.P. Silbert, Frankfurt a.M., 1822, S. 73–74; *Anm. d. Übers.*)

198 Geoffroy d'Auxerre, *Vie de saint Bernard*, ins Französische übers. v. Oursel, S. 59.

199 Der Arzt Dr. Jeannin (*La Dernière Maladie d'Abélard*... in: *Mélanges Saint-Bernard*, 1953) hat nach verschiedenen Informationen von Geoffroy d'Auxerre und Peter dem Verehrungswürdigen bei Abaelard die Hodgkin-Krankheit diagnostiziert: leukämisches Zustandsbild mit eitrigen Hauterscheinungen. Der Schwächeanfall in Sens wäre somit das Auftauchen einer charakteristischen Asthenie.

200 Übers. Hefele, *Conciliengeschichte*, Freiburg, 1886, 5. Band, S. 458.

201 *Epistel 189.* Man kann sie in der deutschen Übersetzung von Hefele lesen, a.a.O., S. 459.

202 *Epistel 189.*

203 *Epistel 333, 334, 335.*

204 Cottiaux, »La Conception de la théologie chez Abélard«, in:

Revue d'Histoire ecclésiastique, 28, 1932, S. 269 – 276, 533–551 und 788–828; vgl. S. 822.

205 PL, 178, c. 1858.

206 Der Ausdruck stammt von Pastor Roger Schutz, der, nicht weit von Cluny, das Werk und den Geist von Peter dem Verehrungswürdigen wiederaufleben läßt.

207 Brief von Peter dem Verehrungswürdigen an Innozenz II. PL, 189, c. 305–306. Eine deutsche Übersetzung des Briefes findet man in Brost, a. a. O., S. 404–405 (*Anm. d. Übers.*).

208 Brief von Peter dem Verehrungswürdigen an Innozenz II., PL, 189, c. 305–306. Vgl. auch Brosts deutsche Übersetzung, S. 404–405.

209 Chanoine Didier, *Un scrupule identique de saint Bernard pour Abélard et pour Gilbert de la Porrée* in: *Mélanges saint Bernard*, 1954, S. 95–99.

210 PL, 178, c. 105–108.

211 Zitiert in Vacandard, *Saint Bernard*, II, S. 165.

212 Siehe Brost, a. a. O., S. 405.

213 Siehe PL, 189 und die Studie von Dom J. Leclercq über *Pierre le Vénérable* in der Reihe *Figures monastiques*, Saint-Wandrille, 1946. Man ziehe auch in *A Cluny, Travaux du Congrès scientifique. Art, Histoire, Liturgie*, veröffentlicht von der Société des Amis de Cluny (Gesellschaft der Freunde von Cluny), Dijon, 1950, den Artikel von M.-Th. d'Alverny zu Rate: »Pierre le Vénérable et la légende de Mahomet«, S. 161–170.

214 »Distichon«: aus zwei Verszeilen, bes. aus Hexameter und Pentameter bestehende Verseinheit (*Anm. d. Übers.*).

215 Vgl. den bereits zitierten Artikel des Arztes Dr. Jeannin, S. 261 (s. Anm. 199).

216 Man kann nichts Besseres tun, als auf die schönen Worte von Gilson in *Heloise und Abälard* zu verweisen.

217 *Imitations en vers faites par Beauchamp, Colardeau, Dorat, Mercier*, etc. Man findet sie im Anhang der Übersetzung des Briefwechsels von O. Gréard; was die erschöpfende Aufzählung der Werke betrifft, die durch Heloise und Abaelard angeregt wurden, so beziehe man sich auf das weiter oben angegebene Werk von Ch. Charrier.

218 Jacques Bénigne Bossuet, 1627 – 1704, französischer katholischer Geschichtsschreiber und Kanzelredner, ab 1681 Bischof von Meaux. (*Anm. d. Übers.*)

219 Siehe die Bemerkungen zur »fortwährenden Inquisition« auf S. 142–143 (*Anm. d. Übers.*).

220 Wer immer in die Philosophie des Mittelalters und seine Mentalität eindringen will, wird sich auf dies unerläßliche Werk von H. de Lubac beziehen: *Exégèse médiévale*, Aubier, 1960–1964, 4 Bände in-8°.
Weisen wir bei dieser Gelegenheit auf das Werk von Peter von Moos hin: *Le silence d'Héloise et les idéologies modernes*. Beitrag des Autors zum Kolloquium des C.N.R.S. (Centre national de la recherche scientifique) Nr. 546. *Pierre Abélard, Pierre le Vénérable. Les courants philosophiques, littéraires et artistiques en Occident au milieu du XIIe siècle.* Cluny, 2. – 9. Juli 1972. Paris, 1975. (Vgl. auch vom selben Autor: *Mittelalterforschung und Ideologiekritik. Der Gelehrtenstreit um Heloise*, München, 1974.)
Eine Einzelheit: Es ist erstaunlich, daß irgendein Gelehrter bezüglich des Griechischen und Hebräischen, das Heloise die Nonnen des Parakletenklosters lehrte, selbstsicher behauptet hat: »Sie konnte kein Wort dieser Sprachen.« Die Unterweisungsbriefe zeigen ausdrücklich das Gegenteil, wobei wahr ist, daß wenig Leute sich die Mühe gemacht haben, sie zu lesen. Man beziehe sich diesbezüglich auf das Werk von Enid McLeod (siehe Literatur), S. 156.

Literatur

1. Texte und Studien

Werke Abaelards: im Band 178 des Patrologiae cursus completus von J. P. Migne (Patrologie Latine; PL).

Baumgärtner, Paul (Hrsg.): *Petrus Abaelardus: Briefwechsel zwischen Abaelard und Heloise*, Leipzig, 1894.

Brost, Eberhard (Hrsg.): *Petrus Abaelardus: Die Leidensgeschichte und der Briefwechsel mit Heloisa*, München, 1987.

Charrier, Ch.: *Héloise dans l'histoire et dans la légende*, Paris, 1933.

Cousin, V.: *Ouvrages inédits d'Abélard*, Paris, 1836.

Gilson, Étienne: *Heloise und Abälard*, Freiburg i.Br., 1955.

Gréard, Octave: *Lettres complètes d'Abélard à Héloise*, Paris, 1869.

Henke, E.L./Lindenkohl, G.S. (Hrsg.): *Petrus Abaelardus: Sic et non.* (Nachdruck der Ausgabe Marburg 1851), Frankfurt a.M., 1981.

McLeod, Enid: *Héloise*, Paris, 1941.

Monfrin, J.: *Abélard, Historia Calamitatum*, Paris, 1962.

Niggli, Ursula (Hrsg.): *Abaelard, Peter: Theologia Summi boni. Abhandlung über die göttliche Einheit und Dreieinigkeit*, Hamburg, 2. Aufl. 1991.

Oursel, R.: *La dispute et la grâce*, Paris, 1959.

Thomas, Rudolf (Hrsg.): *Petrus Abaelardus: Dialogus inter Philosophum, Iudaeum et Christianum*, Stuttgart, 1970.

Thomas, Rudolf (Hrsg.): *Petrus Abaelardus (1079– 1142). Person, Werk und Wirken*, Trier, 1980.

2. Erzählungen

Bourin, Jeanne: *Très sage Héloise*, Paris, 1966.

Jeandet, Y.: *Héloise. L'amour et l'absolu*, Lausanne, 1966.

Rinser, Luise: *Abaelards Liebe*, Frankfurt a.M., 1991.

3. Allgemeine Werke zur Zeit

Bezzola, R.: *Les origines et la formation de la littérature courtoise en Occident*, Paris, 1946–1963, 5 Bände.

Bruyne, E. de: *Études d'esthétique médiévale*, Brügge, 1946, 3 Bände.

Calmette, J./David, H.: *Saint Bernard*, Paris, 1953.

Davenson, Henri: *Les troubadours*, Paris, 1960.

Gilson, É.: *Der Geist der mittelalterlichen Philosophie*, Wien, 1950.

Lasserre, Pierre: »Un conflit religieux au XIIe siècle, Abélard contre saint Bernard«, in: *Cahiers de la Quinzaine*, 1930.

Leclercq, Dom J.: *Pierre le Vénérable*, Saint-Wandrille, 1946.

Lesne, E.: *Histoire de la propriété ecclésiastique en France*; Band V: *Les écoles de la fin du VIIIe siècle à la fin du XIIe siècle*, Lille, 1936–1940.

Lubac, H. de: *Exégèse médiévale. Les quatre sens de l'Écriture*, Paris, 1960–1964, 4 Bände.

Paré, G./Brunet, A./Tremblay, P.: *La Renaissance du XIIe siècle. Les écoles et l'enseignement*, Paris/Ottawa, 1938.

Raby, F.J.E.: *A history of secular latin poetry in the Middle Ages*, Oxford, 1957, 2 Bände.

Saur, Robert M.: *Glühen ist mehr als Wissen. Bernhard von Clairvaux (1090–1153)*, Stein a.Rh., 1977.

Vacandard: *Vie de saint Bernard, abbé de Clairvaux*, 4. Auflage, Paris, 1910, 2 Bände. Zur Vervollständigung siehe die zitierten Studien von N. d'Olwer und Van den Eynde.